ANDAMIO

John Piper

SED DE DIOS

Meditaciones de un cristiano hedonista

Publicaciones Andamio
Alts Forns nº 68, Sót. 1º
08038 Barcelona
T. 93 432 25 23
editorial@publicacionesandamio.com
www.publicacionesandamio.com
Publicaciones Andamio es la sección editorial de los Grupos Bíblicos Unidos de España (GBU)

Traducción: Elena Flores
Maquetación: Fernando Caballero
Diseño cubierta: Jonatán Burgazzoli

Depósito Legal: SE-2003-2011
ISBN: 978-84-15189-05-3

Printed by Ulzama Digital
Printed in Spain

1ª Edición 2001
2ª Edición marzo 2011

Contenido

Prefacio

Existe una clase de felicidad y de asombro
que te convierte en alguien serio.
(C.S. Lewis: ***La última batalla***)

Estamos ante un libro serio acerca del gozo en Dios. Trata del gozo porque eso es lo que nuestro Creador nos ordena: *Deléitate asimismo en Yahvéh* (Salmo 37:4). Y es serio porque, como dijo Jeremy Taylor: *Dios amenaza con cosas terribles si no somos felices.*

Los héroes de este libro son **Jesucristo**, *el cual por el gozo puesto delante de él sufrió la cruz*; **San Pablo,** que estaba *como entristecido, mas siempre gozoso*; **Jonathan Edwards**, quien saboreó profundamente la dulce soberanía de Dios; **C.S. Lewis**, quien sabía que el Señor *no piensa que nuestros deseos son demasiado intensos, sino demasiado débiles*; y todos los **misioneros** que lo han dejado todo por Cristo y al final dijeron: «Nunca he hecho un sacrificio».

Si a Dios le agrada utilizar el presente libro para transformar a un hombre o a una mujer en esta clase de santos serios y felices, entonces aquellos de nosotros que nos hemos gozado en su elaboración estaremos muy contentos por la gracia manifestada por Dios. En verdad ésta ha resultado una tarea feliz. Y mi corazón rebosa de agradecimiento a muchas personas:

Multnomah's Steve Halliday creyó en el libro desde el principio y se encargó de todo el proceso de impresión.

Algunos de mis compañeros de ministerio (Char Ransom, Steve Roy, Tom Steller, Dean Palermo, Rick Stapleton, Rob Haglund y Phaitoon Hathamart) dedicaron su tiempo los lunes por la tarde a criticar cada capítulo mientras el libro iba tomando forma.

El rigor editorial, la eficiencia administrativa y las dotes estilísticas de Carol Steinbach han dejado su huella. Las horas e ideas que invirtió han sobrepasado todas las expectativas normales de una secretaria normal de una iglesia (¡cosa que no es!). Gracias especialmente por el índice textual [N.T.: que aparece en la versión original inglesa], Carol.

Como en casi todo lo que hago, se percibe la influencia de Daniel P. Fuller. En su clase, en 1968, es donde descubrí el embrión de lo que escribo aquí. Me alegraría ver este libro como el pequeño remolcador que arrastra su ***Unidad de la Biblia,*** cual barco de carga, sacándolo del puerto de su mente hacia el océano del pensamiento público.

El capítulo 8 es el tributo a mi esposa Noël. Los dieciocho años que llevamos juntos han coincidido exactamente con el período de gestación de este libro. El matrimonio ha sido en verdad un «modelo de hedonismo cristiano». El misterio de reflejar como en un espejo la relación entre Cristo y la Iglesia es una fuente incombustible de esperanza en la que encontrar nuestro gozo en el gozo santo de los demás hará que seamos uno hasta la partida de la muerte.

La iglesia a la que amo y en la que sirvo reconocerá los títulos de los capítulos. ¿Recordáis el otoño de 1983? Por supuesto, la extensión se ha cuadruplicado desde entonces. ¡Y no os habéis quejado de mi dedicación! Hay un capítulo que aún queda por escribir. Se titula: «La camaradería del hedonismo cristiano». ¡Que el mismo Espíritu lo escriba en las tablas de nuestro corazón!

Por último, una palabra para mi padre. Puedo recordar a mi madre riéndose de tal forma en la mesa mientras cenábamos que le caían las lágrimas por las mejillas. Era una mujer muy feliz. Pero especialmente cuando volvías a casa los lunes. Habías estado fuera dos semanas (o a veces tres o cuatro). Ella resplandecía los lunes por la mañana cuando tú estabas en casa.

En la mesa aquella noche (son los tiempos más felices

que tengo en la memoria) escuchábamos hablar de las victorias del evangelio. Seguramente es más emocionante ser el hijo de un evangelista que sentarse con caballeros y guerreros. Cuando crecí, fui más consciente de las heridas. Pero me ahorraste la mayor parte del sufrimiento hasta que fui lo suficientemente maduro como para *tenerlo todo por sumo gozo*. Santas y felices eran aquellas comidas de los lunes. ¡Qué bueno era tenerte en casa!

John Piper
Minneapolis, Minnesota
Octubre de 1986.

—¡Qué bueno que fueras a buscar a Quentin!
—¿Bueno? —exclamó ella— ¡no lo fue ***para*** *mí! ¡Oh, Anthony!*
—Sí, lo fue —respondió él—. Al menos fue bueno ***de*** *tu parte. ¡Qué preciso ha de ser uno en el uso de las preposiciones! Quizás fuese una mala preposición lo que hizo que el mundo se descarriara.*

Charles Williams
The Place of the Lion

Introducción

CÓMO ME CONVERTÍ EN UN HEDONISTA CRISTIANO

Se puede transformar el mundo de forma radical sólo con cambiar una palabra del credo. La antigua tradición dice:

El principal propósito del hombre es
glorificar a Dios
y
disfrutar de él eternamente.

¿«Y»? ¿Unas veces glorificas a Dios **y** otras disfrutas de él? ¿Unas veces él recibe la gloria **y** otras disfrutas tú? ¡«Y» es una palabra muy ambigua! ¿Cómo se relacionan ambas cosas entre sí?

Evidentemente, los antiguos teólogos no pensaban que estaban hablando de dos cosas diferentes. Se referían al «principal propósito», no a «los principales propósitos». Glorificar a Dios y disfrutar de él eran un sólo propósito para ellos, no dos. ¿Cómo puede ser?

De eso trata el presente libro.

No es que me preocupe mucho la intención de los teólogos del siglo XVII. Pero me preocupa tremendamente la intención de Dios en la Escritura. ¿Qué dice Dios acerca del principal propósito del hombre? ¿Cómo nos enseña Dios a darle la gloria a él? ¿Nos ordena que disfrutemos de él? Si es así, ¿cómo se relaciona esta orden de gozarse en Dios con todo lo demás? ¡Sí, con todo! *Si, pues, coméis o bebéis, o hacéis otra cosa, hacedlo todo para la gloria de Dios.*

La preocupación predominante de este libro es que, en toda la vida, Dios sea glorificado de la manera que él mismo ha señalado. A ese fin, este libro pretende persuadirte de que:

El principal propósito del hombre es glorificar a Dios
por medio de
disfrutar de él eternamente.

Cómo me convertí en un hedonista cristiano

Cuando estaba en la universidad tenía una imprecisa idea general de que, si hacía algo bueno porque eso me haría feliz, dejaría de ser algo bueno.

Pensaba que la bondad de una acción moral quedaba rebajada en la medida en que estaba motivada por un deseo de mi propio placer. Sin embargo, comprar un helado en la universidad sólo por placer no importaba, porque las consecuencias morales de semejante acción parecían insignificantes. Pero estar motivado por un deseo de felicidad o placer cuando servía ayudando como voluntario cristiano o cuando iba a la iglesia, eso me parecía egoísta, utilitarista y mercenario.

Esto suponía un gran problema para mí, porque no era capaz de formular una motivación alternativa. Encontraba en mí un anhelo irresistible de ser feliz, un impulso tremendamente poderoso de buscar placer; pero cada vez que tenía que tomar una decisión moral me decía a mí mismo que ese impulso no debía influir.

Una de las áreas más frustrantes era la de la alabanza y adoración. Mi vaga idea de que, cuanto más elevada fuese la actividad, menos interés personal debía tener en ella, me hacía pensar en la adoración casi sólo en términos de deber. Y eso le arranca el corazón.

Entonces me convertí en un hedonista cristiano. En cuestión de semanas llegué a ver que es antibíblico y arrogante intentar adorar a Dios por cualquier otra razón que no sea el placer de deleitarse en él. Voy a describir las nuevas revelaciones que me transformaron en un hedonista cristiano. A lo largo del camino espero que irá quedando claro lo que quiero decir con esta extraña frase.

1. Durante mi primer cuatrimestre en el seminario me encontré por primera vez la teoría del hedonismo cristiano y uno de sus grandes exponentes, Blaise Pascal. Éste escribió:

> *Todos los hombres buscan la felicidad. No hay excepciones. Aunque empleen métodos diferentes, todos pretenden el mismo fin. La causa de que unos vayan a la guerra y otros la eviten es el mismo deseo en ambos visto de diferente manera. La voluntad nunca da paso alguno que no vaya encaminado hacia este objetivo. Esto es lo que motiva cada acción de cada ser humano, aun de aquellos que se ahorcan.*[1]

Esta afirmación encaja de forma tan exacta con mis más profundos anhelos, y con los que he visto en otros, que la acepté y nunca he encontrado razón alguna para ponerla en duda. Lo que me llamó la atención de forma especial fue que Pascal no estaba haciendo juicio moral alguno en cuanto a este hecho. Para él, buscar la felicidad propia no es un pecado; es algo simplemente propio de la naturaleza humana. Es una ley del corazón humano, igual que la gravedad es una ley de la naturaleza.

Este pensamiento tenía mucho sentido para mí y me abrió el camino para el segundo descubrimiento.

2. Había llegado a amar la obra de C.S. Lewis en la universidad. Pero fue posteriormente cuando compré el sermón titulado «El peso de la gloria». La primera página de ese sermón es una de las joyas literarias más prestigiosas que he leído nunca. Dice así:

> *Si hoy le preguntáramos a veinte hombres buenos cuál piensan que es la mayor de las virtudes, diecinueve*

de ellos responderían: la ausencia de egoísmo. Pero si le preguntáramos a casi cualquiera de los grandes cristianos de la antigüedad, respondería que es el amor. ¿Veis lo que ha pasado? Un termino negativo se sustituye por otro positivo, y esto no sólo es de importancia filológica. El ideal negativo del altruismo no lleva consigo en primer lugar la idea de preocuparse por el bien de los demás, sino la de no buscar el nuestro propio, como si nuestra abstinencia y no su felicidad fuese lo importante. Yo no creo que sea ésta la virtud cristiana del amor. El Nuevo Testamento habla mucho de negarse a sí mismo, pero no como si el negarse a sí mismo fuera un fin en sí. Se nos dice que nos neguemos a nosotros mismos y tomemos nuestra cruz cada día con el fin de poder seguir a Cristo; y casi todas las descripciones de lo que encontraremos finalmente si lo hacemos suponen un buen estímulo.

Si en las mentes modernas se esconde la idea de que desear nuestro propio bien y anhelar de todo corazón disfrutar de él es algo malo, propongo que esta idea procede de Kant y de los estoicos, y que no es parte de la fe cristiana. De hecho, si consideramos las atrevidas promesas de recompensa y la naturaleza asombrosa de ésta en los Evangelios parece que nuestro Señor no piensa que nuestros deseos son demasiados intensos, sino demasiado débiles. Somos criaturas indiferentes que jugamos con la bebida, el sexo y la ambición cuando se nos ofrece un gozo infinito, como un niño ignorante que quiere continuar haciendo flanes de barro en un tugurio porque no es capaz de imaginarse lo que significa pasar unas vacaciones junto al mar. Nos contentamos con demasiado poco.[2]

Ahí lo tenía en letras de molde, y para mí resultó totalmente convincente: no es malo desear nuestro propio bien. De hecho, el gran problema de los seres humanos es que son demasiado conformistas. No buscan el placer con la decisión y la pasión con la que deberían hacerlo. Y, por tanto, aceptan los flanes de barro en lugar del deleite infinito.

En toda mi vida no había escuchado a ningún cristiano, dejando a aparte a alguien de la estatura de Lewis, decir que todos nosotros no sólo buscamos (como dijo Pascal) nuestra propia felicidad, sino que **debemos** buscarla. Nuestro error radica no en la intensidad de nuestro deseo de felicidad, sino en la debilidad del mismo.

3. La tercera idea estaba ya en el sermón de Lewis, pero Pascal la plantea de forma más explícita. Continúa diciendo:

> *Una vez hubo en el hombre una verdadera felicidad de la que ahora le queda sólo la marca y la huella vacía que en vano intenta llenar con todo lo que le rodea, buscando en las cosas ausentes la ayuda que no obtiene de las cosas presentes. Pero no encuentra nada apropiado, porque el abismo infinito sólo puede llenarse con un objeto infinito e inmutable, es decir, sólo con Dios mismo* .[3]

Cuando vuelvo a leerlo ahora me parece tan evidentemente obvio, que no sé cómo puede pasarlo por alto. Todos aquellos años había estado tratando de suprimir mi tremendo anhelo de felicidad para poder alabar con honestidad a Dios con una motivación «más elevada», menos egoísta. Pero entonces empecé a comprender que este persistente e innegable anhelo de felicidad no tenía que ser suprimido, sino que había que atracarse de él ¡en Dios! La creciente convicción de que la alabanza debía estar motivada exclusivamente por esta felicidad que encontramos en Dios parecía cada vez menos extraña.

4. La siguiente sugerencia me vino una vez más de C.S. Lewis, pero esta vez de sus ***Reflexiones sobre los Salmos***. El capítulo 9 de ese libro lleva el modesto título de «Una palabra acerca de la alabanza». En mi experiencia ha sido **la** palabra

acerca de la alabanza, la mejor palabra acerca de la naturaleza de la alabanza que he oído jamás.

Lewis dice que, cuando estaba comenzando a creer en Dios, una gran piedra de tropiezo para él era la amplia presencia de exhortaciones a alabar a Dios diseminadas en los Salmos. No veía la razón para todo esto. Además, le parecía que reflejaban a Dios suplicando *nuestra adoración como una mujer engreída que busca cumplidos continuamente.* A continuación muestra por qué estaba equivocado.

> *Pero lo más obvio en cuanto a la alabanza —de Dios o de algo— se me escapaba de forma extraña. Pensaba en ello en términos de cumplidos, aprobación u honores. Nunca me había fijado en que el gozo siempre lleva de forma espontánea a la alabanza... El mundo siempre se rodea de alabanza: los enamorados se alaban, los lectores alaban a su poeta favorito, los senderistas alaban los campos, los jugadores alaban su juego preferido...*
>
> *Todas mis dificultades en cuanto a la alabanza a Dios generalmente eran consecuencia de lo absurdo de negarnos a nosotros mismos (en cuanto a lo que consideramos supremamente valioso) lo que nos gusta hacer, lo que no podemos evitar hacer, casi todo lo que tiene valor para nosotros.*
>
> *Creo que nos encanta alabar lo que disfrutamos porque la alabanza no sólo expresa sino completa el gozo: es su consumación adecuada.*[4]

Ésta fue la última piedra de mi emergente hedonismo. Alabar a Dios, el llamamiento supremo de la humanidad y nuestra vocación eterna, no implicaba renunciar al gozo que deseaba, sino más bien era la consumación de éste. Todos mis antiguos esfuerzos por conseguir adorar sin intereses egoístas se debían a una confusión de términos. La alabanza es básicamente adoración, y adoramos sólo aquello en lo que nos deleitamos. No existe tal cosa como la adoración triste o la alabanza sin felicidad.

Tenemos un nombre para aquellos que tratan de alabar sin encontrar placer en ello. Los denominamos hipócritas. Este hecho —que la alabanza es la consumación del placer y que el propósito final del hombre es beber profundamente de este placer— fue quizá el descubrimiento más liberador de mi vida.

5. Entonces volví a los Salmos por mi cuenta y encontré el lenguaje hedonista por todas partes: La búsqueda de placer no era opcional, sino obligatoria: *Deléitate asimismo en Yahvéh, y él te concederá las peticiones de tu corazón* (Salmo 37:4).

Los salmistas buscaban exactamente eso: *Como el ciervo brama por las corrientes de las aguas, así clama por ti, oh Dios, el alma mía. Mi alma tiene sed de Dios, del Dios vivo* (Salmo 42: 1-2). *Mi alma tiene sed de ti, mi carne te anhela, en tierra seca y árida donde no hay aguas* (Salmo 63:1). La cuestión de la sed tiene su contrapartida satisfactoria cuando el salmista dice que los hombres *serán completamente saciados de la grosura de tu casa, y tú los abrevarás del torrente de tus delicias* (Salmo 36:8).

Encuentro que la bondad de Dios, el verdadero fundamento de la adoración, no es algo que uno respeta por una especie de reverencia desinteresada. No, es algo que se disfruta: *Gustad, y ved que es bueno Yahvéh* (Salmo 34:8). *¡Cuán dulces son a mi paladar tus palabras! Más que la miel a mi boca* (Salmo 119:103).

Como dice C.S. Lewis, Dios —en los Salmos— es el *Objeto plenamente satisfactorio*. Su pueblo le adora sin avergonzarse porque es *el Dios de mi alegría y de mi gozo* (Salmo 43:4). Es la fuente de placer completo e interminable: *En tu presencia hay plenitud de gozo; delicias a tu diestra para siempre* (Salmo 16:11).

Ésa es la breve historia de cómo me hice un hedonista cristiano. Llevo unos dieciocho años meditando en estas cosas y ha surgido una filosofía que afecta prácticamente a todas las áreas de mi vida. Creo que es bíblica, que satisface los más profundos anhelos de mi corazón y que honra al Dios y Padre de nuestro Señor Jesucristo. He escrito este libro para recomendar estas cosas a todo el que quiera escuchar.

En las mentes de las personas surgen muchas objeciones cuando me oyen hablar de esta forma. Espero que el libro responda a los problemas más serios. Pero quizá pueda reducir parte de la resistencia por adelantado por medio de unos brevísimos comentarios clarificadores.

En primer lugar, «hedonismo cristiano» —tal como yo utilizo el término— no significa que Dios se convierta en un medio para ayudarnos a conseguir los placeres mundanos. El placer que busca el hedonista cristiano es el placer que se encuentra en Dios mismo. Él es el fin de nuestra búsqueda, no el medio para alcanzar otro fin. Nuestro máximo gozo es él, el Señor, no las calles de oro, la reunión con los parientes o cualquier otra bendición celestial. El hedonismo cristiano no reduce a Dios a una llave que abre el cofre del tesoro formado por oro y plata. Más bien busca la transformación del corazón de manera que *el Todopoderoso será tu defensa, y tendrás plata en abundancia* (Job 22:25).

En segundo lugar, el hedonismo cristiano no convierte el placer en un dios. Dice que uno ya ha convertido en dios aquello en lo que encuentra más placer. La meta del hedonismo cristiano es encontrar más placer en el solo y único Dios, evitando así el pecado de codicia, que es idolatría (Colosenses 3:5).

Por último, el hedonismo cristiano no nos sitúa por encima de Dios cuando le buscamos sin intereses personales. Un paciente no es mayor que su médico. Abundaré en esto en el capítulo 3.

Hacia una definición de «hedonismo cristiano»

Las nuevas formas de ver el mundo (aunque tengan muchos siglos de edad) no facilitan las definiciones sencillas. Se requiere todo un libro para que la gente pueda comenzar a captarlo. Los juicios rápidos y superficiales casi siempre serán equivocados. ¡Ojo con hacer conjeturas acerca de lo que aparece en las páginas de este libro! Suponer que aquí estamos ante otro subproducto de la esclavitud del hombre moderno a la centralidad de sí mismo se aleja mucho de la verdad. ¡Menuda sorpresa le espera a quien así piense!

Para muchos, el término «hedonismo cristiano» resultará nuevo. Por eso he incluido el apéndice 4: «¿Por qué el nombre de hedonismo cristiano?» A quien le parezca un término extraño o problemático, puede que le vaya bien leer aquellas páginas antes de sumergirse en los capítulos principales.

Preferiría reservar una definición de hedonismo cristiano para el final del libro, cuando se hayan disipado los malentendidos. El escritor suele desear que su primera frase pueda leerse a la luz de la última, y viceversa. Pero resulta que uno tiene que comenzar por alguna parte. Así que propongo el siguiente anticipo de definición con la esperanza de que sea interpretada con comprensión a la luz del resto del libro.

El hedonismo cristiano es una filosofía de la vida construida sobre las cinco convicciones siguientes:

1. El anhelo de ser feliz es una experiencia humana universal y es bueno, no pecaminoso.
2. Nunca deberíamos negar o rechazar nuestros anhelos de felicidad como si se trataran de impulsos malignos. Al contrario, debemos tratar de intensificar este anhelo y alimentarlo con aquello que le provea la satisfacción más profunda y duradera.
3. La felicidad más profunda y duradera se encuentra sólo en Dios.
4. La felicidad que encontramos en Dios llega a su consumación cuando se comparte con otros por medio de las múltiples manifestaciones del amor.
5. En la medida en que tratamos de abandonar la consecución de nuestro propio placer, dejamos de honrar a Dios y de amar a los demás. O, dicho de forma positiva: conseguir placer es una parte necesaria de toda adoración y virtud. Es decir:

El principal propósito del hombre es glorificar a Dios
por medio de
disfrutar de él eternamente.

La esencia de la cuestión

Este libro será principalmente una meditación de la Escritura. Será más expositiva que especulativa. Si no puedo demostrar que el hedonismo cristiano surge de la Biblia, no espero que a nadie le interese y mucho menos persuadir a alguien. Hay alrededor de mil filosofías humanas de la vida. Si esto sólo es otra más, pásalo por alto. Sólo hay una roca: la Palabra de Dios. Sólo hay una cosa que finalmente importa: glorificar a Dios siguiendo el camino que ha señalado. Por eso soy un hedonista cristiano. Por eso escribí este libro.

Notas de la introducción

1. Blaise Pascal: ***Pascal's Pensées***, trad. por W.F. Trotter (Nueva York: E.P. Dutton. 1958), p. 113 (pensamiento #425).

2. Lewis: ***The Weight of Glory and Other Addresses*** (Grand Rapids: Eerdmans, 1965), pp. 1-2.

3. ***Pascal's Pensées***, p. 113.

4. Lewis: ***Reflections on the Psalms*** (Nueva York: Harcourt, Brace and World, 1958), pp. 94-95.

Nuestro Dios está en los cielos;
Todo lo que quiso ha hecho.
(Salmo 115:3)

Se ha producido una maravillosa alteración en mi mente respecto a la doctrina de la soberanía de Dios... Esa doctrina me ha resultado a menudo sumamente agradable, brillante y dulce. La soberanía absoluta es algo que me encanta atribuir a Dios.

(Jonathan Edwards)

Capítulo 1

La felicidad de Dios:

FUNDAMENTOS DEL HEDONISMO CRISTIANO

La base última del hedonismo cristiano es el hecho de que Dios es el primero que se ama a sí mismo:

*El principal propósito de Dios es glorificar a Dios
y disfrutar de sí mismo eternamente.*

La razón por la que puede que esto suene raro es que estamos más acostumbrados a pensar en nuestras obligaciones que en el plan de Dios. Y cuando nos preguntamos por el plan de Dios enseguida lo describimos con nosotros como centro del amor de Dios. Puede que digamos, por ejemplo, que su plan es redimir al mundo, o salvar a los pecadores, o restaurar la creación, o algo similar.

Pero los designios salvadores de Dios ocupan el penúltimo lugar, no son el plan último. La redención, la salvación y la restauración no son la meta final de Dios. Todo esto, Dios lo proporciona para algo más grande: el gozo de glorificarse a sí mismo. El fundamento del hedonismo cristiano en el fondo no es la fidelidad de Dios hacia nosotros, sino hacia sí mismo.

Si Dios no estuviera infinitamente entregado a preservar, manifestar y disfrutar su propia gloria, no podríamos tener la esperanza de encontrar felicidad en él. Pero si en verdad emplea todo su poder soberano y su infinita sabiduría en llevar al máximo el gozo de su propia gloria, entonces tenemos un fundamento sobre el que estar firmes y regocijarnos.

Sé que esto causa perplejidad a primera vista. Por tanto, intentaré ir por partes para después reunir todas las piezas al final del capítulo.

La soberanía de Dios: El fundamento de su felicidad y de la nuestra

Nuestro Dios está en los cielos; todo lo que quiso ha hecho (Salmo 115:3). Este texto quiere decir que Dios tiene el derecho y el poder de llevar a cabo todo lo que le hace feliz. Eso es lo que significa que Dios es soberano.

Pensemos en ello por un momento: Si Dios es soberano y puede hacer todo lo que quiere, entonces ninguno de sus propósitos puede frustrarse.

> *Yahvéh hace nulo en consejo de las naciones, y frustra las maquinaciones de los pueblos. El consejo de Yahvéh permanecerá para siempre; los pensamientos de su corazón por todas las generaciones* (Salmo 33:10-11).

Y, si ninguno de sus propósitos puede frustrarse, entonces tiene que ser el más feliz de todos los seres. Esta felicidad divina infinita es la fuente de la que bebe y anhela beber más profundamente el hedonista cristiano.

¿Puedes imaginarte lo que sería que el Dios que gobierna el mundo no fuera feliz? ¿Qué pasaría si Dios fuera dado a refunfuñar, poner mala cara y deprimirse como si se tratara de Jack con la judía gigante en el cielo? ¿Qué pasaría si Dios estuviera frustrado, triste, melancólico, abatido, descontento y desanimado? ¿Podríamos unirnos a David y decir: *Dios, Dios mío eres tú; de madrugada te buscaré; mi alma tiene sed de ti, mi carne te anhela, en tierra seca y árida donde no hay aguas?* (Salmo 63:1)?

No lo creo. Nos relacionaríamos todos con Dios como niños pequeños que tienen un padre frustrado, melancólico, abatido y descontento. No pueden disfrutar de él. Sólo pueden tratar de no preocuparle y quizá intentar trabajar para él para conseguir algún pequeño favor.

Por tanto, si Dios no es un Dios feliz, el hedonismo cristiano carece de fundamento, puesto que la meta del hedonismo cristiano es ser feliz en Dios: deleitarse en Dios, celebrar y disfrutar de su comunión y favor. Pero los niños no pueden disfrutar de la comunión de su padre si éste no es feliz. Por consiguiente, el fundamento del hedonismo cristiano es la felicidad de Dios.

Pero el fundamento de la felicidad de Dios es la soberanía de Dios: *Nuestro Dios está en los cielos; todo lo que quiso ha hecho.* Si Dios no fuese soberano, si el mundo que él creó estuviera fuera de control, frustrando sus designios una y otra vez, Dios no sería feliz. Así como nuestro gozo se basa en la promesa de que Dios es lo suficientemente poderoso y sabio como para hacer que todas las cosas obren para nuestro bien, también el gozo de Dios se basa en ese control soberano mismo: hace que todas las cosas obren para su gloria.

Si hay tanto que depende de la soberanía de Dios deberíamos asegurarnos de las bases bíblicas para ella.

Bases bíblicas de la felicidad soberana de Dios

El solo hecho de que Dios sea Dios implica que sus propósitos no pueden ser frustrados, según dice el profeta Isaías:

> *Yo soy Dios, y no hay otro Dios, y nada hay semejante a mí, que anuncio lo por venir desde el principio, y desde la antigüedad lo que aún no era*

> *hecho; que digo: Mi consejo permanecerá, y haré todo lo que quiero* (Isaías 46:9-10).

Los propósitos de Dios no pueden ser frustrados; no hay nadie como Dios. Si un propósito de Dios se redujera a nada querría decir que alguien podría detener su mano cuando él ya ha decidido hacer algo. Pero *no hay quien detenga su mano* . Como dice Nabucodonosor:

> *Y bendije al Altísimo, y alabé y glorifiqué al que vive para siempre, cuyo dominio es sempiterno, y su reino por todas las edades. Todos los habitantes de la tierra son considerados como nada; y él hace según su voluntad en el ejército del cielo, y en los habitantes de la tierra, y no hay quien detenga su mano, y le diga: ¿qué haces?* (Daniel 4:34-35).

Ésta fue también la confesión final de Job después de que Dios le hubiera hablado desde el torbellino: *Yo sé que tú puedes hacer todas las cosas, y que ningún propósito tuyo puede ser estorbado* (Job 42:2, Biblia de las Américas). *Nuestro Dios está en los cielos; todo lo que quiso ha hecho.*

Esto plantea la cuestión de si el mal y las calamidades del mundo también forman parte de los designios soberanos de Dios. Jeremías ve la carnicería que tiene lugar en Jerusalén después de su destrucción y exclama:

> *Mis ojos desfallecieron de lágrimas, se conmovieron mis entrañas, mi hígado se derramó por tierra a causa del quebrantamiento de la hija de mi pueblo, cuando desfallecía el niño y el que mamaba, en las plazas de la ciudad* (Lamentaciones 2:11).

Pero cuando mira a Dios no puede negar la verdad:

> *¿Quién será aquel que diga que sucedió algo que el Señor no mandó? ¿De la boca del Altísimo no sale*

lo malo y lo bueno? (Lamentaciones 3:37-38).

Si Dios reina como soberano sobre el mundo, entonces el mal del mundo no es ajeno a sus designios: *¿Habrá algún mal en la ciudad, el cual Yahvéh no haya hecho?* (Amós 3:6).

Éstas fueron las palabras reverentes del siervo de Dios Job cuando estaba afligido por la sarna maligna: *¿Recibiremos de Dios el bien, y el mal no lo recibiremos?* (Job 2:10). Dijo esto aunque el texto diga claramente que *salió Satanás de la presencia de Yahvéh, e hirió a Job con una sarna maligna desde la planta del pie hasta la coronilla de la cabeza* (Job 2:7). ¿Estaba equivocado Job al atribuir a Dios lo que procedía de Satanás? No, porque el escritor nos dice inmediatamente tras las palabras de Job: *En todo esto no pecó Job con sus labios* (Job 2:10).

El mal que causa Satanás sólo tiene lugar si Dios da su permiso. Por tanto, Job no se equivoca al verlo como algo que en último término procede de la mano de Dios. ¿Sería antibíblico e irreverente atribuir a Satanás (o al hombre pecador) el poder para frustrar los designios de Dios?

El ejemplo más claro de que incluso el mal moral encaja en los designios de Dios es la crucifixión de Cristo. ¿Quién negaría que la traición de Judas a Jesús fue un acto moralmente malvado?

Pero en Hechos 2:23 dice Pedro: *a éste, entregado por el determinado consejo y anticipado conocimiento de Dios, prendisteis y matasteis por manos de inicuos, crucificándole.* La traición era pecado, pero era parte del plan ordenado por Dios. El pecado no podía torcer su plan o frenar su mano.

¿O quién puede decir que el desprecio de Herodes (Lucas 23:11), la falta de carácter y de interés de Pilato (Lucas 23:24), el grito de los judíos: *Crucifícale, crucifícale* (Lucas 23:21) o la burla de los soldados gentiles (Lucas 23:36) no son pecado? Pero Lucas, en Hechos 4:27-28, recoge la oración de los santos:

> *Porque verdaderamente se unieron en esta ciudad contra tu santo Hijo Jesús, a quien ungiste, Herodes y Poncio Pilato, con los gentiles y el pueblo de Israel,*

para hacer cuanto tu mano y tu consejo habían antes determinado que sucediera.

La gente levanta sus manos para rebelarse contra el Altísimo sólo para encontrarse con que su rebelión, en los maravillosos designios de Dios, resulta ser un servicio inconsciente. Ni siquiera el pecado puede frustrar los propósitos del Todopoderoso. Él mismo no comete pecado, pero ha decretado que haya actos pecaminosos, porque los actos de Pilato y Herodes estaban predestinados por el plan de Dios.

De forma similar, cuando llegamos al fin del Nuevo Testamento y al fin de la historia con el Apocalipsis de Juan, encontramos que Dios controla por completo a todos los reyes malvados que causan guerras. En Apocalipsis 17, Juan habla de una ramera sentada en una bestia con diez cuernos. La ramera es Roma, ebria de la sangre de los santos; la bestia es el anticristo y los diez cuernos son diez reyes que *entregarán su poder y su autoridad a la bestia. Pelearán contra el Cordero.*

¿Pero están todas estas cosas malas fuera del control de Dios? ¿Están frustrando los designios de Dios? Al contrario. Inconscientemente están cumpliendo sus órdenes. *Porque Dios ha puesto en sus corazones el ejecutar lo que él quiso: ponerse de acuerdo, y dar su reino a la bestia, hasta que se cumplan las palabras de Dios* (Apocalipsis 17:17). Nadie en la tierra puede escapar del control soberano de Dios: *Está el corazón del rey en la mano de Yahvéh; a todo lo que quiere lo inclina* (Proverbios 21:1; cf. Esdras 6:22).

Las malvadas intenciones de los hombres no pueden frustrar los decretos de Dios. Ésta es la clave de la historia de la caída de José y su resurgir en Egipto. Sus hermanos lo vendieron a la esclavitud. La esposa de Potifar lo envió al calabozo. El mayordomo del Faraón lo olvidó en la prisión durante dos años. ¿Dónde estaba Dios durante todo este tiempo de pecado y sufrimiento? José responde en Génesis 50:20. Les dice a sus hermanos culpables: *Vosotros pensasteis mal contra mí, mas Dios lo encaminó a bien, para hacer lo que vemos hoy, para mantener en vida a mucho pueblo.*

La desobediencia de los corazones duros de las personas no conduce a que se frustren los planes de Dios, sino a que produzcan fruto.

Consideremos la dureza del corazón en Romanos 11:25-26: *Porque no quiero, hermanos, que ignoréis este misterio, para que no seáis arrogantes en cuanto a vosotros mismos: que ha acontecido a Israel endurecimiento en parte, hasta que haya entrado la plenitud de los gentiles; y luego todo Israel será salvo.* ¿Quién está controlando este endurecimiento que se produce de manera limitada y que después da paso al tiempo señalado de la salvación segura de «todo Israel»?

O consideremos la desobediencia en Romanos 11:31. Pablo habla a sus lectores gentiles acerca de la desobediencia de Israel al rechazar al Mesías: *Así también, ahora éstos* [Israel] *han sido desobedientes, para que por la misericordia mostrada a vosotros* [los gentiles], *también a ellos ahora les sea mostrada misericordia* (B.A.). Cuando Pablo dice que Israel había sido desobediente para que los gentiles pudieran recibir los beneficios del evangelio, ¿el propósito de quién tiene en mente?

Sólo podía ser el de Dios. ¡Porque Israel ciertamente no concebía su desobediencia como una forma de bendición para los gentiles o de conseguir misericordia para ellos mismos de forma indirecta! ¿El énfasis de Romanos 11:31 no es que Dios gobierna sobre la desobediencia de Israel y la dirige precisamente hacia los propósitos que ha planeado?

La soberanía de Dios sobre los asuntos de los hombres no es puesta en peligro ni siquiera por la realidad del pecado y el mal en el mundo. No se limita a los actos buenos de los hombres o los sucesos agradables de la naturaleza. El viento pertenece a Dios tanto si reconforta como si mata.

> *Porque yo sé que Yahvéh es grande, y el Señor nuestro, mayor que todos los dioses. Todo lo que Yahvéh quiere, lo hace, en los cielos y en la tierra, en los mares y en todos los abismos. Hace subir las nubes de los extremos de la tierra; hace los relámpagos para la lluvia; saca de sus depósitos los vientos* (Salmo 135:5-7).

Al final, uno tiene que llegar a ver que, si hay un Dios en los cielos, no hay nada que sea una mera coincidencia, ni siquiera el asunto más pequeño de la vida: *La suerte se echa en el regazo, mas de Yahvéh es la decisión de ella* (Proverbios 16:33). Ni siquiera un pajarillo *cae a tierra sin vuestro Padre* (Mateo 10:29).

Las luchas y la solución de Jonathan Edwards

Muchos de nosotros hemos pasado por algún período de profunda lucha con la doctrina de la soberanía de Dios. Si llevamos nuestras doctrinas a nuestros corazones, adonde pertenecen, pueden convulsionar nuestros sentimientos y causarnos noches de insomnio. Esto es mucho mejor que entretenernos con ideas académicas que nunca tocan la vida real. Al menos existe la posibilidad de que de las convulsiones surja una nueva etapa de tranquilidad y confianza.

A muchos de nosotros nos sucede como le ocurrió a Jonathan Edwards. Edwards fue un pastor y un teólogo serio de Nueva Inglaterra a principios del siglo XVIII. Fue uno de los líderes del primer gran avivamiento. Sus principales obras todavía suponen un desafío para grandes mentes de nuestros días. Su extraordinaria combinación de lógica y amor le convierten en un escritor profundamente conmovedor. Una y otra vez, cuando estoy sediento y me siento débil, vuelvo a mi colección de obras de Edwards y recibo estímulo de alguno de sus sermones.

En uno de ellos refiere la lucha que tuvo con la doctrina de la soberanía de Dios:

> *Desde mi niñez, mi mente había estado llena de objeciones contra la doctrina de la soberanía de Dios [...] Solía parecerme una doctrina terrible. Pero recuerdo muy bien un tiempo en que parecía estar convencido y plenamente satisfecho en lo referente a esta soberanía de Dios...*

> *Mas nunca pude explicar cómo, o sobre qué base, estaba tan convencido; y andaba muy lejos de imaginarme en aquel momento, y mucho tiempo después, que tenía que ver con una extraordinaria influencia del Espíritu de Dios, sólo que ahora veía más allá y mi razón comprendía que era justo y razonable. Por tanto, mi mente descansaba en ello; y puse fin a todos aquellos reparos y objeciones.*
>
> *Y se ha producido una maravillosa alteración en mi mente respecto a la doctrina de la soberanía de Dios desde aquel día hasta hoy; de manera que casi nunca me he encontrado algo que me plantee alguna objeción contra ella en el sentido más absoluto [...] Desde entonces, no sólo he estado convencido, sino que mi convicción ha sido maravillosa. Esa doctrina me ha resultado a menudo sumamente agradable, brillante y dulce. La soberanía absoluta es algo que me encanta atribuir a Dios. Pero al principio no estaba tan convencido de ella.*[1]

Por tanto, no resulta sorprendente que Jonathan Edwards luchara con una gran seriedad y profundidad contra un problema que ahora se nos plantea a nosotros. ¿Cómo podemos afirmar la felicidad de Dios sobre la base de su soberanía cuando mucho de lo que Dios permite en el mundo es contrario a sus propias órdenes en la Escritura? ¿Cómo podemos decir que Dios es feliz cuando existe tanto pecado y sufrimiento en el mundo?

Edwards no pretende resolver el misterio. Pero nos ayuda a encontrar una posible forma de evitar evidentes contradicciones sin dejar de ser fieles a las Escrituras. Dicho con mis propias palabras, dice que la infinita complejidad de la mente divina es tal que Dios tiene la capacidad de mirar el mundo a través de dos lentes. Puede mirarlo a través de una lente de ángulo reducido o a través de un gran angular.

Cuando Dios mira un suceso doloroso o malo a través de su lente de ángulo reducido, ve la tragedia o el pecado como lo que es en sí y, por tanto, se enfada y se aflige: *Porque no quiero la muerte del que muere, dice Yahvéh el Señor* (Ezequiel 18:32).

Pero cuando Dios mira un suceso doloroso o malvado a través del gran angular, ve de dónde fluye y hacia dónde conduce la tragedia o el pecado. Lo ve con todas sus conexiones y efectos que constituyen un patrón o mosaico que se extiende hacia la eternidad. Este mosaico completo —con lo bueno y lo malo— le produce deleite.[2]

Por ejemplo, la muerte de Cristo fue voluntad y obra de Dios Padre. Isaías escribe: *nosotros le tuvimos por azotado, por herido de Dios y abatido... Yahvéh quiso quebrantarlo, sujetándole a padecimiento.* Pero seguramente, cuando Dios Padre vio la agonía de su Hijo amado y la maldad que lo llevó a la Cruz, no se deleitó en aquellas cosas en sí (vistas a través de la lente de ángulo reducido). A Dios le repugna el pecado en sí y el sufrimiento de los inocentes.

Sin embargo, según Hebreos 2:10, Dios Padre estaba perfeccionando por aflicciones al autor de nuestra salvación. La voluntad de Dios era aquello que le repugnaba. Visto con poco ángulo le resultaba repugnante, pero no con el gran angular de la eternidad. Teniendo en cuenta la universalidad de las cosas, la muerte del Hijo de Dios era vista por el Padre como una forma excelente de demostrar su justicia (Romanos 3:25-26), de llevar a su pueblo a la gloria (Hebreos 2:10) y de conducir a los ángeles a una alabanza eterna (Apocalipsis 5:9-13).

Por tanto, cuando digo que la soberanía de Dios es el fundamento de su felicidad, no desestimo o minimizo la ira y repulsa que Dios puede manifestar frente al mal. Pero tampoco concluyo a partir de esta ira y tristeza que Dios es un Dios frustrado que no es capaz de mantener controlada su creación. Ha concebido desde la eternidad, y lo está construyendo con cada suceso, un magnífico mosaico de historia de la redención.[3] La contemplación de este mosaico (con unos azulejos oscuros y otros claros) llena su corazón de gozo.

Y si el corazón de nuestro Padre está repleto de felicidad profunda e inamovible, podemos estar seguros de que cuando busquemos nuestra felicidad en él no le encontraremos falto de recursos al acercarnos. No encontraremos a un Padre frustrado, decaído e irritable que quiere que lo dejen en paz, sino a un Padre cuyo corazón está tan repleto de gozo que rebosa sobre todos aquellos (hedonistas cristianos) que tienen sed.

La felicidad de Dios es en sí mismo

Comencé el presente capítulo diciendo que la base última del hedonismo cristiano es el hecho de que Dios ocupa el lugar principal en su propio amor:

El principal propósito de Dios es glorificar a Dios
y disfrutar de sí mismo eternamente.

Lo que hemos visto hasta aquí es que Dios es absolutamente soberano en el mundo y que, por tanto, puede hacer lo que le agrada, por lo que no es un Dios frustrado, sino un Dios profundamente feliz que se goza en todas sus obras (Salmo 104:31) cuando las considera en relación con la historia de la redención.

Lo que aún no hemos visto es cómo esta felicidad inquebrantable de Dios es en verdad una felicidad en **sí mismo**. Hemos visto que goza del poder soberano para hacer lo que le agrada, pero no hemos visto específicamente qué es lo que le agrada. ¿Por qué contemplar el mosaico de la historia de la redención alegra del corazón de Dios? ¿No es esto idolatría, puesto que Dios se deleita en algo que no es él mismo?

Así que ahora debemos preguntarnos: ¿Qué hace que Dios sea feliz? ¿Qué hay en la historia de la redención que alegra el corazón de Dios? La forma de responder a esta pregunta es resumir lo que Dios persigue en todas sus obras. Si podemos descubrir qué es lo que Dios persigue en todo lo que hace, conoceremos en qué se deleita más. Sabremos qué es lo principal en sus sentimientos.

Dios se deleita en su gloria

En el apéndice 1 presento un breve resumen de los principales puntos de la historia de la redención con el fin de descubrir la meta última de Dios en todo lo que hace. Si te parece que lo que sigue no cuadra con las Escrituras, te animo a examinar la evidencia que aporto en dicho apéndice.

Mi conclusión allí es que la propia gloria de Dios ocupa el lugar principal de sus sentimientos. En todo lo que hace, su propósito es preservar y manifestar esa gloria. Decir que la gloria es lo que predomina en sus sentimientos significa que le concede un valor más grande que a cualquier otra cosa. Se deleita en su gloria sobre todas las cosas.

La gloria no es fácil de definir. Es como la belleza. ¿Cómo podrías definir la belleza? Algunas cosas tenemos que mostrarlas más que definirlas. Pero lo intentaré. La gloria de Dios es la belleza de sus múltiples perfecciones. Puede hacer referencia al resplandor brillante e imponente que a veces estalla en múltiples manifestaciones visibles. O puede referirse a la excelencia moral infinita de su carácter. En cualquier caso, nos habla de una realidad o infinita grandeza y valor. C.S. Lewis hace un gran esfuerzo para ayudarnos:

> *La naturaleza nunca me enseñó que existe un Dios de gloria y de infinita majestad. Tuve que aprenderlo de otras formas. Pero la naturaleza le otorgó a la palabra gloria un significado para mí. Aún no sé en qué otro lugar podría haberlo encontrado. Desconozco cómo el temor de Dios podría haber significado para mí algo más que un pobre esfuerzo prudencial por tener seguridad si nunca hubiera visto ciertos barrancos siniestros y peñascos inalcanzables.*[4]

Por tanto, el propósito final de Dios es preservar y manifestar su infinita e imponente grandeza y valor, es decir, su gloria.

Dios tiene otros muchos propósitos en lo que hace. Pero ninguno de ellos es más importante. Todos se subordinan a éste. La gran pasión de Dios es exaltar el valor de su gloria. A ese fin busca manifestarla, oponerse a aquellos que la reducen y vindicarla ante cualquier desprecio. Es evidente que se trata de la realidad prioritaria en sus sentimientos. Ama infinitamente su gloria.

Esto es lo mismo que decir que se ama a sí mismo infinitamente. O que él mismo es lo principal para sus sentimientos. Un momento de reflexión revela la justicia inexorable de este hecho. Dios sería injusto (como lo somos **nosotros**) si valorara algo más que lo que tiene un valor supremo. Pero él mismo es quien tiene valor supremo. Si no se deleitara infinitamente en el valor de su propia gloria sería injusto. Porque lo correcto es deleitarse en una persona de manera proporcional a la excelencia de la gloria de dicha persona.

Dios se deleita en la gloria de su Hijo

Otra reflexión nos recuerda que esto es exactamente lo que decimos cuando afirmamos la divinidad eterna del Hijo de Dios. Estamos en las estribaciones del misterio en todas estas cosas. Pero las Escrituras nos han proporcionado algunas vistas momentáneas de las alturas. Nos enseñan que el Hijo de Dios es Dios mismo: *En el principio era el Verbo, y el Verbo era con Dios, y el Verbo era Dios* (Juan 1:1). *En él habita corporalmente toda la plenitud de la Deidad* (Colosenses 2:9).

Por tanto, cuando el Padre contemplaba al Hijo desde toda la eternidad, estaba contemplando la representación exacta de sí mismo. Como dice Hebreos 1:3, el Hijo es el resplandor de la gloria del Padre *y la imagen misma de su sustancia.* Y 2 Corintios 4:4 habla de *la gloria de Cristo, el cual es la imagen de Dios.*

De estos textos aprendemos que, durante toda la eternidad, Dios Padre ha contemplado la imagen de su propia gloria perfectamente representada en la persona del Hijo. Por tanto, una de las mejores formas de considerar el gozo infinito de Dios por su propia gloria es verlo como el deleite que tiene en su Hijo, quien es el reflejo perfecto de esa gloria (véase Juan 17:24-26).

Cuando Cristo vino al mundo, Dios Padre dijo: *Este es mi Hijo amado, en quien tengo complacencia* (Mateo 3:17). Cuando Dios Padre contempla la imagen de su propia gloria en la persona de su Hijo, es infinitamente feliz. *He aquí mi siervo, yo le sostendré; mi escogido, en quien mi alma tiene contentamiento* (Isaías 42:1).

Dentro de la Deidad trina (Padre, Hijo y Espíritu Santo), es en Dios en quien ha volcado principalmente su propio amor por toda la eternidad. Esto pertenece a su naturaleza misma, porque ha engendrado y amado al Hijo por toda la eternidad. Por tanto, Dios ha sido suprema y eternamente feliz en la comunión de la Trinidad.[5]

Dios se deleita en la gloria de su obra

¡En la creación, Dios «se hizo público»[6] con la gloria que fluye con gozo entre el Padre y el Hijo! Hay algo acerca de la plenitud del gozo de Dios que lo inclina a desbordarse. Hay una capacidad expansiva en ese gozo. Desea ser compartido. El impulso para crear el mundo no procedía de la debilidad, como si Dios careciera de algún atributo que la creación pudiera suplir. *No se trata de una fuente vacía o con escasez de agua, sino que tiende a desbordarse.*[7]

Dios ama ver su gloria reflejada en sus obras. Por tanto, la felicidad eterna del Dios trino se desbordó en la obra creadora y redentora. Y como esta felicidad original era el deleite de Dios en su propia gloria, la felicidad que le proporcionan todas sus obras creadoras y redentoras no es nada más que el deleite en su propia gloria. Por eso Dios ha hecho todas las cosas, desde la creación hasta la consumación de los tiempos, para preservar y manifestar su gloria. Todas sus obras son sencillamente el desbordamiento de la infinita euforia que le produce su propia excelencia.

¿Está Dios a nuestro favor o a favor de sí mismo?

Pero ahora la cuestión que se nos plantea es la siguiente: Si Dios está tan terriblemente enamorado de su propia gloria, ¿cómo puede ser un Dios de amor? Si constantemente hace todas las cosas para él, ¿cómo entonces podemos tener alguna esperanza de que hará algo por nosotros? ¿No dice el apóstol Pablo que el amor no busca lo suyo (1 Corintios 13:5)?

Ahora comenzamos a vislumbrar cómo el asunto de la felicidad de Dios puede establecer o destruir la filosofía del hedonismo cristiano. Si Dios está tan centrado en sí mismo que no tiene tendencia a amar a sus criaturas, entonces el hedonismo cristiano está muerto. El hedonismo cristiano depende de los brazos abiertos de Dios. Depende de la disposición de Dios a aceptar, salvar y satisfacer el corazón de todos los que buscan su gozo en él. Pero si Dios está montado en su ego y fuera de nuestro alcance, entonces es inútil que pretendamos conseguir nuestra felicidad en él.

¿Está Dios a nuestro favor o a favor de sí mismo? Precisamente en la respuesta a esta pregunta descubriremos el gran fundamento del hedonismo cristiano.

La Biblia está repleta de mandamientos de alabar a Dios. Dios lo ordena porque ésta es la meta última de todo lo que él hace: *ser glorificado en sus santos y ser admirado en todos los que creyeron* (2 Tesalonicenses 1:10). Tres veces en Efesios 1 se proclama este gran propósito: Dios *en amor habiéndonos predestinado para ser adoptados hijos suyos [...] para alabanza de la gloria de su gracia* (1:5-6); *habiendo sido predestinados [...] a fin de que seamos para alabanza de su gloria* (1:12); el Espíritu Santo *es las arras de nuestra herencia hasta la redención de la posesión adquirida, para alabanza de su gloria* (1:14).

Todas las formas diferentes que Dios ha escogido para revelar su gloria en la creación y en la redención parecen alcanzar su culminación en la alabanza de su pueblo redimido. Dios gobierna el mundo con gloria precisamente para que pueda ser admirado, para que nos maravillemos, le exaltemos y le alabemos. El clímax de su felicidad es su deleite al escuchar los ecos de su excelencia en la alabanza de los santos.

Pero vez tras vez me he encontrado con que la gente tropieza con esta verdad. No le gusta escuchar que Dios dirige su amor especialmente hacia sí mismo, o que hace todas las cosas para su propia gloria, o que se exalta a sí mismo y busca la adoración de los hombres.

¿Por qué? Hay al menos dos razones. Una es que no nos gustan las personas que son así. La otra es que la Biblia nos enseña a no ser así. Examinemos estas objeciones y veamos si se pueden aplicar a Dios.

En primer lugar, no nos gustan las personas que parecen estar enamoradas de su propia inteligencia, de sus fuerzas, habilidades, buena apariencia o salud. No nos gustan los eruditos que tratan de mostrar sus conocimientos especializados o que nos recitan todas sus publicaciones recientes. No nos gustan los hombres de negocios que hablan de su astucia a la hora de invertir su dinero y de cómo permanecieron firmes en lo alto del mercado comprando cuando las acciones estaban bajas y vendiendo cuando estaban en su punto más alto. No nos gusta que los niños jueguen a ser los mejores (¡el mío es más grande! ¡el mío es más rápido! ¡el mío es más bonito!). Y, a menos que seamos uno de ellos, desaprobamos a los hombres y a las mujeres que no se visten de forma funcional y sencilla, sino para llamar la atención con la última moda.

¿Por qué no nos gusta todo eso? Creo que en el fondo es porque aquellas personas no son auténticas. Son lo que Ayn Rand denomina «de segunda mano». No viven del gozo que procede de adquirir lo que valoran en sí. En vez de eso, viven de segunda mano, de los cumplidos de los demás. Tienen un ojo en su acto y el otro en su audiencia. Sencillamente, no nos gusta esta gente. Admiramos a las personas que son lo suficientemente seguras y serenas como para no necesitar reforzar su debilidad y compensar sus deficiencias tratando de conseguir la adulación de los demás.

Por tanto, es lógico que cualquier enseñanza que sitúe a Dios en este grupo de personas sea inaceptable para los cristianos. Y, para muchos, la enseñanza de que el propósito de Dios es mostrar su gloria y conseguir la alabanza de los hombres en realidad le coloca en este grupo. ¿Pero es así?

Una cosa es cierta: Dios no es débil y carece de deficiencias. *Porque de él, y por él, y para él, son todas las cosas* (Romanos 11:36), *ni es honrado por manos de hombres, como si necesitase de algo; pues él es quien da a todos vida y aliento y todas las cosas* (Hechos 17:25). Todo lo que existe le debe su existencia a él, y nadie puede añadir nada que no fluya de él. Por tanto, el anhelo de Dios de buscar su propia gloria y ser alabado por los hombres no puede deberse a su necesidad de reforzar alguna debilidad o compensar alguna deficiencia. Puede parecer, a primera vista, que es como la clase de personas mencionadas más arriba, pero no es igual, y la similitud superficial se puede explicar de otra forma.

La segunda razón por la que las personas tropiezan sobre la enseñanza de que Dios exalta su propia gloria y busca ser adorado por su pueblo es que la Biblia nos enseña a no ser así. Por ejemplo, la Biblia dice que *el amor no busca lo suyo* (1 Corintios 13:5). ¿Cómo puede Dios ser un Dios de amor y, no obstante, estar entregado por completo a buscar su propia gloria, alabanza y gozo? ¿Cómo puede Dios estar a nuestro favor si está tan volcado en sí mismo?

La respuesta que propongo es la siguiente: Porque Dios es único como un Ser glorioso y plenamente autosuficiente, para estar a nuestro favor ha de estar a favor suyo. Las normas de humildad que corresponden a una criatura no se pueden aplicar de la misma forma a su creador. Si Dios se rechazara a sí mismo como fuente de gozo infinito, dejaría de ser Dios. Negaría el infinito valor de su propia gloria. Querría decir que hay algo más valioso que él mismo. Cometería idolatría.

Esto no sería nada bueno para nosotros. Porque, ¿adónde podemos ir con nuestra adoración si Dios mismo ha renegado de esas afirmaciones de valía y belleza infinitas?

No, no transformamos en amor la exaltación propia de Dios pidiendo que cese de ser Dios. En vez de eso tenemos que llegar a ver que Dios es amor precisamente porque de forma inexorable aspira a que su pueblo alabe su nombre en su corazón.

Consideremos esta cuestión: A la vista del poder infinito, la sabiduría y la belleza de Dios, ¿cuáles son las consecuencias de su amor al ser humano? O, dicho de otra forma, ¿qué podría Dios darnos para que disfrutemos que demostrara más su amor? Sólo existe una respuesta posible: *¡él mismo!* Si se esconde de nuestra contemplación y comunión, por mucho que nos de otra cosa, no nos ama.

Ahora estamos en la antesala de lo que para mí fue un descubrimiento que transforma la vida. ¿Qué hacemos todos cuando se nos da o se nos muestra algo hermoso o excelente? ¡Lo **alabamos**! Alabamos a los bebés: «¡Oh, mira qué cabecita redonda tan preciosa! ¡Y cuánto pelo! ¡Qué manitas tan perfectas!» Tras una larga ausencia, alabamos a alguien de quien estamos enamorados: «¡tus ojos son como un cielo sin nubes! ¡Tu pelo es como un bosque plateado!» Alabamos a un gran deportista cuando somos peores que él. Alabamos los árboles en octubre en St. Croix.

Pero mi gran descubrimiento tuvo lugar cuando leí «Una palabra sobre la alabanza» en el libro de Lewis ***Reflexiones sobre los Salmos***. Los pensamientos que allí vertía —nacidos de la lucha con la idea de que Dios no sólo quiere nuestra adoración, sino que la ordena— llevan a volver a mirar las cosas de forma más completa:

> *Pero lo más obvio en cuanto a la alabanza —de Dios o de algo— se me escapaba de forma extraña. Pensaba en ello en términos de cumplidos, aprobación u honores. Nunca me había fijado en que el gozo siempre lleva de forma espontánea a la alabanza a menos que (a veces incluso si) la vergüenza o el temor de aburrir a otros lleve deliberadamente a frenarla. El mundo siempre se rodea de alabanza: los enamorados*

se alaban, los lectores alaban a su poeta favorito, los senderistas alaban los campos, los jugadores alaban su juego preferido. Se alaba el tiempo, los vinos, las comidas, a los actores, las motos, los caballos, las universidades, los países, a personajes históricos, a los niños, las flores, las montañas, sellos raros, coleópteros extraños, e incluso a veces hasta a políticos y a eruditos. No me había dado cuenta de cómo las mentes más humildes, y al mismo tiempo las más equilibradas y capaces, alababan más cosas, mientras que las excéntricas, inadaptadas y descontentas alababan menos...

Tampoco había percibido que igual que los hombres de forma espontánea alaban todo lo que valoran, así de forma espontánea nos animan a unirnos a ellos en la alabanza: «¿No es encantador? ¿No es una maravilla? ¿No crees que es magnífico?» Los salmistas, al decirle a todo el mundo que alabe a Dios, están haciendo lo que hacen todos los hombres cuando hablan de lo que les interesa. Todas mis dificultades en cuanto a la alabanza a Dios generalmente eran consecuencia de lo absurdo de negarnos a nosotros mismos (en cuanto a lo que consideramos supremamente valioso) lo que nos gusta hacer, lo que no podemos dejar de hacer, casi todo lo que tiene valor para nosotros.

Creo que nos encanta alabar lo que disfrutamos porque la alabanza no sólo expresa sino completa el gozo; es su consumación adecuada. No está fuera de lugar el que los amantes se digan continuamente el uno al otro lo guapos que son; el deleite es incompleto si no se expresa.[8]

¡Aquí tenemos la solución! Alabamos lo que disfrutamos porque el deleite es incompleto si no se expresa en alabanza. Si no se nos permitiera hablar de aquello que valoramos, celebrar lo que amamos y alabar lo que admiramos, nuestro gozo no sería pleno. Por tanto, si Dios nos ama lo suficiente como para hacer que nuestro gozo sea pleno, no sólo se nos tiene que ofrecer él mismo; también tiene que obtener de nosotros la alabanza de nuestros corazones, no porque necesite compensar alguna debilidad o deficiencia, sino porque nos ama y desea la plenitud de nuestro gozo que se puede encontrar sólo en conocerle y alabarle a él, el más magnífico de todos los seres. Si está verdaderamente a nuestro favor tiene que estar a favor de sí mismo.

Dios es el único Ser de todo el universo para quien buscar su propia alabanza es el acto supremo de amor. Para él, la exaltación propia es la virtud más grande. Cuando hace todas las cosas *para alabanza de su gloria*, preserva para nosotros y nos ofrece la única cosa en el mundo que puede satisfacer nuestros anhelos. ¡Dios está a favor nuestro! Y el fundamento de este amor es que Dios ha estado, y siempre estará, a favor de sí mismo.

Resumen

Dios es absolutamente soberano. *Nuestro Dios está en los cielos; todo lo que quiso ha hecho* (Salmo 115:3). Por tanto, no está frustrado. Se goza en todas sus obras cuando las contempla como colores del magnífico mosaico de la historia de la redención. Es un Dios inquebrantablemente feliz.

Su felicidad es el deleite que tiene en sí mismo. Antes de la creación se gozó en la imagen de su gloria en la persona de su Hijo. Después, el gozo de Dios «se hizo público» en las obras de la creación y de la redención. Estas obras deleitan el corazón de Dios porque reflejan su gloria. Hace todo lo que hace para preservar y manifestar esa gloria, porque en esto su alma se goza.

Todas las obras de Dios culminan en la alabanza de su pueblo redimido. El clímax de su felicidad es el deleite que experimenta al escuchar los ecos de su excelencia en la alabanza de los santos. Esta alabanza es la consumación de nuestro propio gozo en Dios. Por tanto, el que Dios busque alabanza de nosotros y el que nosotros busquemos placer en él son la misma búsqueda. ¡Éste es el gran evangelio! Éste es el fundamento del hedonismo cristiano.

Notas del capítulo 1

1. «Personal Narrative», ***Jonathan Edwards: Representative Selections***, eds. C.H. Faust, T.H. Johnson (Nueva York: Hill and Wang, 1962), pp. 58-59.

2. Edwards afronta este problema diferenciando dos clases de voluntades en Dios (lo cual se infiere de lo que he dicho). La «voluntad ordenada» por Dios (o voluntad revelada) es lo que él ordena en la Escritura (*No matarás*, etc.). Su «voluntad decretada» (o voluntad permisiva, o voluntad soberana) es lo que él, de forma infalible, permite en el mundo. Las palabras de Edwards son complejas, pero dignas de que nos esforcemos por entenderlas si amamos profundizar en las cosas de Dios:

   > *Cuando se distingue entre la voluntad revelada de Dios y su voluntad permisiva, o entre su voluntad ordenada o decretada, «voluntad» se toma ciertamente en dos sentidos diferentes. Su voluntad decretada no es su voluntad en el mismo sentido que su voluntad ordenada. Por tanto, no es difícil en absoluto suponer que la una pueda ser diferente de la otra: su voluntad, en ambos sentidos, es su deseo. Pero cuando decimos que su voluntad es la virtud, o que ama la virtud o la felicidad de su criatura, queremos decir que esa virtud o la felicidad de las criaturas —consideradas de forma absoluta y sencilla— están de acuerdo con la inclinación de su naturaleza.*
   >
   > *Su voluntad decretada es su deseo de algo no por ello en sí de forma absoluta y sencilla, sino teniendo en cuenta la universalidad de las cosas, lo que han sido, son y serán. Así que Dios, aunque odie una cosa en sí, puede inclinarse a ella al tener en cuenta la universalidad de las cosas. Aunque odie el pecado en sí mismo, no obstante bien puede permitirlo para producir más santidad dentro de esta universalidad que incluye todas las cosas y en todos los tiempos. Así, aunque no le agrade la tristeza de una criatura, no obstante, considerada de forma absoluta, puede que sea su voluntad, porque la mayor fuente de felicidad es esta universalidad.*

   «Concerning the Divine Decrees», ***The Works of Jonathan Edwards***, vol. 2 (Edimburgo: Banner of Truth Trust, 1974), pp. 527-28.

3. El término «historia de la redención» sencillamente hace referencia a la historia de los actos de Dios que se recogen en la Biblia. Se denomina historia de la redención no porque no sea historia real, sino porque es historia vista desde la perspectiva del propósito redentor de Dios.

4. Citado de ***The four Loves*, en *A Mind Awake: An Anthology of C.S. Lewis***, ed. Clyde Kilby (Nueva York: Harcourt, Brace and World, 1968), p. 202.

5. Si alguien se pregunta qué lugar ocupa el Espíritu Santo en esta interpretación de la Trinidad, quiero dirigir su atención a dos obras de Jonathan Edwards: ***Treatise on Grace*** y ***An Essay on the Trinity***. Él resume su interpretación de la Trinidad con estas palabras:

   > *Y supongo que ésta es esa bendita Trinidad de la que leemos en las Santas Escrituras. El Padre es la Deidad sustentadora en el principio, sin origen y más absoluta, o la Deidad en su existencia directa. El Hijo es la Deidad generada por la inteligencia de Dios, o al tener una idea de él mismo y permanecer en ella. El Espíritu Santo es la Deidad sustentadora en la práctica, o la esencia divina fluyendo y respirando sucesivamente en el amor infinito de Dios y el deleite en sí mismo. Y creo que toda la esencia divina subsiste verdadera y claramente tanto en la idea divina como en el amor divino, y que cada una de ellas son personas debidamente diferenciadas.*

   «Essay on the Trinity», ***Treatise on Grace and Other Posthumously Published Writings***, ed. Paul Helm (Cambridge: James Clarke and Corintios., 1971), p. 118.

   En otras palabras, el Espíritu Santo es el deleite que el Padre y el Hijo tienen el uno en el otro.

   > *Por tanto, el Espíritu Santo procede de alguna manera inefable e inconcebible y emana continuamente tanto del Padre como del Hijo, por medio de la esencia divina que se derrama plenamente y que fluye con esa infinita intensidad, amor y deleite puros y santos que continuamente y de forma invariable emanan del Padre y del Hijo (en primer lugar del uno al otro, y en segundo lugar hacia la criatura), fluyendo así hacia una persona diferente de forma para nosotros totalmente inexplicable e inconcebible. Y ésta es la persona que se vierte en el corazón de los ángeles y de los santos.*

   «Treatise on Grace», ***Treatise on Grace and Other Posthumously Published Wrintings***, p. 63.

6. Tomo prestado este concepto de Daniel Fuller, cuyo libro ***The Unity of the Bible*** (aún sin publicar) ha influido profundamente en mi pensamiento.

7. «Dissertation Concerning the End for Which God Created the World», ***The Works of Jonathan Edwards***, vol. 1, p. 102. Esta «Tésis» es de un valor inmenso en el tratamiento de toda la cuestión del propósito de Dios en la historia.

8. C.S. Lewis, ***Reflections on the Salms*** (Nueva York: Harcourt, Brace and World, 1958), pp. 93-95.

No todo el que me dice: Señor, Señor, entrará en el reino de los cielos, sino el que hace la voluntad de mi Padre que está en los cielos.
(Mateo 7:21)

Además, el reino de los cielos es semejante a un tesoro escondido en un campo, el cual un hombre halla, y lo esconde de nuevo; y gozoso por ello va y vende todo lo que tiene, y compra aquel campo.
(Mateo 13:44)

Capítulo 2

Conversión:

LA CREACIÓN DE UN HEDONISTA CRISTIANO

Si todos tuviéramos la seguridad de entrar en el reino de los cielos, no podríamos hablar de conversión. Pero no todo el mundo puede estar seguro de entrar, *porque estrecha es la puerta, y angosto el camino que lleva a la vida, y pocos son los que la hallan* (Mateo 7:14).

El capítulo 1 concluye con el descubrimiento de que el deseo de Dios de que le alabemos y nuestra búsqueda de placer en él son una sola cosa. La pretensión de Dios de ser glorificado y la nuestra de estar satisfechos alcanzan su meta en esta experiencia única: nuestro deleite en Dios que fluye en alabanza. Para Dios, la alabanza es el dulce eco de su propia excelencia en los corazones de su pueblo. Para nosotros, la alabanza es la cumbre de la satisfacción que procede de vivir en comunión con Dios.

La consecuencia sorprendente de este descubrimiento es que toda la energía omnipotente que lleva al corazón de Dios a buscar su propia gloria, también le conduce a satisfacer los corazones de aquellos que buscan su gloria en él. Las buenas nuevas de la Biblia son que Dios no está en absoluto poco inclinado a satisfacer los corazones de aquellos que esperan en él. Todo lo contrario: Lo que verdaderamente puede hacernos más felices es aquello en lo que Dios se deleita con todo su corazón y con toda su alma.

> *Y haré con ellos pacto eterno, que no me volveré atrás de hacerles bien [...] Y me alegraré con ellos haciéndoles bien [...] de todo mi corazón y de toda mi alma* (Jeremías 32:40-41).

De todo su corazón y de toda su alma, Dios se une a nosotros en la búsqueda de un gozo más grande porque la consumación de ese gozo en él redunda en la gloria de su propio valor infinito. Todos los que se entregan a Dios encuentran que son conducidos a un gozo sin fin por la devoción omnipotente de Dios a su propia gloria:

> *Por mí, por amor de mí mismo lo haré, para que no sea amancillado mi nombre, y mi honra no la daré a otro* (Isaías 48:11).

Sí, el Gozo del Omnipotente busca el bien de todos aquellos que se entregan a Dios: *Se complace Yahvéh en los que [...] esperan su misericordia* (Salmo 147:11). Pero no es el caso de todo el mundo.

***A los que aman a Dios**, todas las cosas les ayudan a bien, esto es, a los que conforme a su propósito son llamados* (Romanos 8:28), pero no a todos. Hay ovejas y cabritos (Mateo 25:32). Hay personas prudentes y otras insensatas (Mateo 25:2). Unos se salvan y otros perecen (1 Corintios 1:18). Y la diferencia reside en que un grupo se ha convertido y el otro no.

El propósito de este capítulo es mostrar la necesidad de la conversión y explicar que no es nada más que la creación de un hedonista cristiano.

¿Por qué no decimos sólo «creer»?

Alguien podría preguntar: Si nuestra meta es la conversión, ¿por qué no utilizamos solamente el mandamiento bíblico directo: *Cree en el Señor Jesús y serás salvo*? ¿Por qué utilizar esta nueva terminología del hedonismo cristiano?

Mi respuesta consta de dos partes. En primer lugar, estamos rodeados de personas no convertidas que piensan que **en verdad** creen en Jesús. Hay borrachos en la calle que dicen que creen, parejas no casadas que duermen juntas y que dicen que creen, ancianos que durante cuarenta años no han buscado la adoración y la comunión pero que dicen que creen, y toda clase de personas indiferentes y amantes del mundo que asisten a la iglesia y dicen que creen. En el mundo hay millones de personas inconversas que dicen que creen en Jesús.

No les hace ningún bien a estas personas decirles que crean en el Señor Jesús. Para ellos, ésta es una frase hueca. Mi responsabilidad como predicador del evangelio y maestro en la iglesia no es conservar y repetir conocidas frases bíblicas, sino traspasar el corazón con verdades bíblicas.

Esto nos conduce a la segunda parte de mi respuesta. Hay otros mandamientos bíblicos directos junto al de *cree en el Señor Jesús y serás salvo*. La razón para introducir la idea del hedonismo cristiano es conseguir que estos mandamientos capten nuestra atención. ¿Es posible que hoy el mandamiento bíblico más claro encaminado a la conversión no sea el de creer en el Señor, sino el de deleitarse en el Señor? ¿Y no podría ser que muchos corazones adormecidos fueran traspasados completamente por las palabras: «a menos que un hombre nazca de nuevo al hedonismo cristiano no podrá ver el reino de Dios?»

¿Por qué es necesaria la conversión?

¿Por qué resulta tan crucial la conversión? ¿Qué hay en Dios y en el hombre que la hace necesaria? Es una cuestión muy amplia. Quisiera responder de forma resumida con las siguientes seis verdades de la Escritura:

1. Dios nos creó para su gloria.

> *Trae de lejos mis hijos, y mis hijas de los confines de la tierra, todos los llamados de mi nombre; para gloria mía los he creado, los formé y los hice* (Isaías 43:6-7).

La comprensión adecuada de todo lo que tiene que ver con la vida comienza con Dios. Nadie comprenderá la necesidad de la conversión si ni siquiera sabe por qué nos creo Dios. Nos creó a su imagen para que pudiéramos reflejar su gloria en el mundo. Fuimos creados para ser prismas que reflejen la luz de la gloria de Dios en todos los aspectos de la vida. Es un gran misterio por qué quiso Dios compartir con nosotros el resplandor de su gloria. Llamémosle gracia, misericordia o amor: es un prodigio inexplicable. Hubo un tiempo en que no existíamos. ¡Y entonces llegamos a existir para la gloria de Dios!

2. Por tanto, cada persona tiene la obligación de vivir para la gloria de Dios.

> *Si, pues, coméis o bebéis, o hacéis otra cosa, hacedlo todo para la gloria de Dios* (1 Corintios 10:31).

Si Dios nos creo para su gloria, está claro que debemos vivir para ella. Nuestra obligación procede de los designios de Dios.

¿Qué significa glorificar a Dios?

No es hacerle más glorioso. Significa reconocer su gloria, valorarla por encima de todas las cosas y darla a conocer. Implica gratitud de corazón: *El que sacrifica alabanza me honrará* (Salmo 50:23). También implica confiar: Abraham *se fortaleció en fe, dando gloria a Dios* (Romanos 4:20).

Glorificar a Dios es la obligación no sólo de aquellos que han oído la predicación del evangelio, sino también de personas que sólo han recibido el testimonio de la naturaleza y de su propia conciencia:

> *Porque las cosas invisibles de él, su eterno poder y deidad, se hacen claramente visibles desde la creación del mundo, siendo entendidas por medio de las cosas hechas, de modo que no tienen excusa. Pues habiendo conocido a Dios, no le glorificaron como a Dios, ni le dieron gracias* (Romanos 1:20-21).

Dios no juzgará a nadie por no llevar a cabo una obligación si la persona no ha tenido acceso al conocimiento de dicha obligación. Pero, incluso sin la Biblia, todas las personas tienen acceso al conocimiento de que somos creados por Dios y, por tanto, dependemos de él para todo, por lo que le debemos la gratitud y la confianza de nuestros corazones. En el fondo, dentro de nosotros, todos sabemos que nuestra obligación es glorificar a nuestro Hacedor agradeciéndole todo lo que tenemos, confiando en él para todo lo que necesitamos y obedeciendo toda su voluntad revelada.

3. Pero todos nosotros hemos fracasado en glorificar a Dios como debíamos.

> *Por cuanto todos pecaron, y están destituidos de la gloria de Dios* (Romanos 3:23).

¿Qué significa «estar destituidos» de la gloria de Dios? No significa que se supone que éramos tan gloriosos como Dios y hemos sido destituidos de esa gloria. Tenemos que quitarnos esa idea de la mente. La mejor explicación de Romanos 3:23 es Romanos 1:23, donde dice que aquellos que no glorificaron o no dieron gracias a Dios *se hicieron necios, y cambiaron la gloria del Dios incorruptible en semejanza de imagen de hombre corruptible, de aves, de cuadrúpedos y de reptiles*. Así es como quedamos destituidos de la gloria de Dios: La cambiamos por otra cosa de menor valor. Todo pecado procede de no conceder el valor supremo a la gloria de Dios; ésta es la verdadera esencia del pecado.

Y todos nosotros hemos pecado: *No hay justo, ni aun uno* (Romanos 3:10). Ninguno de nosotros ha confiado siempre en Dios de la forma en que debería haberlo hecho. Ninguno de nosotros ha sentido la profundidad y consistencia de la gratitud que le debemos. Ninguno de nosotros le ha obedecido de acuerdo a su sabiduría y corrección. Hemos cambiado y deshonrado su gloria una y otra vez. Hemos confiado en nosotros mismos. Nos hemos atribuido el mérito de sus dones. Nos hemos alejado del camino de sus mandamientos porque pensábamos que nosotros sabíamos más.

En todo esto hemos despreciado la gloria de Dios. Lo peor del pecado no es el daño que nos causa a nosotros y a los demás (¡aunque es grande!). Lo terrible del pecado es que es un desprecio absoluto a Dios. Cuando David cometió adulterio con Betsabé e hizo que mataran a su marido, ¿qué le dijo Dios a través del profeta Natán? No le recordó al rey que el matrimonio es inviolable o que la vida humana es sagrada. Le dijo: *me menospreciaste [...] hiciste blasfemar a los enemigos de Yahvéh* (2 Samuel 12:10, 14).

Pero ése no es el relato completo de nuestra condición. No sólo escogemos pecar, sino que *somos* pecadores. La Biblia describe nuestro corazón como ciego (2 Corintios 4:4), duro (Ezequiel 11:19; 36:26), muerto (Efesios 2: 1, 5) e incapaz de someterse a la ley de Dios (Romanos 8:7-8). Por naturaleza somos *hijos de la ira* (Efesios 2:3).

4. Por tanto, todos nosotros estamos sujetos a condenación eterna por Dios.

> *Los cuales sufrirán pena de eterna perdición, excluidos de la presencia del Señor y de la gloria de su poder* (2 Tesalonicenses 1:9).

Habiendo despreciado la gloria de Dios por medio de la ingratitud, la desconfianza y la desobediencia, estamos sentenciados a ser excluidos del disfrute de esa gloria eternamente e incluso a la miseria eterna del infierno.

La palabra «infierno» *(gehenna)* aparece en el Nuevo Testamento doce veces (once en labios de Jesús). No es un mito creado por predicadores catastrofistas e iracundos. El Hijo de Dios que murió para liberar a los pecadores de su maldición nos advierte solemnemente. El riesgo es mucho si lo pasamos por alto.

El infierno es un lugar de tormento. No es meramente la ausencia de placer. No es aniquilacionismo. Jesús lo describe repetidamente como una experiencia de fuego. *Cualquiera que diga: Necio, a su hermano, será culpable ante el concilio; y cualquier que le diga: Fatuo, quedará expuesto al infierno de fuego* (Mateo 5:22). *Mejor te es entrar con un solo ojo en la vida, que teniendo dos ojos ser echado en el infierno de fuego* (Mateo 18:9). *Mejor te es entrar en el reino de Dios con un ojo, que teniendo dos ojos ser echado al infierno, donde el gusano de ellos no muere, y el fuego nunca se apaga* (Marcos 9:47-48). A menudo advirtió que habría *lloro y crujir de dientes* (Mateo 8:12, 22:13, 24:51, 25:30).

No sólo es un lugar de tormento, también es eterno. El infierno no tiene remedio, contrariamente a lo que muchos escritores populares dicen en nuestros días.[1] Jesús cierra la parábola del juicio final con estas palabras: *Apartaos de mí, malditos, al fuego eterno preparado para el diablo y sus ángeles. [...] E irán éstos al castigo eterno, y los justos a la vida eterna.*

Otra evidencia de que el infierno es eterno es la enseñanza de Jesús de que hay pecado que no será perdonado en la era venidera. *Al que hable contra el Espíritu Santo, no le será perdonado, ni en este siglo ni en el venidero* (Mateo 12:32). Para que el infierno tuviera remedio y un día quedara vacío de todos los pecadores, éstos tendrían que ser perdonados. Pero Jesús dice que hay pecados que nunca se perdonarán.

Juan resume las terribles realidades del tormento y la eternidad en Apocalipsis 14:11: *Y el humo de su tormento sube por los siglos de los siglos. Y no tienen reposo ni de día ni de noche...*

Por tanto, el infierno es justo. Algunos ponen objeciones diciendo que el castigo eterno es desproporcionado respecto a la seriedad del pecado cometido. Pero no es cierto, porque la seriedad de nuestro pecado es infinita. Consideremos la explicación de Jonathan Edwards:

> *El crimen de que un ser menosprecie y ridiculice a otro es proporcionalmente más o menos atroz según la obligación de obedecerle sea mayor o menor. Y, por tanto, si existe un ser a quien tenemos la obligación infinita de amar, honrar y obedecer, hacer lo contrario tiene que ser una falta infinitamente grave.*
>
> *Nuestra obligación de amar, honrar y obedecer a cualquier ser es proporcional a su atractivo, honorabilidad y autoridad [...] Pero Dios es un ser infinitamente digno de amor, porque su excelencia y belleza son infinitas...*
>
> *Por tanto, el pecado contra Dios, siendo una violación de una obligación infinita, tiene que ser un crimen infinitamente atroz, por lo que merece un castigo infinito [...] La eternidad del castigo de los hombres impíos lo hace infinito [...] por lo que sólo es proporcional a la atrocidad de aquello de lo que son culpables.*[2]

Cuando todos los seres humanos estén ante el trono en el día del juicio, Dios no tendrá que utilizar una frase de la Escritura para mostrarnos nuestra culpa y lo apropiada que es nuestra condenación. Sólo necesitará hacer tres preguntas: 1) ¿No estaba claro en la naturaleza que todo lo que tenías era un regalo y que dependías de tu Hacedor para vivir, para respirar y para todo? 2) ¿Acaso el sentimiento de justicia[3] dentro de tu propio corazón no te hacía ver que otras personas eran culpables cuando carecían de la gratitud que deberían haber manifestado en respuesta a tu amabilidad? 3) ¿Ha estado tu vida llena de gratitud y confianza hacia mí de forma proporcional a mi generosidad y autoridad? Caso cerrado.

5. No obstante, en su gran misericordia, Dios envió a su Hijo, Jesucristo, para salvar a los pecadores muriendo en su lugar en la cruz.

> *Palabra fiel y digna de ser recibida por todos: que Cristo Jesús vino al mundo para salvar a los pecadores* (1 Timoteo 1:15).

Frente a las terribles noticias de que todos hemos caído bajo la condenación del Creador y de que él está obligado por su propio carácter justo a preservar su gloria derramando su ira eterna sobre nuestro pecado, están las maravillosas noticias del evangelio. Ésta es una verdad que nadie puede aprender de la naturaleza. Debe comunicarse a los demás, predicarse en las iglesias y ser llevada por los misioneros. Las buenas nuevas son que Dios mismo ha decretado una forma de satisfacer las demandas de su justicia sin condenar a toda la raza humana. El infierno es una forma de que los pecadores salden su cuenta y se mantenga la justicia. Pero existe otra forma. El juicio de Dios ha decretado una forma (fruto de su amor) de librarnos de su ira sin renunciar a su justicia.

¿Y cuál es ese juicio?

El juicio de Dios ha decretado la muerte de Cristo, por medio de la cual el amor de Dios salva a los pecadores de su ira y a la vez mantiene y demuestra su justicia. Romanos 3:25-26 bien pueden ser los versículos más importantes que encontramos en la Biblia:

> *A quien [a Jesucristo] Dios puso como propiciación*[4] *por medio de la fe en su sangre, para manifestar su justicia, a causa de haber pasado por alto, en su paciencia, los pecados pasados, con la mira de manifestar en este tiempo su justicia, a fin de que él sea el justo, y el que justifica al que es de la fe en Jesús.*

No se trata de una cosa o la otra, sino de ambas. ¡Dios es plenamente justo! ¡Y justifica al impío! Absuelve al culpable, pero no es culpable al hacerlo. ¡Son las mejores noticias del mundo!

> *Al que no conoció pecado, por nosotros lo hizo pecado, para que nosotros fuésemos hechos justicia de Dios en él* (2 Corintios 5:21).
>
> *Dios, enviando a su Hijo en semejanza de carne de pecado y a causa del pecado, condenó al pecado en la carne* (Romanos 8:3).
>
> *Cristo llevó él mismo nuestros pecados en su cuerpo sobre el madero (1 Pedro 2:24).*
>
> *Porque también Cristo padeció una sola vez por los pecados, el justo por los injustos, para llevarnos a Dios* (1 Pedro 3:18).

Si la noticia más terrible del mundo es que hemos caído bajo la condenación de nuestro Creador y que está obligado por su carácter justo a preservar la dignidad de su gloria derramando su ira sobre nuestro pecado, entonces la mejor noticia del mundo (¡el evangelio!) es que Dios ha decretado un camino de salvación que también preserva su gloria. Ha entregado a su Hijo para morir por los pecadores.

6. Los beneficios conseguidos con la muerte de Cristo pertenecen a aquellos que se arrepienten y confían en él.

> *Arrepentíos y convertíos, para que sean borrados vuestros pecados* (Hechos 3:19, cf. Hechos 16:31).

No todo el mundo se salva de la ira de Dios sólo porque Cristo murió por los pecadores. Hay una condición que debemos cumplir para ser salvos. Y trataré de demostrar que esa condición es la conversión y que la conversión no es nada más que la creación de un hedonista cristiano.

¿Qué es la conversión?

«Conversión»[5] es un término que se utiliza en la «Versión King James de la Biblia» sólo una vez, en Hechos 15:3. Pablo y Bernabé *pasaron por Fenicia y Samaria, contando la **conversión** de los gentiles; y causaban gran gozo a todos los hermanos*. Esta conversión incluía el arrepentimiento y la fe, como muestran otros relatos de Hechos.

Por ejemplo, en Hechos 11:18, los apóstoles responden así al testimonio de Pedro acerca de la conversión de los gentiles: *¡De manera que también a los gentiles ha dado Dios **arrepentimiento** para vida!* Y en Hechos 14:27, Pablo y Bernabé anuncian la conversión de los gentiles diciendo que *Dios [...] había abierto la puerta de la **fe** a los gentiles.*

La conversión, por tanto, es arrepentimiento (volverse del pecado y de la incredulidad) y fe (confiar sólo en Cristo para salvación). Son verdaderamente dos caras de la misma moneda. Una es la cruz (volverle la espalda a los frutos de la incredulidad). Otra es la cara (mirar a Jesús y confiar en sus promesas). No se puede dar una cosa sin la otra, igual que no se puede ir por dos caminos a la vez ni servir a dos señores.

Esto significa que la fe salvadora en Cristo siempre incluye un cambio profundo en el corazón. No es sólo estar de acuerdo con la verdad de una doctrina. **Satanás** está de acuerdo con la verdadera doctrina (Santiago 2:19). La fe salvadora es mucho más profunda que eso.

La conversión es un don de Dios

Sospechamos que hay algo tremendo detrás del arrepentimiento y la fe cuando vemos huellas en el libro de los Hechos de que la conversión es el don de Dios. *Ha dado Dios arrepentimiento para vida* (11:18). *A éste* [a Cristo], *Dios ha exaltado con su diestra por Príncipe y Salvador, para dar a Israel arrepentimiento y perdón de pecados* (5:31). *Dios [...] había abierto la puerta de la fe a los gentiles* (14:27). *Y el Señor abrió el corazón de ella* [Lidia] *para que estuviese atenta a lo que Pablo decía* (16:14).

Nunca apreciaremos plenamente lo profunda e impresionante que es la conversión hasta que confesamos el hecho de que es un milagro. Es un don de Dios. Recordemos de nuevo que nosotros no sólo pecamos, sino que también **somos** pecadores. La Biblia describe nuestro corazón como ciego (2 Corintios 4:4), duro (Ezequiel 11:19, 36:26), muerto (Efesios 2:1, 5) e incapaz de someterse a la ley de Dios (Romanos 8:7-8). Por **naturaleza** somos *hijos de la ira* (Efesios 2:3). Y así, cuando escuchamos el evangelio nunca responderemos de forma positiva a menos que Dios obre el milagro de la regeneración.[6]

El arrepentimiento y la fe son obra nuestra. Pero no nos arrepentiremos ni creeremos a menos que Dios lleve a cabo su obra para vencer a nuestros corazones duros y rebeldes. Esta obra divina se denomina **regeneración**. Nuestra obra recibe el nombre de **conversión**.[7]

En efecto, la conversión incluye un acto de la voluntad por medio del cual renunciamos al pecado, nos sometemos a la autoridad de Cristo y ponemos nuestra esperanza y confianza en él. Nuestra responsabilidad es hacerlo, y seremos condenados si no lo hacemos. Pero, con igual claridad, la Biblia nos enseña que, debido a nuestro duro corazón, a nuestra ciega voluntad y a nuestra insensibilidad espiritual, no podemos conseguirlo.[8]

Primero tenemos que experimentar la obra regeneradora del Espíritu Santo. Las Escrituras prometieron hace tiempo que Dios se entregaría a esta obra con el fin de crear para él un pueblo fiel:

> *Y circuncidará Yahvéh tu Dios tu corazón, y el corazón de tu descendencia, para que ames a Yahvéh tu Dios con todo tu corazón y con toda tu mente, a fin de que vivas* (Deuteronomio 30:6).
>
> *Y les daré un corazón para que me conozcan que yo soy Yahvéh; y me serán por pueblo, y yo les seré a ellos por Dios; porque se volverán a mí de todo su corazón* (Jeremías 24:7).

Y les daré un corazón, y un Espíritu nuevo pondré dentro de ellos; y quitaré el corazón de piedra de en medio de su carne, y les daré un corazón de carne, para que anden en mis ordenanzas, y guarden mis decretos y los cumplan, y me sean por pueblo, y yo sea a ellos por Dios (Ezequiel 36:26-27).

Estas grandes promesas del Antiguo Testamento describen una obra de Dios que cambia el corazón de piedra por un corazón de carne y da como resultado un pueblo que «conoce», «ama» y «obedece» a Dios. Sin este trasplante de corazón espiritual, la gente no conocerá, amará y obedecerá a Dios. A esta obra prioritaria de Dios es a lo que nos referimos con el término «regeneración».

En el Nuevo Testamento, Dios actúa claramente creando un pueblo para sí, llamando[9] a las personas de las tinieblas y capacitándolas para creer el evangelio y caminar en la luz. Juan enseña con gran claridad que la regeneración precede a la fe y la hace posible.

Todo aquel que cree que Jesús es el Cristo, es nacido de Dios (1 Juan 5:1).

Los tiempos verbales utilizados dejan clara la intención de Juan: Todo aquel que continúa creyendo [presente, acción continua] que Jesús es el Cristo, es nacido de Dios [o «ha nacido», perfecto, acción completa con efectos permanentes]. La fe es la evidencia del nuevo nacimiento, no la causa del mismo. Esto es consecuente con todo el libro de Juan (cf. 1 Juan 2:19; 3:9; 4:2-3; 4:7).

Puesto que la fe y el arrepentimiento son posibles sólo por la obra regeneradora de Dios, ambas son consideradas un don de Dios:

Aun estando nosotros muertos en pecados, nos dio vida juntamente con Cristo (por gracia sois salvos)... por gracia sois salvos por medio de la fe; y

> *esto*[10] *no de vosotros, pues es don de Dios* (Efesios 2:5, 8).
>
> *El siervo del Señor no debe ser contencioso, sino amable para con todos, apto para enseñar, sufrido; que con mansedumbre corrija a los que se oponen, por si quizá Dios les conceda que se arrepientan para conocer la verdad, y escapen del lazo del diablo, en que están cautivos a voluntad de él* (2 Timoteo 2:24-26).

La conversión es una condición para la salvación y un milagro de Dios

Esta meditación sobre la naturaleza y el origen de la conversión clarifica dos cosas. Una es el sentido en el cual la conversión es una condición para la salvación. La continua confusión en cuanto a este punto se debe a la incapacidad de definir la salvación de forma precisa.

Si el término «salvación» hace referencia al nuevo nacimiento, la conversión **no** es una condición para la misma. El nuevo nacimiento viene primero y hace posible el arrepentimiento y la fe de la conversión. Antes del nuevo nacimiento estamos muertos, y los hombres muertos no cumplen condiciones. La regeneración es totalmente incondicional. Se debe únicamente al regalo de la gracia de Dios. *Así que no depende del que quiere, ni del que corre, sino de Dios que tiene misericordia* (Romanos 9:16).[11] No tenemos ningún mérito. Toda la gloria es suya.

Pero si el término «salvación» hace referencia a nuestra liberación futura de la ira de Dios en el juicio y a la entrada a la vida eterna, entonces sí, la conversión ***es*** una condición para la salvación. Cuando clamamos *¿qué debo hacer para ser salvo?* nos estamos preguntando cómo podemos ser perdonados del pecado, tener comunión con Dios y escapar de la ira venidera. Y la respuesta es siempre: cumple la condición: ¡arrepiéntete!

Lo que nos lleva a la segunda cosa que ha quedado clara a raíz de nuestra discusión. La conversión no es una decisión meramente humana. **Es** una decisión humana, ¡pero mucho más! La fe arrepentida (o el arrepentimiento con fe) se basa en un milagro tremendo llevado a cabo por el Dios soberano. Es la respiración de una nueva criatura en Cristo.

La fe salvadora no es algo sencillo. Tiene muchas dimensiones. *Cree en el Señor Jesús* es un mandamiento impresionante. Contiene muchas cosas más. A menos que veamos esto, la colección de condiciones para la salvación que tenemos en el Nuevo Testamento nos dejará terriblemente perplejos. Consideremos la siguiente lista no exhaustiva.

¿Qué debo hacer para ser salvo?

La respuesta en Hechos 16:31 es: *Cree en el Señor Jesús y serás salvo.*

La respuesta en Juan 1:12 es que debemos recibir a Cristo: *a todos los que le recibieron [...] les dio potestad de ser hechos hijos de Dios.*

La respuesta en Hechos 3:19 es: *arrepentíos y convertíos, para que sean borrados vuestros pecados.*

La respuesta en Hebreos 5:9 es obediencia a Cristo: Cristo *vino a ser autor de eterna salvación para todos los que le obedecen*. Lo mismo en Juan 3:36: *El que rehusa obedecer al Hijo no verá la vida* [versión del autor].

Jesús mismo respondió a esto de diversas formas. Por ejemplo, dijo en Mateo 18:3 que la condición para la salvación es ser como niños: *De cierto os digo, que si no os volvéis y os hacéis como niños, no entraréis en el reino de los cielos.*

En Marcos 8:34-35, la condición es negarse a sí mismos: *Si alguno quiere venir en pos de mí, niéguese a sí mismo, y tome su cruz, y sígame, porque todo el que quiera salvar su vida, la perderá; y todo el que pierda su vida por causa de mí y del evangelio, la salvará.*

En Mateo 10:37, Jesús establece la condición de amarle más que a nadie: *El que ama a padre o madre más que a mí, no es digno de mí; el que ama a hijo o hija más que a mí, no es digno de mí.* Lo mismo se expresa en 1 Corintios 16:22: *El que no amare al Señor Jesucristo, sea anatema.*

Y en Lucas 14:33, la condición para la salvación es que seamos libres del amor a nuestras posesiones: *cualquiera de vosotros que no renuncia a todo lo que posee, no puede ser mi discípulo.*

Éstas son sólo algunas de las condiciones que, según el Nuevo Testamento, tenemos que cumplir para heredar la salvación final. Tenemos que creer en Jesús, recibirle, arrepentirnos de nuestros pecados, obedecerle, humillarnos como niños pequeños y amarle más de lo que amamos a nuestra familia, nuestras posesiones o nuestra propia vida. Eso es lo que significa convertirse a Cristo. Ése es el único camino a la vida eterna.

Pero, ¿qué es lo que mantiene unidas todas estas condiciones? Qué las unifica? ¿Qué única cosa impulsa a la persona a hacerlas? Una respuesta es la tremenda realidad de la fe salvadora. Creer las promesas de Cristo transforma la vida por completo, ¡toda la vida!

Sí, pero, ¿por qué lo hace? ¿Qué hay en la fe salvadora que cambia tantas cosas?

La creación de un hedonista cristiano

Jesús señaló la respuesta en la pequeña parábola de Mateo 13:44:

> *El reino de los cielos es semejante a un tesoro escondido en un campo, el cual un hombre halla, y lo esconde de nuevo; y gozoso por ello va y vende todo lo que tiene, y compra aquel campo.*

Esta parábola describe cómo se convierte una persona y entra en el reino de los cielos.[12] Alguien descubre un tesoro y es impulsado por su gozo a vender todo lo que tiene para conseguirlo. El reino de los cielos es la morada del Rey. El anhelo de estar allí no es de un estado real celestial, sino de camaradería con el Rey. El tesoro en el campo es la comunión con Dios en Cristo.

Mi conclusión de esta parábola es que tenemos que convertirnos profundamente para entrar en el reino de los cielos, y nos convertimos cuando Cristo llega a ser para nosotros el Cofre del Tesoro lleno de gozo santo.

Entonces, ¿cómo se relaciona esta llegada del gozo con la fe salvadora? La respuesta usual es que el gozo es el fruto de la fe. Y en un sentido lo es. *Y el Dios de esperanza os llene de todo gozo y paz **en el creer*** (Romanos 15:13). En el creer somos llenos de gozo. La confianza en las promesa de Dios vence la ansiedad y nos llena de paz y gozo. Pablo incluso lo denomina el «gozo de la fe» (Filipenses 1:25).

Pero hay una forma diferente de ver la relación entre el gozo y la fe. En Hebreos 11:6 dice el escritor: *Sin fe es imposible agradar a Dios; porque es necesario que el que se acerca a Dios crea que le hay, y que es galardonador de los que le buscan.* En otras palabras, la fe que agrada a Dios es la confianza en que Dios nos recompensará cuando vayamos a él. Pero seguramente esto no significa que tengamos que estar motivados por las cosas materiales. La recompensa que anhelamos es la gloria de Dios misma y la comunión perfecta de Cristo (Hebreos 2:10, 3:6, 10:34, 11:26, 12:22-24, 13:5). Lo venderemos todo para tener el tesoro de Cristo mismo.

Por tanto, la fe que agrada a Dios es la seguridad de que, cuando nos volvamos a él, encontraremos el Tesoro plenamente satisfactorio. Encontraremos el deleite eterno de nuestros corazones. ¿Pero ves lo que quiere decir eso? Significa que algo ha ocurrido en nuestros corazones **antes** del acto de fe. Implica que debajo y detrás del acto de fe que agrada a Dios se ha creado una nueva inclinación. Una inclinación a la gloria de Dios y la belleza de Cristo. ¡He aquí, el gozo ha nacido!

Hubo un tiempo en que no nos deleitábamos en Dios, cuando Cristo era para nosotros sólo una vaga figura histórica. Lo que disfrutábamos era la comida, las amistades, la productividad, las inversiones, las vacaciones, los pasatiempos, los juegos, la lectura, las compras, el sexo, los deportes, el arte, la televisión, los viajes... pero no Dios. Él era una idea —de hecho, una buena idea— y un asunto para discutir, pero no era un tesoro que nos deleitara.

Entonces ocurrió algo milagroso. Fue como la apertura de los ojos del ciego en el momento del amanecer. Primero, el silencio aturdido ante la indescriptible belleza de la santidad. Después, la fuerte impresión y el terror que causa saber que realmente hemos amado las tinieblas. Más tarde, la quietud del gozo al asimilar que éste es el fin del alma. La búsqueda se acabó. Daríamos algo por poder estar seguros de vivir en la presencia de esta gloria eternamente.

Y después llega la fe, la confianza en que Cristo ha abierto el camino para mí, pecador, para vivir en su gloriosa comunión eternamente; la confianza en que, si voy a Dios por medio de Cristo, él me dará el deseo de mi corazón de compartir su santidad y contemplar su gloria.

Pero antes de la confianza viene el anhelo. Antes de la decisión viene el deleite. Antes de confiar llega el descubrimiento del tesoro.

¿No es ésta la enseñanza de Juan 3:18-20?

> *El que en él [en el Hijo de Dios] cree, no es condenado; pero el que no cree, ya ha sido condenado, porque no ha creído en el nombre del unigénito Hijo de Dios. Y ésta es la condenación: que la luz vino al mundo, y los hombres amaron más las tinieblas que la luz, porque sus obras eran malas. Porque todo aquel que hace lo malo, aborrece la luz y no viene a la luz, para que sus obras no sean reprendidas.*

La razón por la que la gente no viene a la luz es porque no la aman. El amor a la luz no lo causa ir a la luz. Vamos porque la amamos. De otra forma, ir a la luz no la honraría. ¿Puede haber una motivación santa en creer en Cristo cuando no se percibe la belleza de Cristo? ¡Claro!, puede motivarnos el deseo de escapar del infierno, de tener riquezas materiales o de reunirnos con el amado que partió. Pero, ¿cómo honra eso la luz cuando la única razón por la que venimos a la luz es encontrar aquellas cosas que amábamos en las tinieblas?

¿Es esto fe salvadora?

La fe salvadora es el clamor de una nueva criatura en Cristo. Y la novedad de la nueva criatura es que tiene un sabor nuevo. Lo que antes nos resultaba desagradable ahora lo anhelamos. Cristo mismo se ha convertido en el Cofre del Tesoro del gozo santo. El árbol de la fe crece sólo en el corazón que anhela el supremo don de que Cristo muriera para darnos no salud, ni riqueza, ni prestigio, ¡sino a Dios![13]

> *Cristo padeció una sola vez por los pecados [...] para llevarnos a Dios (1 Pedro 3:18). Por medio de él los unos y los otros tenemos entrada por un mismo Espíritu al Padre (Efesios 2:18). Por quien también tenemos entrada por la fe a esta gracia en la cual estamos firmes, y nos gloriamos en la esperanza de la gloria de Dios [...] Nos gloriamos en Dios por el Señor nuestro Jesucristo* (Romanos 5:2, 11).

La búsqueda de gozo en Dios no es opcional. Ni es algo «extra» en lo que una persona puede crecer o no después de venir a la fe. Hasta que tu corazón no se vuelque en esta búsqueda, tu fe no puede agradar a Dios. No es una fe salvadora. La fe salvadora es la confianza de que, si vendes todo lo que tienes y abandonas todos los placeres pecaminosos, el tesoro escondido de gozo santo hará que sean satisfechos tus más profundos deseos.

La fe salvadora es la convicción de corazón no sólo de que Cristo es fiable, sino también de que es deseable. Es la confianza en que cumplirá sus promesas **y** en que lo que promete hay que desearlo por encima de todo.

Esto no significa que hayamos olvidado la enseñanza de Romanos 15:13 acerca de que hay gozo que procede **de** la fe. El gozo en Dios es tanto la raíz como el fruto de la fe. Primero encontramos el tesoro escondido. Después lo invertimos todo en él. Y año tras año, en las luchas de la vida, comprobamos el valor del tesoro una y otra vez y descubrimos nuevas riquezas profundas que antes no conocíamos. Y así nuestro gozo crece. Cuando Cristo nos llama a un nuevo acto de obediencia que nos costará algún placer temporal, recordamos el valor incomparable de seguirle a él y, por la fe en su demostrado valor, abandonamos el placer mundano. ¿El resultado? ¡Gozo! Más profundo que antes. Y así continuamos del gozo a la fe, de la fe al gozo y del gozo de nuevo a la fe.

Tras el arrepentimiento que se aleja del pecado y tras la fe que abraza a Cristo está el nacimiento de un nuevo sentido del gusto, un nuevo anhelo, una nueva pasión por el placer de la presencia de Dios. Ésta es la raíz de la conversión. Así se crea un hedonista cristiano.

Notas del capítulo 2

1. Entre los evangélicos, la fama de las obras de George MacDonald ha promovido esta idea del infierno como algo terapéutico, no eterno. Por ejemplo, el sermón de MacDonald titulado «Justicia» en ***Creation in Christ*** (ed. Rolland Hein [Wheaton: Harold Shaw Publishers, 1976], pp. 63-81) presenta argumentos vehementes contra la opinión ortodoxa del infierno:

   > *No estoy diciendo que no sea correcto castigar a los malvados; digo que la justicia no es, ni puede ser, satisfecha por medio del sufrimiento; no, no se puede encontrar satisfacción en el sufrimiento [...] Esa justicia dantesca mantiene viva la maldad en sus formas más terribles. La vida de Dios continúa anunciado, o al menos permitiendo, la victoria del mal. ¿No es derrotado cada vez que una de las almas perdidas le desafía? Dios es derrotado triunfantemente, en mi opinión, por medio del infierno de su venganza. Aunque sea para hacer frente al mal, no usa la crueldad vana e inútil de un tirano [...] El castigo es para buscar la enmienda y la expiación. Dios está obligado por su amor a castigar el pecado para liberar a su criatura: está obligado por su justicia a destruir el pecado en su creación (pp. 71-72).*

   Packer comenta las formas contemporáneas de esta opinión sobre «Los buenos paganos y el Reino de Dios», ***Christianity Today*** (17 de enero, 1986, pp. 22-25).

2. «The Justice of God in the Damnation of Sinners». ***The Works of Jonathan Edwards***, vol. 1 (Edimburgo: Banner of Truth Trust, 1974), p. 669.

3. Deseo expresar mi gratitud y mi más profunda admiración a Edward John Canell por su penetrante análisis de «el sentimiento judicial» y su relación con la existencia de Dios. El sentimiento judicial es la facultad moral que se ofende con razón cuando somos maltratados. Aquí tenemos una muestra de sus palabras del profundo y maravilloso libro ***Christian Commitment*** (Nueva York: Macmillan, 1957):

   > *Cuando la conciencia acusa al yo, el sentimiento de justicia acusa a otros. Lo importante es la dirección de la acusación. La conciencia controla la conducta moral de uno y los sentimientos de justicia la de otros.*
   >
   > *Más aún, la conciencia está sujeta al condicionamiento social y cultural, mientras que no es así en el caso del sentimiento de justicia. Todos los hombres normales del pasado, presente y futuro, experimentan un elevado sentimiento de justicia cuando son maltratados personalmente (p. 110).*

> *El elevado sentimiento de justicia es sólo una advertencia celestial de que se está cometiendo un atentado contra la imagen de Dios. El condicionamiento cultural puede alterar la dirección del sentimiento de justicia, pero no altera la facultad misma (p. 112).*
>
> *La voz del sentimiento de justicia* es *la voz de Dios* (p. 136).

4. La palabra «propiciación» resulta extraña en la actualidad. Ha sido sustituida en muchas traducciones por otras palabras más comunes (expiación, sacrificio expiatorio). Yo la mantengo con el fin de recalcar el significado original, es decir, que lo que Cristo hizo al morir en la cruz por los pecadores fue aplacar la ira de Dios contra ellos. Al requerir de su Hijo semejante humillación y sufrimiento para la gloria de Dios, demostró abiertamente que no barre el pecado escondiéndolo debajo de la alfombra. Todo desprecio de su gloria es debidamente castigado (o bien en la cruz, donde la ira de Dios es propiciada para aquellos que creen; o bien en el infierno, donde se vierte la ira de Dios sobre aquellos que no creen).

5. El verbo se utiliza en la «Versión King James» del Nuevo Testamento en Mateo 13:15 (= Marcos 4:12 = Juan 12:40 = Hechos 28:27), Mateo 18:3; Hechos 3:19; Lucas 22:32 y Santiago 5:19-20.

6. La palabra «regeneración» es importante para referirse al nuevo nacimiento. Aparece en griego (*palingenesia*) sólo una vez en el Nuevo Testamento (Tito 3:5) en referencia al nuevo nacimiento de una persona (también en referencia al renacimiento de la creación en la era venidera, Mateo 19:28).

7. *En la conversión, el hombre es agente activo de la misma, la cual se reduce a un acto suyo; pero, en la regeneración, el Espíritu de Dios es la única causa activa.* Samuel Hopkins, «Regeneration and Conversión», en ***Introduction to Puritan Theology*** (ed. Edward Hindson [Grand Rapids: Baker Book House, 1976], p. 180). Recomiendo este estudio completo como una declaración excelente sobre la relación entre la regeneración (nuevo nacimiento) y la conversión (arrepentimiento y fe).

8. Ésta es una gran piedra de tropiezo para muchas personas: decir que somos responsables de hacer lo que no podemos hacer. La primera razón para esta afirmación no es que procede de nuestra lógica natural, sino que la Biblia la enseña muy claramente. Puede ayudar, no obstante, el considerar que la incapacidad de la que hablamos no se debe a una discapacidad física, sino a la corrupción moral. Nuestra incapacidad para creer no es el resultado de un cerebro dañado físicamente, sino de una voluntad pervertida moralmente. La

incapacidad física anularía nuestra responsabilidad. La incapacidad moral no. No podemos ir a la luz porque nuestra naturaleza corrupta y arrogante odia la luz. Por tanto, cuando alguien va a la luz se ve claramente que sus obras han sido *hechas en Dios* (Juan 3:21). Hasta donde alcanza mi conocimiento, donde mejor se trata este complicado asunto es en ***Freedom of the Will,*** de Jonathan Edwards (New Haven: Yale University Press, 1957, original 1754; también incluido en ***The Works of Jonathan Edwards,*** vol. 1).

9. La Biblia requiere que hablemos del «llamamiento» de Dios al menos en dos sentidos diferentes. Uno es el llamamiento general o externo que se hace en la predicación del evangelio. Todo el que escucha un mensaje del evangelio o lee la Biblia es llamado en este sentido. Pero Dios llama en otro sentido a algunos de los que escuchan el evangelio. Se trata del llamamiento interno o eficaz de Dios. Cambia el corazón de una persona de manera que la fe adquiere seguridad. Es como el llamamiento *¡Hágase la luz!* o *¡Lázaro, sal fuera!* Crea lo que demanda. El pasaje clave que nos lleva a esta diferenciación es 1 Corintios 1:23-24. *Nosotros predicamos a Cristo crucificado* [llamamiento general], *para los judíos ciertamente tropezadero, y para los gentiles locura; mas para los llamados* [llamamiento eficaz], *así judíos como griegos, Cristo poder de Dios, y sabiduría de Dios.* Entre los llamados en general hay un grupo de personas llamadas de forma que son capacitadas para aceptar el evangelio como sabiduría y poder. El cambio efectuado por el llamamiento eficaz no es otra cosa que el cambio de la regeneración.

10. Los términos «gracia» y «fe» son femeninos en el griego original. Pero «esto» es neutro. Algunos han utilizado esta falta de concordancia para decir que aquí el don no es la fe. Pero esto pasa por alto lo que indica el versículo 5: ***aun estando nosotros muertos.*** La gracia es gracia porque nos salvó aun estando nosotros muertos. Pero salva *por medio de la fe.* ¿Cómo salva a los muertos por medio de la fe? Despertando a los muertos a la vida de fe. Por eso la fe es un don en Efesios 2:5-8. «Esto» hace referencia a todo el hecho de la salvación por gracia por medio de la fe, y por tanto incluye a la fe como don (Cf. Hechos 18:27: *y llegando él allá, fue de gran provecho a los que* ***por la gracia habían creído***).

11. Algunos han tratado de argumentar que Romanos 9 no tiene nada que ver con los individuos y su destino eterno. Pero he tratado de mostrar de forma ordenada que esto es precisamente lo que Pablo tiene en mente, porque el problema con el que está luchando en este capítulo es cómo los individuos judíos, dentro del pueblo escogido de Dios, Israel, pueden ser malditos y la Palabra de Dios todavía mantenerse firme. Véase Romanos 9:3-6. Dediqué un libro entero a demostrar esta interpretación: ***The justification of God: An Exegetical***

and Theological Study of Romans 9:1-23 (Grand Rapids: Baker Book House, 1983).

12. Hay una interpretación según la cual el **tesoro** es Israel, el **campo** es el mundo y el **hombre** que vende todo lo que tiene para comprar el campo es Cristo. Su argumento es el siguiente:
    (a) El campo es el mundo porque el campo de la parábola de la cizaña es el mundo (Mateo 13:38).
    (b) El tesoro es Israel porque en Éxodo 19:5 se dice que Israel es su especial tesoro.
    (c) Cristo no está a la venta, luego la salvación no se puede comprar.

    Yo interpreto la parábola de la forma tradicional: La idea principal es que el reino es más valioso que cualquier otra cosa que podamos tener, y que debemos estar dispuestos a abandonarlo todo con gozo para conseguirlo. Mi argumentación procede como sigue:
    (a) El reino es sólo **como** un hombre que lo vende todo para comprar un campo con un tesoro en él. No hay que exprimir las parábolas de manera que cada palabra de ellas corresponda exactamente a alguna realidad parcial concreta. Forzar los detalles de las parábolas es una forma de imaginarnos alegorías sin controlar el significado que damos a los detalles.
    Por tanto, conseguir el campo no necesariamente implica que podamos comprar la salvación, a Cristo o el reino. Sólo implica que el tesoro del reino es más valioso que todo lo que tenemos y que deberíamos estar dispuestos a abandonarlo todo para conseguirlo.
    (b) Sólo porque la palabra «campo» significa «mundo» en la interpretación que Jesús hace de la parábola de la cizaña (Mateo 13:38) no necesariamente ha de significar «mundo» aquí, en Mateo 13:44. La palabra «campo» **no** significa mundo, por ejemplo, en la parábola de la gran cena que aparece en Lucas 14:18 [N.T.: «hacienda» en la versión R.V.].
    (c) ¿Por qué tenemos que volver hasta Éxodo 19:5 para determinar lo que Jesús quiere decir con la palabra «tesoro»? ¿No es su uso ordinario del término un mejor indicador de lo que tiene en mente, especialmente si tiene lugar en un contexto similar a éste?

    El paralelo más cercano a este texto es Marcos 10:21, donde Jesús le dice al joven rico: *vende todo lo que tienes, y dalo a los pobres, y tendrás tesoro en el cielo; y ven, sígueme, tomando tu cruz.* Cuando el hombre se alejó, Jesús dijo que es muy difícil que un hombre rico entre en el reino de los cielos. En otras palabras, el reino es el verdadero tesoro que aquel hombre podía haber conseguido si hubiera estado dispuesto a vender todas sus posesiones y a seguir a Jesús.

    La similitud entre los términos de estos dos textos es tan impresionante que no puedo evitar la conclusión de que Jesús está verdaderamente enseñando lo mismo en ambos lugares:

    Mateo 13:44: *Va y vende todo lo que tiene.*

Marcos 10:21: *Anda, vende todo lo que tienes.*

En ambos casos, la recompensa de ir y vender es el «tesoro». En Marcos se denomina explícitamente el reino. Es muy improbable, por tanto, que el tesoro de Mateo 13:44 no sea el reino.

Por tanto, concluiré diciendo que (1) por el uso ordinario que Jesús hace de la palabra «tesoro», (2) por la gran similitud de palabras entre Marcos 10:21 y Mateo 13:44, y (3) por la naturaleza especulativa de los argumentos contrarios, la interpretación me parece la correcta. Como dijo Juan Calvino en el siglo XVI:

> *El significado sencillo de las palabras es que al evangelio no se le honra como merece a menos que lo pongamos por delante de todas las riquezas, deleites, honores y comodidades del mundo; y evidentemente deberíamos conformarnos con las bendiciones espirituales que promete hasta el punto de rechazar todo lo que pueda apartarnos de él. Porque aquellos que aspiran al cielo tienen que librarse de todos los estorbos.*

A harmony of the Gospels Matthew, *Mark and Luke,* vol. 2, trad. Por T.H.L. Parker (Grand Rapids: Eerdmans, 1975), p. 83.

13. Recordando nuestra discusión sobre la Trinidad en el capítulo 1 (nota 5), merece la pena reflexionar sobre las consecuencias de que el Espíritu Santo sea el Obrero divino que nos proporciona un nuevo corazón de fe y sea él mismo la personificación del **gozo** que el Padre y el Hijo tienen el uno en el otro. Podríamos decir que el cambio que tiene que darse en el corazón humano para hacer posible la fe salvadora es la saturación por el Espíritu Santo, que es nada menos que una saturación por el mismo gozo que Dios Padre y Dios Hijo se producen mutuamente por su belleza. En otras palabras, la experiencia de Dios engendrado la fe salvadora es la misma experiencia de Dios disfrutando de sí mismo que nos es impartida parcialmente por el Espíritu Santo.

Mas la hora viene, y ahora es, cuando los verdaderos adoradores adorarán al Padre en espíritu y en verdad; porque también el Padre tales adoradores busca que le adoren. Dios es Espíritu; y los que le adoran, en espíritu y en verdad es necesario que adoren.

(Juan 4:23-24)

Capítulo 3

Adoración:

EL BANQUETE DEL HEDONISMO CRISTIANO

Cazador de almas

A veces hay que impresionar a los durmientes espirituales. Si quieres que escuchen lo que tienes que decirles, puede que hasta tengas que escandalizarlos. Jesús es especialmente bueno en esto. Cuando quiere enseñarnos algo acerca de la adoración, ¡utiliza a una prostituta!

—*Ve, llama a tu marido* —le dice a la mujer samaritana.

—*No tengo marido* —le responde ella.

—*Bien has dicho* —dice Jesús—, *porque cinco maridos has tenido, y el que ahora tienes no es tu marido.*

Ella queda impresionada. ¡Nosotros nos quedamos impresionados! Pero Jesús simplemente se sienta allí, en la boca del pozo, con los brazos cruzados, mirando a la mujer con ojos penetrantes, preparado para enseñarnos algo acerca de la adoración.

Lo primero que aprendemos es que la adoración tiene que ver con la vida real. No es un interludio mítico tras una semana de realidad. La adoración tiene que ver con el adulterio, el hambre y los conflictos raciales.

Jesús tiene los huesos fatigados por el viaje. Tiene calor y sed. Entonces toma una decisión: «Sí, aun ahora, justo ahora, buscaré a alguien que adore al Padre: a una mujer adúltera. Le mostraré a mis discípulos cómo mi Padre busca adoración en medio de la vida real de aquel que parece menos valioso. Ella es samaritana. Es una mujer. Es una ramera. Sí, les mostraré un par de cosas acerca de cómo conseguir verdaderos adoradores a partir de la honorable cosecha de prostitutas de Samaria».

Volvamos al comienzo de la historia. A Jesús *le era necesario pasar por Samaria* en su camino a Galilea. *Vino, pues, a una ciudad de Samaria llamada Sicar, junto a la heredad que Jacob dio a su hijo José. Y estaba allí el pozo de Jacob. Entonces Jesús, cansado del camino, se sentó así junto al pozo. Era como la hora sexta* (Juan 4:4-6).

Los samaritanos eran supervivientes del reino judío del norte que se habían mezclado con extranjeros después de que los jefes y nobles fueran llevados al exilio en el año 722 a.C. Habían construido un lugar especial para adorar en su monte Gerizim. Rechazaban todo el Antiguo Testamento salvo su propia versión de los cinco primeros libros de Moisés. Su animosidad hacia los judíos (como Jesús) contaba con siglos de antigüedad.

Jesús trata de provocarla, se sienta y le pide de beber. La mujer se sorprende de que Jesús le dirija la palabra: *¿Cómo tú, siendo judío, me pides a mí de beber, que soy mujer samaritana?*

En vez de responderla directamente, Jesús acrecienta su sorpresa. Le dice: *Si conocieras el don de Dios, y quién es el que te dice: Dame de beber; tú le pedirías, y él te daría agua viva.* Lo realmente sorprendente no era que él le pidiera de beber, ¡sino que no se lo pidiera ella! Él era el agua viva a la que denomina don de Dios.

Pero la mujer no lo entiende muy bien. Se limita a decir: *Señor, no tienes con qué sacarla, y el pozo es hondo.* Aún no está en la onda de Dios.

Así que de nuevo Jesús eleva el listón de su sorpresa: *Cualquiera que bebiere de esta agua, volverá a tener sed; mas el que bebiere del agua que yo le daré, no tendrá sed jamás; sino que el agua que yo le daré será en él una fuente de agua que salte para vida eterna.* Lo sorprendente no es que pueda darle agua sin tener nada para sacarla, sino que su agua satisface eternamente. Aun más: cuando la bebes, tu alma se transforma en una fuente. Es agua milagrosa: se entierra en un alma arenosa y brota una fuente de vida.

¿Qué significa todo esto?

La ley del sabio es manantial de vida —dice Proverbios 23:14. Quizá, por tanto, Jesús quisiera decir que su enseñanza es una fuente de vida. Cuando las personas sedientas beben de ella, reviven y le dan a otros. ¿No dice: *las palabras que yo os he hablado son espíritu y son vida* (Juan 6:63)?

Pero el paralelo más cercano a la imagen de un alma que se convierte en una fuente está en Juan 7:37-39: *En el último y gran día de la fiesta, Jesús se puso en pie y alzó la voz, diciendo: Si alguno tiene sed, venga a mí y beba. El que cree en mí, como dice la Escritura, de su interior correrán ríos de agua viva. Esto dijo del Espíritu que habían de recibir los que creyesen en él.*

Por tanto, el agua que proporciona Jesús es el Espíritu Santo. La presencia del Espíritu de Dios en tu vida acaba con la frustración del alma sedienta y se transforma en una fuente donde otros pueden encontrar vida.

Pero probablemente ambos significados sean ciertos. Tanto la enseñanza de Jesús como la del Espíritu Santo satisfacen los anhelos de nuestras almas y nos convierten en fuentes para otros. Jesús mantiene la Palabra y el Espíritu unidos.

Por ejemplo, en Juan 14:26 dice: *el Espíritu Santo, a quien el Padre enviará en mi nombre, él os enseñará todas las cosas, y os recordará todo lo que yo os he dicho.* La obra del Espíritu de Cristo es hacer que la Palabra de Cristo sea clara y satisfaga el alma.

El agua ofrecida a la adúltera samaritana era la Palabra de verdad y el poder del Espíritu. Cuando vamos a Cristo para beber, lo que bebemos es verdad: no una verdad seca, sin vida y sin poder, ¡sino una verdad empapada del Espíritu de Dios dador de vida! La Palabra de la promesa y el poder del Espíritu son el agua viva ofrecida a la prostituta samaritana.

Pero una vez más la mujer no capta la idea. No es capaz de ir más allá de los cinco sentidos: *Señor, dame esa agua, para que no tenga yo sed, ni venga aquí a sacarla.* Mas ojo con dejar por imposibles a las personas demasiado pronto. Jesús ha puesto sus ojos salvadores en esta mujer. Pretende crear una adoradora de Dios *en espíritu y en verdad.*

Así que ahora apunta a lo más sensible y vulnerable en la vida de alguien: *Ve, llama a tu marido.* El camino más directo al corazón es a través de una herida.

¿Por qué Jesús saca a la luz de esta manera la vida íntima de la mujer? Porque había dicho en Juan 3:20: *todo aquel que hace lo malo aborrece la luz, y no viene a la luz, para que sus obras no sean reprendidas.* El pecado oculto no permite que veamos la luz de Cristo.

El pecado es como la lepra espiritual. Amortigua los sentidos espirituales, de manera que rasga el alma a jirones y ni siquiera se siente. Pero Cristo deja al descubierto su lepra espiritual. *Cinco maridos has tenido, y el que ahora tienes no es tu marido.*

Ahora, observemos la reacción universal de alguien que trata de ocultar su culpa. Tiene que admitir que él tiene un conocimiento extraordinario. *Señor, me parece que tú eres profeta.* Pero en vez de ir en la dirección que él le indica, trata de desviar la cuestión hacia una controversia académica: *Nuestros padres adoraron en este monte, y vosotros decís que en Jerusalén es el lugar donde se debe adorar.* ¿Cuál es tu postura al respecto?

Un animal atrapado morderá su propia pierna con tal de escapar. Un pecador atrapado atentará contra su propia mente y quebrantará las reglas de la lógica. «Ya que estamos hablando de mi adulterio, ¿cuál es tu postura acerca de dónde se debe adorar?» Ésta es la doble conversación evasiva típica de los pecadores que se ven atrapados.

Pero el gran cazador de almas no se desanima fácilmente. No insiste en que ella vuelva al camino. La seguirá en su andarse por las ramas. ¿O podemos decir que da una vuelta por los alrededores y la espera mientras ella saca el tema de la adoración? Él no vuelve al tema del adulterio. Era una puñalada contra la puerta sellada de su corazón. Pero ahora ha entrado en él y está dispuesto a tratar el tema de la adoración.

Ella planteó la cuestión de **dónde** se debe adorar. Jesús responde diciendo: «Esa controversia no se puede comparar en importancia con la cuestión de **cómo** y **a quién** adoramos».

Primero dirige su atención al «cómo»: *Jesús le dijo: Mujer, créeme, que la hora viene cuando ni en este monte ni en Jerusalén adoraréis al Padre.* En otras palabras, no te quedes atascada en el lodo de las controversias no esenciales. ¡Es posible adorar a Dios en vano tanto en vuestro lugar como en el nuestro! ¿No dijo Dios que *este pueblo se acerca a mí con su boca, y con sus labios me honra, pero su corazón está lejos de mí* (Isaías 29:13)? La cuestión no es dónde, sino cómo.

Después dirige su atención hacia el «a quién». *Vosotros adoráis lo que no sabéis; nosotros adoramos lo que sabemos; porque la salvación viene de los judíos.* Son palabras nada amistosas. Pero cuando están en juego la vida y la muerte, se llega a un punto en que hay que dejar las cosas claras, como cuando hay que decirle a una persona con una enfermedad pulmonar que deje de fumar.

Los samaritanos rechazaban todo el Antiguo Testamento excepto su propia versión de los primeros cinco libros. Su conocimiento de Dios era deficiente. Por tanto, Jesús le dice que la adoración de los samaritanos es deficiente. ¡Es importante conocer a Aquel a quien adoras!

Lo que tiene verdadera importancia es saber **cómo** y **a quién**, no **dónde**. La adoración debe ser vital y verdadera en el corazón, y la adoración debe descansar en un conocimiento verdadero de Dios. Tiene que haber espíritu y tiene que haber verdad. Así que Jesús dice: *Mas la hora viene, y ahora es, cuando los verdaderos adoradores adorarán al Padre en espíritu y en verdad.* Las dos palabras, espíritu y verdad, corresponden a **cómo** y **a quién** hay que adorar.

Adorar en espíritu es lo contrario de adorar de formas meramente externas. Es lo contrario del formalismo vacío y el tradicionalismo. Adorar en verdad es lo opuesto de adorar basándose en una idea inapropiada de Dios. La adoración debe incluir al corazón y a la cabeza. En la adoración se deben implicar las emociones y el pensamiento.

La verdad sin emoción produce ortodoxia muerta y una iglesia llena (o medio llena) de admiradores artificiales (como personas que escriben tarjetas de cumpleaños genéricas para ganarse la vida). Por otro lado, la emoción sin la verdad produce delirio vacío y cultiva personas poco profundas que rehusan la disciplina del pensamiento riguroso. Pero la verdadera adoración procede de personas que son profundamente emocionales y a la vez aman la doctrina sana y profunda. Un gran afecto a Dios arraigado en la verdad son los huesos y la médula de la adoración bíblica.

Quizá podamos reunir estas cosas en el cuadro siguiente: el aceite de la adoración es la verdad de Dios, el horno de la adoración es el espíritu del hombre, y el calor de la adoración son las inclinaciones vitales de la reverencia, la contrición, la confianza, la gratitud y el gozo.

Pero falta algo en este cuadro. Hay horno, aceite y calor, pero no **fuego**. El aceite de la verdad en el horno de nuestro espíritu no produce de forma automática el calor de la adoración. Tiene que haber ignición y fuego. Eso lo hace el Espíritu Santo.

Cuando Jesús dice que *los verdaderos adoradores adorarán al Padre en espíritu y en verdad*, algunos intérpretes lo toman como una referencia al Espíritu Santo. Yo lo he tomado en referencia a nuestro espíritu. Pero puede que estas dos interpretaciones vayan unidas en la mente de Jesús. En Juan 3:6 Jesús conecta el Espíritu de Dios y nuestro espíritu de una forma evidente.

Dice: *Lo que es nacido del Espíritu, espíritu es.* En otras palabras, hasta que el Espíritu Santo aviva nuestro espíritu con la llama de la vida, nuestro espíritu está tan muerto e insensible que ni siquiera se puede denominar espíritu. Sólo lo que es nacido del Espíritu es espíritu. Así que, cuando Jesús dice que los verdaderos adoradores adoran al Padre «en espíritu», tiene que referirse a que la verdadera adoración procede sólo de espíritus que están vivos y son sensibles por el avivamiento del Espíritu de Dios.

Ahora podemos completar nuestro cuadro. El aceite de la adoración es una verdadera visión de la grandeza de Dios; el fuego que hace que el aceite se caliente es el avivamiento del Espíritu Santo, el horno avivado y calentado por la llama de la verdad es nuestro espíritu renovado, y el calor que resulta de nuestras emociones es la adoración poderosa, que hace surgir la confesión, los anhelos, las aclamaciones, las lágrimas, los cánticos, los gritos, las cabezas inclinadas, las manos levantadas y las vidas obedientes.

Ahora volvamos a Samaria por un momento. Los discípulos habían ido a la ciudad a comprar comida. Jesús había estado sólo con la mujer junto al pozo. Cuando los discípulos volvieron, le ofrecieron la comida a Jesús. Pero hizo con ellos lo mismo que había hecho con la mujer: pasó del tema de la comida al tema de la fe. *Yo tengo una comida que comer que vosotros no sabéis.* Jesús había estado comiendo todo el tiempo que habían estado fuera. Pero, ¿qué? *Mi comida es que haga la voluntad del que me envió, y que acabe su obra.* ¿Y cuál es la obra del Padre? El Padre busca personas que le adoren en espíritu y en verdad.

En toda la conversación entre Jesús y la samaritana adúltera Dios está obrando para crear un adorador genuino. Entonces Jesús aplica el episodio a los discípulos, ¡y a nosotros! *¿No decís vosotros: Aún faltan cuatro meses para que llegue la siega? He aquí os digo: Alzad vuestros ojos y mirad los campos, porque ya están blancos para la siega.* Está diciendo: «hay una blanca cosecha de prostitutas en Samaria. Acabo de transformar a una en adoradora de Dios. Para eso me envió el Padre, y para eso os envío yo. Dios busca personas que le adoren en espíritu y en verdad. Aquí tenemos la ciudad de Sicar blanca para la siega. Si amáis la gloria de Dios, disponeos a cosechar».

Cristo nos ha dejado un curso sobre la adoración en el resto de este capítulo. ¿Qué es verdaderamente adorar *en espíritu y en verdad*? ¿Cuál es la respuesta del espíritu del hombre avivada por el Espíritu? ¿Qué relación hay entre la verdad y esta experiencia? Ése es nuestro plan: considerar con especial cuidado la naturaleza de la adoración como un asunto del corazón, y después como un asunto de la mente. Después, al final, consideraremos brevemente la forma externa de la adoración.

Un asunto del corazón

Casi todos estarían de acuerdo en que la adoración bíblica tiene que ver con alguna clase de acto externo. La misma palabra en hebreo significa doblegarse. Adorar es doblegarse, levantar las manos, orar, cantar, recitar, predicar, llevar a cabo rituales alimenticios o de limpieza, obedecer, etc.

Pero lo asombroso es que todas estas cosas se pueden hacer en vano. Pueden ser inútiles, carentes de sentido y vacías. Esto es lo que Jesús advierte en Mateo 15:8-9, cuando hunde a los fariseos con la palabra de Dios de Isaías 29:13:

> *Este pueblo de labios me honra; mas su corazón está lejos de mí. Pues en vano me honran* [adoran, en la versión R.V.].

En primer lugar, notemos que el paralelismo entre las frases «me honran» y «me adoran» muestra que la adoración es en esencia una forma de honrar a Dios. Por supuesto, eso no significa hacerle honorable o incrementar su honor. Significa reconocerlo, sentir la dignidad de ello y atribuírselo a él en las formas apropiadas a su carácter.

> *Alabanza y magnificencia delante de él; poder y gloria en su santuario. Tributad a Yahvéh, oh familias de los pueblos, dad a Yahvéh la gloria y el poder, dad a Yahvéh la honra debida a su nombre* (Salmo 96:6-8).

Así que lo primero que hay que ver en las palabras de Jesús es que la adoración es una forma de devolverle a Dios con alegría el reflejo del resplandor de su verdadera valía.

La razón para decir «con alegría» es que aun las montañas y los árboles le devuelven a Dios el reflejo del resplandor de su valía: *Alabad a Yahvéh desde la tierra [...] los montes y todos los collados, el árbol de fruto y todos los cedros* (Salmo 148:7, 9). Pero este reflejo de la gloria de Dios en la naturaleza no es consciente. Las montañas y los collados no adoran a Dios voluntariamente. En toda la tierra, sólo los seres humanos tienen esa capacidad única.

Aunque no reflejemos la gloria de Dios con alegría en adoración, no obstante reflejaremos la gloria de su justicia en nuestra condenación. *Ciertamente la ira del hombre te alabará* (Salmo 76:10). Pero este reflejo involuntario del resplandor de la valía de Dios **no** es adoración. Por tanto, es necesario definir la adoración no sólo como una forma de devolver a Dios el reflejo del resplandor de su verdadera valía sino, más exactamente, como una forma de hacerlo con **alegría**.

La palabra «con alegría» es susceptible de ser malinterpretada porque (como veremos en un momento) la adoración a veces incluye contrición y quebranto, cosas que normalmente no asociamos a la alegría. Pero mantengo esa palabra porque si decimos sólo, por ejemplo, que la adoración es una forma voluntaria de devolver a Dios el reflejo del resplandor de su verdadera valía estamos en la antesala de un malentendido aún mayor, es decir, de pensar que se puede tener la voluntad de adorar cuando el corazón no tiene un verdadero deseo (o, como dijo Jesús, cuando el corazón está lejos de Dios). Más aun, supongo que veremos que en la contrición bíblica genuina hay al menos una semilla de alegría que procede del despertar de la esperanza en que Dios vivifica el corazón de los quebrantados (Isaías 57:15).

Esto nos conduce a la segunda cosa que podemos ver en Mateo 15:8: es posible «adorar» a Dios en vano. *Este pueblo de labios me honra; mas su corazón está lejos de mí.* Un acto de adoración es vano e inútil cuando no procede del corazón. Esto implican las palabras de Jesús a la adúltera samaritana: *los verdaderos adoradores adorarán al Padre en espíritu y en verdad; porque también el Padre tales adoradores busca que le adoren* (Juan

4:23). Ahora, ¿cuál es esta experiencia del espíritu? ¿Qué pasa en el corazón cuando la adoración **no** es en vano?

Es más que un acto de mera fuerza de voluntad. Todos los actos externos de adoración son llevados a cabo por actos de la voluntad. Pero eso no los convierte en auténticos. La voluntad puede estar presente (por muchas razones) sin que el corazón esté comprometido (o, como dijo Jesús, estando «lejos»). El compromiso del corazón en la adoración es la vivificación de los sentimientos y de las emociones e inclinaciones del corazón.[1] Cuando los sentimientos hacia Dios están muertos, la adoración está muerta.

Ahora seamos específicos. ¿Qué son estos sentimientos o inclinaciones que convierten los actos externos en actos de adoración auténticos? Para responder, volvamos al libro inspirado de adoración, a los Salmos. Puede que en algún momento se apodere del corazón un conjunto de diferentes inclinaciones entrelazadas, por lo que la amplitud y el orden de la lista siguiente no pretende limitar las posibilidades de placer en el corazón de alguien.

Quizá la primera respuesta del corazón al ver la santidad majestuosa de Dios sea el silencio aturdido. *Estad quietos, y conoced que yo soy Dios* (Salmo 46:10). *Yahvéh está en su santo templo; calle delante de él toda la tierra* (Habacuc 2:20).

En el silencio se eleva un sentido de temor reverencial y asombro ante las tremendas dimensiones de Dios. *Tema a Yahvéh toda la tierra; teman delante de él todos los habitantes del mundo* (Salmo 32:8).

Y, puesto que todos somos pecadores, hay en nuestra reverencia un temor santo al poder de la justicia de Dios. *A Yahvéh de los ejércitos, a él santificad; sea él vuestro temor, y él sea vuestro miedo* (Isaías 8:13). *Adoraré hacia tu santo templo en tu temor* (Salmo 5:7).

Pero este temor no es un miedo paralizante lleno de resentimiento contra la autoridad absoluta de Dios. Encuentra descanso en el quebranto, la contrición y el lamento por nuestra impiedad. *Los sacrificios de Dios son el espíritu quebrantado; al corazón contrito y humillado no despreciarás tú*

(Salmo 51:17). *Porque así dijo el Alto y Sublime, el que habita la eternidad, y cuyo nombre es el Santo: Yo habito en la altura y la santidad, y con el quebrantado y humilde de espíritu, para hacer vivir el espíritu de los humildes, y para vivificar el corazón de los quebrantados* (Isaías 57:15).

Mezclado con el sentimiento de quebranto y contrición genuinos surge la sed de Dios. *Como el ciervo brama por las corrientes de las aguas, así clama por ti, oh Dios, el alma mía. Mi alma tiene sed de Dios, del Dios vivo* (Salmo 42:1-2). *¿A quién tengo yo en los cielos sino a ti? Y fuera de ti nada deseo en la tierra. Mi carne y mi corazón desfallecen; mas la roca de mi corazón y mi porción es Dios para siempre* (Salmo 73:25-26). *Dios, Dios mío eres tú; de madrugada te buscaré; mi alma tiene sed de ti, mi carne te anhela, en tierra seca y árida donde no hay aguas* (Salmo 63:1).

Dios no deja sin respuesta los anhelos arrepentidos del alma. Viene y levanta la carga del pecado, y llena nuestro corazón de alegría y gratitud. *Has cambiado mi lamento en baile; desataste mi cilicio, y me ceñiste de alegría. Por tanto, a ti cantaré, gloria mía, y no estaré callado. Yahvéh Dios mío, te alabaré para siempre* (Salmo 30:11-12).

Pero nuestro gozo no surge sólo de mirar atrás con gratitud. También de mirar hacia adelante con esperanza: *¿Por qué te abates, oh alma mía, y te turbas dentro de mí? Espera en Dios; porque aun he de alabarle, Salvación mía y Dios mío* (Salmo 42:5). *Esperé yo a Yahvéh, esperó mi alma; en su palabra he esperado* (Salmo 130:5).

Al final, el corazón anhela no un Dios que otorgue buenos regalos, sino a Dios mismo. Verle, conocerle y estar en su presencia es la fiesta final del alma. Éste es el fin de la búsqueda. Las palabras fallan. Le llamamos placer, gozo, deleite. Pero son términos muy limitados para una experiencia tan indescriptible.

> *Una cosa he demandado a Yahvéh, ésta buscaré: que esté yo en la casa de Yahvéh todos los días de mi vida, para contemplar la hermosura de Yahvéh, y para inquirir en su templo* (Salmo 27:4). *En tu presencia*

> *hay plenitud de gozo; delicias a tu diestra para siempre* (Salmo 16:11). *Deléitate así mismo en Yahvéh...* (Salmo 37:4).

Algunas de las inclinaciones del corazón hacen que la adoración no sea en vano. La adoración es una forma de devolverle a Dios con alegría el reflejo del resplandor de su verdadera valía. No es un mero acto de la fuerza de voluntad por medio de la cual llevamos a cabo obras externas. Si el corazón no participa, no estaremos adorando verdaderamente. Si el corazón se involucra en la adoración, se produce la vivificación de los sentimientos y las emociones. **Si los sentimientos del corazón están muertos, la adoración está muerta.**

La verdadera adoración debe incluir sentimientos internos que reflejen el valor de la gloria de Dios. Si no fuera así, la palabra «**hipócrita**» no tendría sentido. Pero resulta que existe algo llamado hipocresía: realizar actos externos (como cantar, orar, dar, recitar) que muestran tendencias del corazón que en realidad no están en él. *Este pueblo de labios me honra; mas su corazón está lejos de mí.*

La adoración como un fin en sí

Ahora, ¿qué implicaciones tiene esto para el banquete de la adoración? Sorprendentemente, implica que la adoración es un fin en sí misma. No participamos de un banquete como un medio para algo más. Si lo que transforma el ritual externo en adoración auténtica es el avivamiento de las emociones del corazón, entonces la verdadera adoración no puede ser un medio para alguna otra experiencia. Los sentimientos no son así. Los sentimientos genuinos del corazón no se pueden considerar escalones para llegar a otra cosa.

Por ejemplo, mi cuñado me telefoneó desde muy lejos en 1974 para decirme que mi madre acababa de morir. Recuerdo su voz rota cuando mi esposa me pasó el teléfono:

«Johnny, soy Bob, Tengo malas noticias... Tus padres han tenido un accidente grave en el autocar. Tu madre no lo ha superado y papá está malherido».

Una cosa es cierta. Cuando escucho noticias así no me siento y digo: «¿Con qué fin voy a lamentarme?» Cuando quité a mi hijo pequeño de mis rodillas, se lo di a mi esposa y me fui al cuarto para estar solo, no dije: «¿qué buen propósito voy a conseguir si lloro durante la próxima media hora?» El sentimiento de tristeza es un fin en sí mismo, en lo que respecta a mi motivación consciente.

Eso es así de forma espontánea. No se lleva a cabo como un medio para algo más. No se busca de forma consciente. No se decide. Sale de lo más profundo, de algún lugar más allá de la voluntad consciente. Sin duda producirá muchos frutos, la mayoría de ellos buenos. Pero eso no es lo que pretendía cuando me arrodillé junto a mi cama y lloré. El sentimiento estaba allí, ardiendo en mi corazón. Y era un fin en sí mismo.

El duelo no es el único ejemplo. Si has estado flotando en una balsa sin agua durante tres días después de un naufragio en el océano y aparece una sombra de tierra en el horizonte, no te preguntas: «¿Y qué fin pretendo al desear llegar a esa tierra? ¿Qué buen fin me lleva a decidir tener esperanza?» Aunque el anhelo de tu corazón pueda proporcionarte fuerzas renovadas para llegar a la tierra, **no** llevas a cabo el acto de desear, esperar y anhelar para llegar allí.

El anhelo surge de la profundidad del corazón a causa de la tremenda valía del agua (¡y de la vida!) en aquella tierra. No se planea y se ejecuta (como cuando compramos un billete de avión) como un medio para conseguir lo que deseamos. Surge de forma espontánea en el corazón. No es una decisión para conseguir algo. Como sentimiento genuino del corazón, es un fin en sí mismo.

O consideremos el temor. Si acampas en Boundary Waters de Minnesota, te despiertas por la noche por el sonido de un tremendo bufido en el exterior y ves a la luz de la luna la silueta de un enorme oso que se acerca hacia tu tienda, no dices: «¿Con qué fin voy a sentir temor?» No calculas lo bien que iría la adrenalina que produce el temor y después decides que tener miedo es algo apropiado y una emoción que puede resultar de ayuda. ¡Está allí!

Cuando estás de pie al borde del Gran Cañón por primera vez y ves la puesta de sol y la llegada de la oscuridad a los distintos estratos geológicos de las distintas épocas, no dices: «¿Con qué fin voy a maravillarme ante semejante belleza?»

Cuando un niño pequeño, una mañana de Navidad, abre su primer regalo y encuentra su juguete favorito, aquel que durante meses ha anhelado tener, no piensa: «¿Con qué fin voy a sentirme feliz y agradecido?» Consideramos que una persona es ingrata cuando las palabras de gratitud son forzadas en vez de surgir de forma espontánea del corazón.

Cuando un niño de cinco años entra en el colegio y comienza a ser molestado por algunos de los de segundo grado, y entonces su hermano de cuarto viene y le defiende, él no «decide» que surja en su corazoncito un sentimiento de confianza y amor. Simplemente ocurre.

Toda emoción genuina es un fin en sí misma. No es causada conscientemente como medio para algo más. Esto no significa que no podamos o busquemos experimentar ciertos sentimientos. Debemos y podemos. Podemos ponernos en situaciones en que el sentimiento pueda ser experimentado más fácilmente. También podemos valorar algunos de los resultados de estos sentimientos, así como los sentimientos mismos. Pero, en el momento de la auténtica emoción, los cálculos se desvanecen. Somos transportados (quizá sólo durante segundos) sobre la obra razonadora de la mente y experimentamos sentimientos sin referencia a implicaciones lógicas o prácticas.

Esto es lo que hace que la adoración no sea «en vano». La adoración es auténtica cuando los sentimientos hacia Dios surgen del corazón como fines en sí mismos. En la adoración, Dios es la voz quebrada al otro extremo del hilo telefónico. Dios es la isla en el horizonte. Dios es el oso, la puesta de sol, el juguete favorito, la madre que se lo dio y el hermano mayor y más fuerte de cuarto grado.

Si la realidad de Dios se nos revela en su Palabra o en su mundo y no sentimos en nuestro corazón tristeza, anhelo, esperanza, temor, respeto, gozo, gratitud o confianza, entonces es inútil que cantemos, oremos, recitemos o hagamos todos los gestos que queramos; no será verdadera adoración. No podemos honrar a Dios si nuestro corazón está lejos de él.

Consideremos la analogía de un aniversario de boda. El mío es el 21 de diciembre. Supongamos que ese día llevo a casa una docena de las rosas rojas que tanto le agradan a Noël. Cuando ella sale a recibirme a la puerta le doy las flores y me dice: «Oh, Johnny, son preciosas, gracias» y me da un fuerte abrazo. Entonces supongamos que levanto la mano y digo flemáticamente: «No es nada; es mi obligación». ¿Qué pasa? ¿Es que hacer lo que uno debe no es algo noble? ¿No honramos a aquellos a los que servimos? No mucho. No, si no ponemos en ello el corazón. Una rosas por obligación son una contradicción. Si no me mueve un afecto espontáneo por ella como persona, las rosas no la honran. En realidad la rebajan. Son muy poco para cubrir el hecho de que ella no tenga la valía o la belleza a mis ojos capaces de producir afecto. Todo lo que puedo conseguir es una expresión calculada de deber conyugal.

Aquí tenemos lo que dice John Carnell al respecto:

> *Supongamos que un marido le pregunta a su esposa si debe darle un beso de buenas noches. La respuesta que recibe es: «Debes, pero eso no es lo que importa». Lo que quiere decir es: «a menos que te motive un afecto espontáneo por mi persona, tus proposiciones están desprovistas de valor moral».*[2]

El hecho es que no hemos sido capaces de ver que el deber hacia Dios nunca se puede limitar a una acción externa. Sí, debemos adorarle. «Pero lo que importa no es ese deber». ¿Qué es entonces? La clase de deber que C.S. Lewis describe a Sheldon Vanauken: *Todos tienen el deber cristiano, como sabes, de ser tan felices como puedan.*[3]

La verdadera misión de la adoración no es una misión externa de decir o hacer lo que ordena la liturgia; es un deber interior, el mandamiento: *Deléitate así mismo en Yahvéh* (Salmo 37:4). *Alegraos en Yahvéh y gozaos* (Salmo 32:11).

La razón de que ésta sea la verdadera misión de la adoración es que esto honra a Dios, mientras que llevar a cabo rituales vacíos no. Si salgo con mi esposa la tarde de nuestro aniversario y me pregunta: «¿Por qué haces esto?», la respuesta que la honra más es: «Porque nada me hace más feliz esta noche que estar contigo».

Decir que «es mi obligación» es una deshonra para ella.

Decir que «me produce alegría» es un honor.

¡Ahí lo tenemos! El banquete del hedonismo cristiano. ¿Cómo podemos honrar a Dios en nuestra adoración? ¿Diciendo que es nuestra obligación o diciendo que es lo que más alegría nos produce?

La adoración es una forma de devolverle a Dios el reflejo del resplandor de su verdadera valía. Ahora vemos que el espejo que capta los rayos de su resplandor y los refleja hacia él en adoración es el corazón gozoso. Otra forma de decir lo mismo es:

El principal propósito del hombre es glorificar a Dios
POR MEDIO DE
disfrutar de él eternamente.

Ahora está claro por qué es importante que la adoración sea un fin en sí misma. La adoración es un fin en sí misma porque es el propósito final para el que fuimos creados.

También está claro por qué no es idolatría y egoísmo decir que nuestras emociones son fines en sí mismas. No es egoísmo porque las emociones de nuestra adoración se centran en **Dios**. Dejamos de mirarnos a nosotros para mirarle a él, y sólo entonces las emociones múltiples de nuestro corazón irrumpen en adoración.[4]

Tampoco es idolatría decir que nuestros sentimientos en la adoración son fines en sí mismos porque nuestros sentimientos hacia Dios glorifican a Dios, no a nosotros. ¿Quién pensaría que estaba glorificándose a sí mismo y no el Gran Cañón al pasarse horas contemplándolo con silencio reverencial? ¿Quién me acusaría de glorificarme a mí mismo y no a mi esposa cuando le digo que me encanta pasar la tarde con ella? ¿Quién acusaría de egoísmo a un pequeño que la mañana de Navidad corre de su nuevo juguete a abrazar a su madre y darle las gracias porque arde de gozo y gratitud?

Alguien podría objetar que, al convertir el gozo de la adoración en un fin en sí mismo, convertimos a Dios en un medio para nuestro fin en vez de que nuestro ser sea un medio para su fin. Así que parece que nos elevamos por encima de Dios. Pero consideremos esta cuestión: Lo que glorifica más a Dios —es decir, lo que refleja a Dios más claramente la grandeza de su gloria—, ¿es (1) una experiencia de adoración que llegue a un clímax lleno de gozo al maravillarse de Dios, o (2) una experiencia que llega a su clímax en un intento noble de liberarse del éxtasis con el fin de contribuir a la meta de Dios?

Se trata de algo muy sutil. Luchamos contra la gloria todosuficiente de Dios si pensamos que podemos convertirnos en un medio para **su** fin sin gozarnos de que él sea **nuestro** fin. Es precisamente al confesar nuestra condición frustrada y sin esperanza sin él como le honramos. Un paciente no es más grande que su médico porque anhela su curación. Un niño no es más grande que su padre cuando desea divertirse jugando con él.

Al contrario, quien se coloca por encima de Dios es la persona que presume de ir a Dios para dar más que para recibir. Pretendiendo negarse a sí mismo se coloca como benefactor de Dios, ¡como si el mundo y todo lo que contiene no fuera ya de Dios (Salmo 50:12)!

No, la forma hedonista de plantearse la adoración a Dios es la única manera humilde, porque es la única que se acerca con las manos vacías. El hedonismo cristiano ofrece a Dios el respeto de reconocer (y verdaderamente sentir) que él es el único que puede satisfacer los anhelos de felicidad del corazón. La adoración es un fin en sí misma porque glorificamos a Dios **por medio de** disfrutar de él eternamente.

Tres etapas en la adoración

Pero esto puede ser malinterpretado. Podría dar la impresión de que no podemos venir a Dios en verdadera adoración a menos que estemos rebosantes de sentimientos de deleite, gozo, esperanza, gratitud, maravilla, temor y reverencia. Creo que esto no es necesariamente lo que he dicho.

Veo tres etapas en el camino hacia la experiencia ideal de adoración. Puede que experimentemos las tres en una hora (y a Dios le agradan las tres si de verdad son etapas del camino hacia un gozo pleno en él). Las mencionaré en orden inverso.

1. Está la etapa final, en la que sentimos un gozo sin estorbos en las múltiples perfecciones de Dios, el gozo de la gratitud, la maravilla, la esperanza y la admiración. *Como de meollo y de grosura será saciada mi alma, y con labios de júbilo te alabará mi boca* (Salmo 63:5). En esta etapa estamos satisfechos con la excelencia de Dios y rebosamos de gozo por su comunión. Es el banquete del hedonismo cristiano.

2. En una etapa anterior, que a menudo saboreamos, no nos sentimos llenos, sino que más bien anhelamos y deseamos. Habiendo saboreado el banquete anteriormente, recordamos la bondad del Señor, pero eso parece muy lejano. Exhortamos a nuestras almas para que no se postren, porque estamos seguros de que volveremos a alabar al Señor (Salmo 42:5). Pero por ahora nuestros corazones no están llenos de fervor.

Aunque esto se aparta del ideal de adoración y esperanza vigorosas y sinceras, no obstante es un gran honor a Dios. Honramos el agua de una fuente en lo alto de la montaña no sólo al suspirar de satisfacción tras beberla, sino también al anhelarla con un deseo insaciable de ser satisfechos mientras seguimos escalando.

De hecho, estas dos etapas en realidad no se pueden separar en el verdadero santo, porque toda satisfacción en esta vida va seguida rápidamente del anhelo de repetir, y todo anhelo genuino ha saboreado el agua satisfactoria de vida. David Brainerd expresaba así la paradoja:

> *Recientemente a Dios le ha agradado mantener mi alma hambrienta casi continuamente, de manera que he sido lleno de una especie de dolor agradable. Cuando disfruto verdaderamente del Señor, siento mis deseos de él de forma más insaciable y mi sed por perseguir la santidad más inextinguible.*[5]

3. El escalón más bajo de la adoración —donde comienzan todos los verdaderos adoradores y a donde vuelven a menudo cuando llega la estación oscura— es la aridez del alma que a duras penas siente anhelo alguno, pero que cuenta aún con la gracia del arrepentimiento lleno de tristeza por tener tan poco amor. *Se llenó de amargura mi alma, y en mi corazón sentía punzadas. Tan torpe era yo, que no entendía; era como una bestia delante de ti* (Salmo 73:22).

E.J. Carnell señala estas tres mismas etapas cuando dice:

> *Sabemos que la rectitud se encuentra de una de dos formas: o bien por medio de una expresión espontánea del bien o por una tristeza espontánea por haber fallado. Una es una plenitud directa; la otra indirecta.*[6]

La adoración es una forma de devolver a Dios con alegría el reflejo del resplandor de su verdadera valía. Éste es el ideal. Porque, con toda seguridad, Dios es más glorificado cuando nos deleitamos en su magnificencia que cuando permanecemos tan inmóviles por ella que apenas sentimos nada y sólo anhelamos ser capaces de sentir. No obstante, es glorificado por la chispa de esperanza de gozo que surge de la tristeza que sentimos cuando nuestros corazones están tibios. Aun en la tristeza por la culpa que nos hace sentir nuestra insensibilidad animal, la gloria de Dios brilla. Si Dios no fuera gloriosamente atractivo, ¿por qué íbamos a sentirnos tristes por no celebrar plenamente su belleza?

Pero hasta esta tristeza, para que honre a Dios, tiene en un sentido que ser un fin en sí misma; no porque no deba conducir a algo mejor, sino porque debe ser real y espontánea. La gloria de la cual nos apartamos no se puede reflejar en una tristeza forzada. Como dice Carnell: *la plenitud indirecta carece de virtud cuando se convierte en meta de esfuerzos conscientes. Quien deliberadamente trata de estar triste nunca se entristecerá. La tristeza no puede ser inducida por el esfuerzo humano.*[7]

El enemigo moral de la adoración

La conclusión que extraigo de esta meditación sobre la naturaleza de la adoración es que la rebelión contra el hedonismo ha matado el espíritu de adoración en muchas iglesias y en muchos corazones. La idea tan extendida de que los actos morales elevados tienen que carecer de interés personal es una gran enemiga de la verdadera adoración. Adorar es el acto moral más elevado que un ser humano puede llevar a cabo; así que la única base y motivación que muchas personas pueden concebir es la idea de moralidad como el cumplimiento desinteresado del deber. Pero, cuando la adoración se reduce al deber desinteresado, deja de ser adoración. Porque la adoración es un banquete.

No honro ni a Dios ni a mi esposa cuando celebramos nuestro aniversario por un sentimiento del deber. ¡Los honro cuando me deleito en ellos! Por tanto, para honrar a Dios en adoración no tenemos que buscarle desinteresadamente sin pretender obtener gozo de esa adoración y así echar a perder el valor moral del acto. Sino que, en vez de eso, tenemos que buscarle de forma hedonista, como un ciervo sediento que busca los ríos, exactamente por el gozo de verle y conocerle. Adorar sólo es obedecer al mandamiento de Dios de deleitarnos en el Señor.

La virtud equivocada ahoga el espíritu de adoración. La persona que tiene la idea vaga de que lo virtuoso es vencer el interés personal y de que es malo hablar de placer, difícilmente podrá adorar. Porque la adoración es el asunto más hedonista de la vida y no se puede echar a perder con el más mínimo pensamiento de falta de interés personal. El mayor obstáculo para la adoración no es que seamos personas que buscan placer, sino nuestra disposición a preferir otros placeres lamentables.

El profeta Jeremías lo dice así:

> *Mi pueblo ha trocado su gloria por lo que no aprovecha. Espantaos, cielos, sobre esto, y horrorizaos; desolaos en gran manera, dijo Yahvéh. Porque dos males ha hecho mi pueblo: me dejaron a mí fuente de agua viva, y cavaron para sí cisternas, cisternas rotas que no retienen agua* (Jeremías 2:11-13).

Los cielos se aterran y se impresionan cuando las personas abandonan tan pronto la búsqueda de placer y prefieren las cisternas rotas.

Una de las cosas más importantes que he leído en mi peregrinaje hacia el hedonismo cristiano fue en un sermón predicado por C.S. Lewis en 1941. Dijo:

> *Si en las mentes modernas se esconde la idea de que desear nuestro propio bien y anhelar de todo corazón disfrutar de él es algo malo, propongo que esta idea procede de Kant y de los estoicos, y que no es parte de la fe cristiana. De hecho, si consideramos las atrevidas promesas de recompensa y la naturaleza asombrosa de ésta en los Evangelios parece que nuestro Señor no piensa que nuestros deseos son demasiados intensos, sino demasiado débiles. Somos*

> *criaturas indiferentes que jugamos con la bebida, el sexo y la ambición cuando se nos ofrece un gozo infinito, como un niño ignorante que quiere continuar haciendo flanes de barro en un tugurio porque no es capaz de imaginarse lo que significa pasar unas vacaciones junto al mar. Nos contentamos con demasiado poco.*[8]

¡Ahí lo tenemos! El enemigo de la adoración no es que nuestro deseo de placer sea demasiado fuerte, sino que sea demasiado débil. Deseamos un hogar, una familia, unos cuantos amigos, un trabajo, una televisión, un microondas, salir una noche de vez en cuando, unas vacaciones y quizá un ordenador personal nuevo. Nos hemos acostumbrado de tal forma a esos placeres pobres y breves, que nuestra capacidad para el gozo se ha marchitado. Y así se ha marchitado también nuestra adoración. Muchos apenas pueden imaginarse lo que representan unas «vacaciones en el mar» adorando al Dios vivo.

Tras mucho beber en las cisternas rotas de placeres tipo flan de barro, muchos casi han perdido toda capacidad para deleitarse en Dios, algo parecido a lo que le ocurrió a Charles Darwin. Cerca del final de su vida escribió una autobiografía para sus hijos donde expresaba remordimiento por una cosa:

> *A los treinta años o antes muchas clases de poesía [...] me producían un gran placer; incluso cuando estaba en el colegio me deleitaba intensamente en Shakespeare [...], los cuadros antiguos me proporcionaban un deleite considerable y la música me parecía algo maravilloso. Pero ahora, desde hace muchos años, no soy capaz de leer un verso: he intentado leer a Shakespeare y lo encuentro insoportablemente pesado hasta el punto de producirme náuseas. Además, casi he perdido el gusto por los cuadros y la música [...] Mantengo algo de afición por los paisajes bonitos, pero no me producen el maravilloso deleite de antes [...] Parece como si mi mente se hubiera convertido en una especie de máquina para*

> *extraer leyes generales a partir de grandes colecciones de hechos, pero no puedo concebir por qué eso me ha causado la atrofia de aquella parte del cerebro de la que dependen los sabores principales [...] La pérdida de estos sabores es una pérdida de felicidad y posiblemente sea una injuria para el intelecto, y más probablemente para el carácter moral, porque debilita la parte emocional de nuestra naturaleza.*[9]

Los cultos de adoración en toda la tierra llevan la huella de este proceso. Para muchos, el cristianismo se ha convertido en la extracción de leyes doctrinales generales a partir de una colección de hechos bíblicos. Pero el temor reverencial y la capacidad de maravillarse del niño han muerto. Los paisajes, la poesía y la música de la majestad de Dios se han secado como un melocotón olvidado en el fondo del refrigerador.

Y la ironía es que hemos ayudado e instigado la disección diciéndole a la gente que no debe buscar su propio placer, especialmente en la adoración.[10] Hemos mostrado de miles de formas que para nosotros la virtud de un acto disminuye en la medida en que disfrutamos llevándolo a cabo, y que hacer algo porque nos hace felices es malo. Esa idea está en el ambiente de la atmósfera cristiana.

C.S. Lewis pensaba que Enmanuel Kant (que murió en 1804) fue el responsable de esta confusión. Lo mismo decía la atea Ayn Rand. Su descripción llamativa de la ética de Kant, si no exacta históricamente, es al menos una buena descripción de los efectos paralizantes que parece haber causado en la iglesia:

> *Según Kant, una acción es moral sólo si uno no tiene deseo de llevarla a cabo, sino que se realiza por un sentido del deber y no se obtiene de ella beneficio de ningún tipo, ni material ni espiritual. Un beneficio destruye el valor moral de una acción. (Por tanto, si uno no tiene deseos de ser malo, no puede ser bueno; si los tiene, sí puede).*[11]

Ayn Rann adjudicaba igualmente esta idea de virtud al cristianismo y lo rechazaba todo sin más. ¡Pero eso no es cristianismo! Fue trágico para ella y es trágico para la iglesia que en la cristiandad se extienda la idea de que bucar el gozo es poco moral, por no decir inmoral.

¡Ojalá que Ayn Rand hubiera comprendido a su contemporáneo cristiano Flannery O'Connor:

> *No acepto que la renuncia tenga que ver con la resignación o incluso que sea buena en sí misma. Sólo si se renuncia a una cosa buena por algo mejor. Lo contrario es pecado [...] La lucha por resignarse [...] no es una lucha por resignarse, sino una lucha por aceptar otra cosa de forma apasionada, es decir, con todo el gozo posible. Represéntame con una gran sonrisa de alegría, pero también bien armada, porque la búsqueda es peligrosa.*[12]

¡Amén!

Cada domingo por la mañana a las 11, Hebreos 11:6 entra en combate con Enmanuel Kant. *Sin fe es imposible agradar a Dios; porque es necesario que el que se acerca a Dios crea que le hay, y que* ***es galardonador de los que le buscan.*** ¡No puedes agradar a Dios si no vas a él buscando recompensa! Y, por tanto, la adoración que agrada a Dios es la búsqueda hedonista de Dios. ¡Él es nuestra gran suma recompensa! En su presencia hay plenitud de *gozo* y a su diestra hay **delicias** para siempre. La adoración es el banquete del hedonismo cristiano.

Un asunto de la mente

Dios busca personas que le adoren *en espíritu y en verdad* (Juan 4:23). En la sección anterior he puesto un énfasis tremendo en el «espíritu» de adoración. Ahora debo equilibrar las cosas y reafirmar que la verdadera adoración siempre combina el corazón y la cabeza, la emoción y el pensamiento, los sentimientos y la reflexión, la doxología y la teología.

Los verdaderos adoradores adorarán al Padre en espíritu y en verdad. Los verdaderos adoradores no son personas cuyos sentimientos son como helechos sin raíz en el terreno sólido de la doctrina bíblica. Los únicos sentimientos que honran a Dios son aquellos que están arraigados en la roca de la verdad bíblica.

¿Qué otro significado tienen las siguientes palabras del apóstol: *tienen celo de Dios, pero no conforme a ciencia* (Romanos 10:2)? ¿Y no oró el Señor diciendo: *Santifícalos en la verdad; tu palabra es verdad* (Juan 17:17)? ¿Y no dijo: *Conoceréis la verdad, y la verdad os hará libres* (Juan 8:32)? La libertad santa en la adoración es el fruto de la verdad. Los sentimientos religiosos que no proceden de una verdadera comprensión de Dios no son ni santos ni verdaderamente libres, por muy intensos que sean.

El testimonio pastoral de Jonathan Edwards siempre me ha parecido, por tanto, ineludiblemente bíblico. Fue el principal defensor del Gran Avivamiento en Nueva Inglaterra del principio de la década de 1740. Pero fue muy criticado por sus aparentes excesos emocionales.

Charles Chauncy, pastor de la antigua primera iglesia de Boston, se opuso al avivamiento enérgicamente. Señaló todos sus excesos, como *los desmayos y las caídas al suelo [...] los chillidos y gritos penetrantes; los temblores y las convulsiones, los forcejeos y las volteretas.*[13]

Edwards no abogaba por los excesos, pero defendía con gran seriedad que los sentimientos participaran de forma profunda y genuina arraigados en la verdad. Lo defendió con estas palabras cuidadosamente escogidas:

> *Debo pensar por mí mismo en la forma de cumplir con mi obligación, para despertar los sentimientos de mis oyentes todo lo que pueda, con tal que sólo los produzca la verdad y que sean emociones que no estén en desacuerdo con la naturaleza de aquello que las produce.*[14]

Edwards estaba plenamente convencido de la crucial importancia de los poderosos sentimientos en la adoración porque…

> *las cosas de la religión son tan importantes que tiene que participar nuestro corazón, por su naturaleza e importancia, para que tengan vida y poder. En nada es la energía en nuestros actos tan imprescindible como en la religión; y en nada es la indiferencia tan odiosa.*[15]

No obstante, el único calor que valoraba en la adoración era el calor procedente de la luz. En 1744 predicó un sermón acerca del texto de Juan el Bautista: *Él era antorcha que ardía y alumbraba* (Juan 5:35). Debe haber calor en el corazón y luz en la mente. ¡Y no más calor que el que justifica la luz!

> *Si un ministro tiene luz sin calor, entretiene a sus oyentes con discursos bien elaborados sin saborear el poder de la santidad o mostrar de alguna manera fervor en su espíritu y celo por Dios y por el bien de las almas; puede que gratifique la comezón de los oídos y llene la cabeza de las personas de ideas vacías, pero no llegará a sus almas. Y, si lo hace, por otro lado, se embarcará en un celo feroz e inmoderado, y en un calor vehemente, sin luz; será como encender la llama no consagrada en su pueblo y encender sus pasiones y sentimientos corruptos; pero no producirá en ellos lo mejor, ni los hará avanzar un paso hacia el cielo, sino que los llevará rápidamente en dirección contraria.*[16]

Los fuertes sentimientos hacia Dios, arraigados y conformados por la verdad de la Escritura, son el meollo de la adoración bíblica.

Por tanto, el hedonismo cristiano se opone apasionadamente a todos los intentos de introducir una cuña entre el pensamiento profundo y el sentimiento profundo. Rechaza la idea común de que la reflexión intensa apaga los sentimientos de fervor. Resiste la idea de que la emoción intensa sólo se produce en ausencia de una doctrina coherente.

Al contrario, los hedonistas cristianos están convencidos junto con Edwards de que los únicos sentimientos que pueden magnificar el valor de Dios son aquellos que proceden de una verdadera comprensión de su gloria. Si el banquete de adoración es extraño en la tierra, es porque hay hambre de la Palabra de Dios (Amós 8:11-12).

La forma de la adoración

La consecuencia es que la forma de adoración deben proporcionar dos cosas: canales para que la mente capte la realidad de la verdad de Dios y canales para que el corazón responda a la belleza de dicha verdad; es decir, formas de encender los sentimientos con la verdad bíblica y formas de expresar los sentimientos con pasión bíblica.

Por supuesto, las buenas formas consiguen ambas cosas. Los buenos sermones, himnos y oraciones expresan e inspiran la adoración. Y lo hacen mejor cuando son descaradamente hedonistas y por tanto están centrados en Dios.

Tomemos el ejemplo de la predicación, por ejemplo. John Broadus dio en el blanco cuando escribió hace cien años:

> *El ministro puede legítimamente apelar al deseo de felicidad y a su contrapartida negativa, el terror a la infelicidad. Aquellos filósofos [¿Kant?] que insisten en que deberíamos hacer siempre lo correcto simple y llanamente porque es correcto, no son filósofos en absoluto, porque o bien son tremendamente ignorantes de la naturaleza humana [y yo añadiría: y de la Escritura] o se permiten el lujo de especular con fantasía.*[17]

¡O tomemos los himnos! ¡Hay que ver lo descaradamente hedonistas que son! Los himnos son las voces de los que aman a la iglesia; y los amantes son los menos orientados por el sentido del deber y los que cometen más locuras por Dios en el mundo.

Cristo, alegría de corazones amantes,
luz de los hombres, fuente de vida,
desde las mejores bendiciones que la tierra imparte
volvemos a ti nuestra vida vacía.
Bernardo de Claraval

Jesús, inapreciable tesoro,
fuente del más puro placer,
verdadero amigo para mí;
sediento está mi corazón,
hasta casi desfallecer,
siguiéndote siempre a ti.
A ti pertenezco,
santo Cordero,
no me ocultaré de ti,
nada buscaré fuera de ti.
Johann Franck

Jesús, descanso, descanso
y me gozo, oh gran Dios
consciente de la grandeza
de tu amante corazón.
He podido contemplarte
tu belleza mi alma llena,
tu poder transformador
ha vuelto mi vida plena.
Jean Sophia Pigott

Y para las oraciones de la iglesia, ¡qué puede ser mejor que las oraciones inspiradas (y hedonistas) de los salmistas!

Tú diste alegría a mi corazón
Mayor que la de ellos cuando abundaba su grano y su mosto (Salmo 4:7).

Pero alégrense todos los que en ti confían;
Den voces de júbilo para siempre, porque tú los defiendes;
En ti se regocijen los que aman tu nombre (Salmo 5:11).

Me alegraré y me regocijaré en ti;
Cantaré a tu nombre, oh Altísimo (Salmo 9:2).

En cuanto a mí, veré tu rostro en justicia;
Estaré satisfecho cuando despierte a tu semejanza (Salmo 17:15).

El hacer tu voluntad, Dios mío, me ha agradado,
Y tu ley está en medio de mi corazón (Salmo 40:8).

Crea en mí, oh Dios, un corazón limpio,
Y renueva un espíritu recto dentro de mí [...]
Vuélveme el gozo de tu salvación,
Y espíritu noble me sustente (Salmo 51:10, 12).

Dios, Dios mío eres tú;
De madrugada te buscaré;
Mi alma tiene sed de ti, mi carne te anhela,
En tierra seca y árida donde no hay aguas,
Para ver tu poder y tu gloria,
Así como te he mirado en el santuario.
Porque mejor es tu misericordia que la vida;
Mis labios te alabarán (Salmo 63:1-3).

¿A quién tengo yo en los cielos sino a ti?
Y fuera de ti nada deseo en la tierra.
Mi carne y mi corazón desfallecen;

Mas la roca de mi corazón y mi porción es Dios para siempre (Salmo 73:25-26).

Cuando el pueblo de Dios —y especialmente los que llevan la adoración— comienza a orar de esta forma hedonista centrada en Dios, entonces eso expresará e inspirará a la vez la adoración auténtica.

Pero al final la forma no es lo importante. Lo importante es si se ve la excelencia de Cristo. La adoración tendrá lugar cuando el Dios que ordenó que la luz brillara en las tinieblas brille en nuestros corazones para darnos la *iluminación del conocimiento de la gloria de Dios en la faz de Jesucristo* (2 Corintios 4:6).

Tenemos que ver y sentir la incomparable excelencia del Hijo de Dios. Incomparable porque en él confluyen la gloria infinita y la humildad más grande, la majestad infinita y la mansedumbre trascendente, la más profunda reverencia hacia Dios y la igualdad con Dios, el mérito infinito del bien y una gran paciencia para sufrir el mal, el supremo dominio y la obediencia plena, la auto-suficiencia divina y la confianza del niño.[18]

La ironía de nuestra condición humana es que Dios nos ha puesto a la vista del Himalaya de su gloria en Jesucristo, pero nosotros hemos escogido descender a las sombras de nuestro chalet y mostrar las lomas de Buck Hill, aun en la iglesia. Nos contentamos con continuar haciendo flanes de barro en los suburbios porque no somos capaces de imaginarnos las posibilidades que ofrecen unas vacaciones junto al mar.

Una exhortación y una experiencia

Cierro este capítulo con una exhortación y una experiencia. No permitas que tu adoración vaya en declive hacia la mera obligación. No permitas que el temor reverencial y la capacidad de maravillarse propios del niño sean cortados por ideas antibíblicas de la virtud. No permitas que los paisajes, la poesía y la música acerca de tu relación con Dios se marchite y muera. Tú tienes una capacidad de gozarte que apenas te imaginas. Te fue dada para disfrutar de Dios. Él puede despertarla sin importar el mucho tiempo que pueda haber estado adormecida. Ora pidiendo su poder avivador. Abre tus ojos a su gloria. La tienes a tu alrededor. *Los cielos cuentan la gloria de Dios, y el firmamento anuncia la obra de sus manos.*

Estaba volando una noche de Chicago a Minneapolis, casi iba solo en el avión. El piloto anunció que había una tormenta con truenos sobre el lago Michigan y en Wisconsin. Giraría al oeste para evitar la turbulencia. Mientras estaba allí sentado observando la total negrura, de repente todo el cielo apareció brillante por la luz y una caverna de nubes blancas se alejó de nosotros quedando a 6 km por debajo del avión y después se desvaneció. Un segundo más tarde, un gigantesco túnel blanco de luz estalló de norte a sur cruzando el horizonte, y de nuevo se desvaneció en la negrura. Pronto la luz fue casi constante y volcanes luminosos surgieron de repente de los barrancos nebulosos y de detrás de blancas montañas lejanas. Me quedé allí sentado moviendo mi cabeza casi con incredulidad. «Oh, Señor, si éstas son sólo las chispas que saltan al afilar tu espada, ¡cómo será el día que aparezcas!» Y recordé la palabra de Cristo: *Como el relámpago que sale del oriente y se muestra hasta el occidente, así será también la venida del Hijo del Hombre.*

Incluso ahora que estaba recordando aquella vista, la palabra «**gloria**» está llena de sentido para mí. Doy gracias a Dios porque una y otra vez ha despertado mi corazón para desearle, verle y sentarnos en el banquete del hedonismo cristiano para adorar al Rey de Gloria. El comedor para el banquete es muy grande.

> *Y el Espíritu y la Esposa dicen: Ven [...] Y el que tiene sed, venga; y el que quiera, tome del agua de la vida gratuitamente* (Apocalipsis 22:17).

Notas del capítulo 3

1. Cuando las uso en este libro, las palabras **sentimientos**, **emociones** e **inclinaciones** no significan cosas diferentes. Si se pretende hacer referencia a algo diferente en algún caso, lo indicaré en su contexto. En general las utilizo como sinónimas y pretendo por medio de ellas lo que Jonathan Edwards hizo en su gran ***Treatise Concerning the Religious Affections*** (en ***The Works of Jonathan Edwards***, vol. 1 [Edimburgo: Banner of Truth Trust, 1974], p. 237).Edwards definió las emociones como *los más enérgicos y sensibles ejercicios de la inclinación y voluntad del alma.* Para entender esto tenemos que resumir brevemente su visión del alma o la mente humana.

> *Dios ha dotado al alma de dos facultades principales: Una es aquella por la cual es capaz de* ***percibir*** *y especular, o por medio de la cual discierne y juzga las cosas (que se denomina* ***entendimiento****). La otra, por la que el alma se inclina de alguna manera respecto a las cosas que ve o considera, o la facultad por la cual el alma contempla las cosas no como un espectador indiferente al que no le afecta, sino como alguien a quien le gustan o no, le agradan o le desagradan, las aprueba o las rechaza. Esta facultad se denomina con diversos nombres; a veces se habla de* ***inclinación****; y, en cuanto a las acciones determinadas y gobernadas por ella, de* ***voluntad****; y la* ***mente****, relacionada con el ejercicio de esta facultad, a menudo se denomina* ***corazón****...*
> *La* ***voluntad*** *y las* ***inclinaciones*** *del alma no son dos facultades: las inclinaciones no son esencialmente diferentes de la voluntad, ni difieren de los meros actos y tendencias de la voluntad, sino sólo en la vitalidad y sensibilidad de su ejercicio…*

Como ejemplos de emociones Edwards menciona (entre otras) el amor, el odio, el deseo, el gozo, el deleite, el duelo, la tristeza, el temor y la esperanza. Estos son los *ejercicios más enérgicos y sensibles* [es decir, percibidos, sentidos] *de la voluntad.* Edwards es consciente de que hay una profunda y compleja relación entre el cuerpo y la mente en cuanto a esto.

> *Tal parece ser nuestra naturaleza, y tales las leyes de la unión del alma y el cuerpo, que nunca hay en ningún caso un ejercicio vívido y vigoroso de la emoción sin algún efecto sobre el cuerpo […] Pero, no obstante, no es el cuerpo, sino sólo la mente, el asiento propio de las inclinaciones. El cuerpo del hombre no es más capaz de ser verdaderamente el sujeto del amor o el odio, del gozo o la tristeza, del temor o la esperanza, que el cuerpo de un árbol, o de lo que el mismo hombre es capaz de pensar y comprender. Igual que sólo es el alma la que tiene ideas, así es al alma a la que agradan o desagradan*

sus ideas. Puesto que es sólo el alma la que piensa, así es el alma sólo la que ama u odia, se alegra o se lamenta por lo que piensa.

La evidencia bíblica para esto es el hecho de que Dios, que no tiene cuerpo, no obstante tiene muchas emociones. También Filipenses 1:23 y 2 Corintios 5:6 enseñan que, tras la muerte del cristiano, y antes de la resurrección del cuerpo, el cristiano estará con el Señor y será capaz de gozarse mucho más que todo lo que hemos conocido aquí.

2. Carnell, ***Christian Commitment*** (Nueva York: Macmillan, 1967), pp. 160-61). En todo el libro de Carnell resuena este énfasis (pp. 162, 176, 196, 206, 213, 222, 289, 301). Considera esta perspicaz sección de la página 222:

   Cuanto más hacemos de la rectitud un objeto calculado que tenemos que luchar por conseguir, más nos alejaremos de la plenitud moral, porque la plenitud moral es una plenitud espontánea, afectuosa. El amor conlleva su propio sentido de compulsión. Nace en las alas de la ley del espíritu de vida. Cuando tenemos que estar motivados por una necesidad racional o legal, el amor da paso al pronóstico, el interés y el cálculo. Imaginémonos a una madre que corre a ayudar a su aterrorizado niño. Actúa llena de amor espontáneo. Se ofendería tan sólo con la sugerencia de que tiene que ayudar a su hijo por un sentido legal del deber...

   La lucha moral es algo paradójico, porque nunca amaremos a Dios a menos que hagamos un esfuerzo consciente; y no obstante, al luchar por la justicia legal, demostramos que no somos justos. Si nuestras inclinaciones fueran fruto del entorno moral y espiritual, cumpliríamos la ley con el mismo sentimiento de necesidad inconsciente con el que respiramos.

   La paradoja puede ilustrarse quizá con un pintor que deliberadamente trata de llegar a ser grande. A menos que luche, nunca será un artista, no digamos un gran artista. Pero, puesto que convierte la genialidad en una meta deliberada de la lucha, demuestra que no es, ni será nunca, un genio. Un artista maestro es grande sin que intente serlo. Sus habilidades se despliegan como los pétalos de una rosa ante el sol. El genio es un don de Dios. Es un fruto, no una obra.

   ¡Así es la adoración!

3. De una carta a Vanauken en el libro de éste: ***A Severe Mercy*** (Nueva York: Harper and Row, 1977), p. 189.

4. El hedonismo cristiano es consciente de que la conciencia propia mata el gozo y, por tanto, la adoración. Tan pronto como vuelves tus ojos hacia ti y eres consciente de experimentar gozo, éste desaparece. El

hedonista cristiano sabe que el secreto del gozo radica en olvidarse de uno mismo. Sí, vamos al museo de arte para **disfrutar** viendo los cuadros. Pero el consejo del hedonismo cristiano es: Pon toda tu atención en los cuadros y no en las emociones, o echarás a perder toda la experiencia. Por tanto, la adoración tiene que estar totalmente orientada hacia Dios, no hacia nosotros mismos.

5. Citado en E.M. Bounds: ***The Weapon of Prayer*** (Grand Rapids: Baker Book House, 1975), p. 136.

6. ***Christian Commitment***, p. 213.

7. ***Christian Commitment***, pp. 213-14.

8. C.S. Lewis, «The Weight of Glory» en ***The Weight of Glory and other Essays*** (Grand Rapids: Eerdmans, 1965), pp. 1-2.

9. Citado en Virginia Stem Owens: «Seeing Christianity in Red and Green as Well as Black and White», ***Christianity Today***, 2 de septiembre, 1983 (vol. 27, Nº 13), p. 38.

10. Por ejemplo, Carl Zylstra escribió (en «Just Dial the Lord», *The Reformed Journal* [Octubre, 1984], p. 6): *La cuestión es si la adoración se supone verdaderamente un tiempo de realizarse personalmente y disfrutar o si debería ser, en primer lugar, un tiempo para servir y honrar a Dios, un sacrificio de alabanza.* Cuando la cuestión se expone así, no se puede responder con seguridad. Es muy engañoso. Por supuesto, la adoración es para honrar a Dios. Pero matamos esa posibilidad exhortando a la gente a que no intente disfrutar de las cosas. Deberíamos decirles una y otra vez que busquen su propio gozo *en Dios*.

11. ***For the New Intellectual*** (Nueva York: Signet, 1961), p 32.

12. ***The Habit of Being***, ed. por Sally Fitzgerald (Nueva York: Farrar, Straus, Giroux, 1979), p. 126.

13. Citado en C.H. Faust y T.H. Johnson, eds. ***Jonathan Edwards: Selections*** (Nueva York: Hill and Wang, 1962), p. XVIII.

14. Jonathan Edwards, ***Some Thoughts Concerning the Revival*** en ***The Great Awakening***, ed. C.C. Goen (New Haven: Yale University Press, 1972), p. 387.

15. ***Treatise Concerning the Religion Affections***, p. 238.

16. «The True Excellency of a Gospel Minister», ***The Works of Jonathan Edwards***, vol. 2, p. 958.

17. John Broadus, ***On the Preparation and Delivery of Sermons***, 4ª ed., revisada por Vernon Stanfield (Nueva York: Harper and Row, 1979), p. 117.

18. Estas parejas son de un sermón de Jonathan Edwards titulado «La excelencia de Cristo». En él, Edwards reflexiona acerca de la imagen de Cristo en Apocalipsis 5:5-6 como León de la tribu de Judá y como Cordero sacrificado. El sermón está en ***The Works of Jonathan Edwards***, vol. 1, pp. 680 ss.

En un sentido, hasta la persona más benévola y generosa del mundo busca su propia felicidad haciendo bien a otros, porque coloca su felicidad en sus buenos actos. Podríamos decir que su mentalidad es tan amplia que se deja engañar. Así, cuando otros son felices, se siente feliz; participa con ellos y es feliz con la felicidad de ellos. Esto está tan lejos de ser inconsecuente con la liberalidad benefactora que, al contrario, la benevolencia y la amabilidad consisten en ello.
(Jonathan Edwards)

Dios ama al dador alegre
(El Apóstol Pablo)

Capítulo 4

Amor:

LA TAREA DEL HEDONISMO CRISTIANO

He defendido con amplitud que la beneficencia desinteresada hacia Dios es muy mala. Si vas a Dios por obligación ofreciéndole la recompensa de tu comunión en vez de sediento buscando la recompensa de su comunión, entonces te exaltas por encima de Dios como benefactor suyo y le empequeñeces como si fuera un beneficiario necesitado, y eso es terrible.

La única forma de glorificar al Dios que todo lo puede por medio de la adoración es ir a él porque *en su presencia hay plenitud de gozo; delicias a su diestra para siempre* (Salmo 16:11). Éste ha sido el énfasis hasta aquí, y podríamos denominarlo hedonismo cristiano vertical. Entre el hombre y Dios, en el eje vertical de la vida, la búsqueda de placer no sólo es tolerable, sino obligatoria: *Deléitate en el Señor.* El propósito principal del hombre es glorificar a Dios **por medio** de disfrutar de él eternamente.

Pero, ¿qué pasa con el hedonismo cristiano horizontal? ¿Qué hay de nuestras relaciones con otras personas? ¿Es la beneficencia desinteresada el ideal entre los hombres? ¿O la búsqueda de placer es apropiada y de hecho obligatoria para toda clase de amor humano que agrada a Dios?

La respuesta de este capítulo es que la búsqueda de placer es una motivación fundamental para todos los buenos actos. O, dicho de otra manera, si tienes el propósito de abandonar la búsqueda de un placer pleno y duradero, no puedes amar a la gente o agradar a Dios.

¿El amor busca lo suyo?

¡Esto requiere cierta explicación y defensa! Pido paciencia y comprensión. En este capítulo estoy nadando contra la corriente de un río reverenciado. Cuando prediqué sobre esto en cierta ocasión, un profesor de filosofía me escribió una carta con la siguiente crítica:

> *¿No dice la moralidad que debemos hacer el bien porque es el bien? [...] Yo propongo que debemos hacer el bien y desarrollar la virtud porque es bueno y virtuoso; el que Dios lo bendiga y nos haga ser felices es una consecuencia de ello, pero no lo que lo motiva.*

Otro popular escritor dice:

> *Para el cristiano, la felicidad nunca es una meta a conseguir. Siempre es una sorpresa inesperada en una vida de servicio.*

Estas citas representan la corriente de opinión común contra la que nado en el presente capítulo. Las veo contrarias a la Escritura y contrarias al amor, y al final (aunque sin intención) deshonran a Dios. Pero esto requiere cierta explicación.

Sin duda, vienen a la mente pasajes bíblicos que parecen decir exactamente lo contrario de lo que estoy afirmando. Por ejemplo, en el gran «capítulo del amor», el apóstol Pablo dice: *El amor no busca lo suyo* (1 Corintios 13:5). Antes, en el mismo libro, había exhortado a la iglesia: *Ninguno busque su propio bien, sino el del otro [...] como también yo en todas las cosas agrado a todos, no procurando mi propio beneficio, sino el de muchos, para que sean salvos* (10:24, 33). En Romanos 15:1-3 dice: *Así que, los que somos fuertes, debemos soportar las flaquezas de los débiles, y no agradarnos a nosotros mismos. Cada uno de nosotros agrade a su prójimo en lo que es bueno, para edificación, porque ni aun Cristo se agradó a sí mismo.*

Al centrarse de forma aislada e irreflexiva en textos así, da la impresión de que la esencia de la moralidad cristiana es liberarnos nosotros mismos de todo interés en nosotros cuando hacemos buenos actos hacia otros. Pero hay una buena razón para pensar que esta impresión es errónea. No tiene en cuenta todo el contexto y no explica otras muchas enseñanzas que están en el Nuevo Testamento.

Tomemos el contexto de 1 Corintios 13, por ejemplo. El versículo 5 dice que el amor no busca lo suyo. Pero, ¿significa de forma absoluta que está mal disfrutar del amor? Primero consideremos el contexto bíblico más amplio.

Según el profeta Miqueas, Dios nos ha ordenado no sólo ser misericordiosos, sino amar misericordia. *Oh hombre, él te ha declarado lo que es bueno, y qué pide Yahvéh de ti: solamente hacer justicia, y amar misericordia, y humillarte ante tu Dios* (Miqueas 6:8). En otras palabras, el mandamiento no se limita a hacer actos de misericordia, sino a **deleitarse** en ser misericordioso o **querer** ser misericordioso. Si amas ser misericordioso, ¿cómo puedes evitar satisfacer tus propios deseos haciendo actos de misericordia? ¿Cómo puedes evitar buscar tu propio gozo en actos de amor cuando tu gozo consiste en amar? ¿La obediencia al mandamiento de «amar misericordia» significa que tienes que desobedecer la enseñanza de 1 Corintios 13:5 de que el amor no debe buscar lo suyo?

No. El contexto más inmediato ofrece varias claves que muestran que el énfasis de 1 Corintios 13:5 no es prohibir la búsqueda del gozo del amor. Jonathan Edwards nos proporciona el verdadero sentido cuando dice que el error al que se enfrenta 1 Corintios 13:5 no es...

> *...el grado en el que una persona ama su propia felicidad, sino colocar su felicidad donde no debe y limitar y confinar su amor. Algunos, aunque aman su propia felicidad, no la colocan en su propio bien privado, o en aquel bien que se centra en ellos mismos, sino más bien en el bien común (en el bien de los demás o en el que disfrutará en y por medio de otros) [...] Y cuando se dice que el amor no busca lo suyo, tenemos que entender que se refiere a su propio bien privado, al bien que se limita a sí mismo.*[1]

Un indicio de que esto es en verdad lo que Pablo quiere decir es la forma en que trata de motivar el amor genuino en el versículo 3. Dice: *Y si repartiese todos mis bienes para dar de comer a los pobres, y si entregase mi cuerpo para ser quemado, y no tengo amor, de* ***nada*** *me sirve.*

Si el amor genuino no se atreve a colocar su vista en su propia ganancia, ¿no es extraño que Pablo nos advierta que si no tenemos amor no nos servirá de nada? Pero esto es en realidad lo que dice: «Si no tienes un verdadero amor, no ganarás verdaderamente nada».

Sin duda alguien dirá que la ganancia es un resultado seguro del amor genuino; pero que, si es lo que motiva el amor, entonces el amor no es verdadero amor. En otras palabras, es bueno que Dios recompense los actos de amor, pero no es bueno que nosotros amemos por la promesa de obtener recompensa. Pero, si esto es cierto, ¿entonces por qué nos dijo Pablo en el versículo 3 que perderíamos nuestra recompensa si no amamos de verdad? Si anhelar la «ganancia» del amor echa a perder el valor moral del amor, es un mal recurso pedagógico decirle a alguien que ame para que le sirva de algo.

Otorgándole a Pablo el beneficio de la duda, ¿no deberíamos más bien decir que hay una clase de «ganancia» por la que es incorrecto estar motivado (es decir, que *el amor no busca lo suyo*), así como una clase de «ganancia» por la que sí es correcto estar motivado (es decir, *si no tengo amor, de nada me sirve*)? Edwards dice que la ganancia apropiada que puede motivar es la felicidad que uno recibe por el acto de amar mismo o por el bien que se consigue.

La segunda clave por la que Edwards está en el camino correcto es el versículo 6: *el amor no se goza de la injusticia, mas se goza de la verdad*. El amor no es una simple elección o un mero acto. Involucra los sentimientos. No se limita a **hacer** la verdad. Tampoco se limita a escoger lo correcto. Se goza en el camino de la verdad. Así que Miqueas 6:8 no era un paralelismo forzado en absoluto: ¡Tenemos que **amar misericordia**!

Pero si el amor se goza en las elecciones que hace, no puede ser desinteresado. ¡No puede ser indiferente a su propio gozo! Regocijarse en un acto es obtener gozo de él. Y este gozo es una «ganancia». Puede que sirva para mucho más que esto, o que este gozo sea de hecho el primer fruto de un gozo indestructible y eterno. Aunque, llegados a este punto, lo menos que podemos decir es que Pablo no piensa que el valor moral de un acto de amor se eche a perder cuando lo que nos motiva a hacerlo es gozarnos en ello y como consecuencia de ello. Si así fuera, entonces un hombre malo que odiara la idea de amar podría participar de un amor puro, puesto que no le produciría gozo alguno; mientras que un hombre bueno que se deleita en la idea de amar, no podría amar, puesto que se gozaría en ello y eso lo echaría todo a perder.

Por tanto, 1 Corintios 13:5 (*el amor no busca lo suyo*) no contradice la tesis de que **la búsqueda de placer es una motivación esencial para todos los buenos actos**. De hecho, sorprendentemente, el contexto lo apoya diciendo que *el amor* ***se goza*** *de la verdad* y dando a entender que se debe vigilar el amor para no perder la propia ganancia, la ganancia del gozo que procede de ser una persona que ama, tanto ahora como eternamente.

Si ésta es la intención de Pablo en 1 Corintios 13:5, lo mismo se puede decir de 10:24 y 33. Éstos son sencillos ejemplos específicos del principio básico que aparece en 13:5: *el amor no busca lo suyo.* Cuando Pablo dice que no debemos pretender obtener ventaja para nosotros sino para nuestro prójimo, para que puedan ser salvos, no quiere decir que no debemos **deleitarnos** en la salvación de nuestro prójimo.

En realidad, Pablo dijo acerca de sus convertidos: *Vosotros sois nuestra gloria y gozo* (1 Tesalonicenses 2:20). En otro lugar dice: *el* ***anhelo*** *de mi corazón, y mi oración a Dios por Israel, es para salvación* (Romanos 10:1).

Ésta no es la voz de la beneficencia desinteresada. ¡La salvación de los demás fue la alegría y la pasión de su vida! Cuando se negó a sí mismo comodidades con ese fin se comportó como un hedonista cristiano, no como un estoico obediente. Así que el énfasis de 1 Corintios 10:24 y 33 es que ninguna comodidad personal debería proporcionarnos un gozo mayor que el de ver que nuestro trabajo conduce a la salvación de otro.

Éste es también el tema de Romanos 15:1-3, donde Pablo dice que no debemos agradarnos a nosotros mismos, sino que debemos agradar a nuestro prójimo haciendo buenas obras para edificarle. Esto también es una aplicación del principio de que *el amor no busca lo suyo.* No quiere decir que no debemos buscar el gozo de edificar a otros, sino que debemos dejar que **este** gozo nos libere de las ataduras a los placeres personales que nos hacen indiferentes al bien de los demás. El amor no busca su gozo **personal, limitado**, sino que busca su propio gozo en el bien —la salvación y edificación— de los demás.[2]

De esta forma comenzamos a amar como Dios ama. Ama porque se deleita en amar. No busca esconder de él la recompensa del amor para que no se eche a perder su acto por el gozo que se prevé que procederá de él.

> *Yo soy Yahvéh, que hago misericordia, juicio y justicia en la tierra; porque estas cosas quiero, dice Yahvéh* (Jeremías 9:24).

El amor es más que hechos

Ahora dejemos de estar a la defensiva para pasar a la ofensiva. Hay textos que parecen ser un problema, pero otros muchos señalan positivamente la verdad del hedonismo cristiano. Podemos tomar 1 Corintios 13:3 como un punto de partida: *Y si repartiese todos mis bienes para dar de comer a los pobres, y si entregase mi cuerpo para ser quemado, y no tengo amor, de nada me sirve.* Se trata de un texto sorprendente. Porque Jesús mismo dijo: *Nadie tiene mayor amor que éste, que uno ponga su vida por sus amigos* (15:13). ¿Cómo puede decir Pablo que dar la vida puede ser en realidad un acto sin amor?

Una cosa es cierta: ¡El amor no se puede igualar al acto del sacrificio! ¡No se puede igualar a **ninguna** acción! Esto es un antídoto poderoso para la idea habitual de que el amor no es lo que se siente sino lo que se hace. Lo bueno de esta enseñanza popular es la doble intención de mostrar (1) que los meros sentimientos cálidos nunca pueden reemplazar los hechos reales de amor (Santiago 2:16, 1 Juan 3:18) y (2) que hay que esforzarse por el amor aun en ausencia del gozo que uno podría desear que estuviera presente. Pero es imprudente e incorrecto apoyar estas dos verdades diciendo que el amor es sencillamente lo que haces y no lo que sientes. (Véase la razón 4 del epílogo para una discusión más extensa acerca de cómo obedecer cuando no se tienen ganas).

La misma definición de amor que aparece en 1 Corintios refuta esta idea limitada de amor. Por ejemplo, Pablo dice que el amor no tiene **envidia** y que no se **irrita** fácilmente, y que **se goza** en la verdad y **todo lo espera** (13:4-7). ¡Todas estas cosas son **sentimientos**! Si sientes ciertas cosas como celos impíos e irritación, no estás amando. Y si no experimentas algo parecido al gozo en la verdad y a la esperanza, no estás amando. En otras palabras, sí, el amor es más que sentimientos; pero no, el amor no es menos que sentimientos.

Esto puede ayudar a explicar la afirmación sorprendente de que es posible entregar tu cuerpo para ser quemado y sin embargo no tener amor. Evidentemente, no se considera que un acto es de amor a menos que las motivaciones sean correctas. Pero, ¿la disposición a morir no es una señal de buenas motivaciones? Pensarías que sí si la esencia del amor fuera el desinterés. Pero algunos podrían decir que lo que echa a perder el acto de sacrificio de aparente amor es la intención de heredar la recompensa después de la muerte o de dejar un recuerdo noble en la tierra.

Esto puede ser parte de la respuesta. Pero no es completa. No diferencia qué clase de recompensa tras la muerte se puede desear al efectuar un acto de amor (¡si es que la hay!). Ni describe qué sentimientos, si es que los hay, tienen que acompañar a un «acto» externo de amor para que sea un amor verdadero.

Para responder a estas cuestiones tenemos que preguntarnos otra cosa: ¿qué tiene que ver el amor al hombre con nuestro amor a Dios y su gracia hacia nosotros? ¿Podría ser que la razón por la que una persona entrega su cuerpo para ser quemado sin tener amor sea que su acto no tiene relación con un amor genuino a Dios? ¿Podría ser que la idea de Pablo acerca del amor horizontal entre personas fuera que éste es auténtico sólo cuando es la extensión del amor vertical a Dios? Sería extraño que el apóstol Pablo, que dijo que *todo lo que no proviene de fe es pecado* (Romanos 14:23), definiera el amor genuino sin hacer referencia a Dios.

El amor es la abundancia de gozo en Dios

2 Corintios 8:1-8 muestra que Pablo piensa en el amor genuino sólo en relación con Dios.

> *Asimismo, hermanos, os hacemos saber la gracia de Dios que se ha dado a las iglesias de Macedonia; que en grande prueba de tribulación, la abundancia de su gozo y su profunda pobreza abundaron en riquezas de su generosidad. Pues doy testimonio de que con agrado han dado conforme a sus fuerzas, y aun más allá de sus fuerzas, pidiéndonos con muchos*

> *ruegos que les concediésemos el privilegio de participar en este servicio para los santos.*

La razón por la que Pablo quería que los corintios supieran acerca de esta notable obra de gracia entre los macedonios es que espera que se demuestre que lo mismo es cierto entre ellos. Está viajando de una iglesia a otra recogiendo fondos para los santos pobres de Jerusalén (Romanos 15:25, 1 Corintios 16:1-4). Escribe 2 Corintios 8 y 9 para motivar a los corintios a ser generosos. Lo importante para lo que nos proponemos es advertir que en 8:8 dice que esto es una prueba de su **amor**: *No hablo como quien manda, sino para poner a prueba, por medio de la diligencia de otros, **también** la sinceridad del **amor** vuestro.*

Lo que claramente quiere decir 8:8 (especialmente la palabra «también») es que la generosidad de los macedonios es un modelo de amor que los corintios «también» deberían imitar. Al hacer referencia al profundo amor de los macedonios, Pablo pretende fomentar **también** entre los corintios un amor genuino. Así que aquí tenemos una demostración de cómo se ve el amor de 1 Corintios 13 en la vida real. Los macedonios han repartido sus posesiones, como dice 1 Corintios 13:3 (*Y, si repartiese todos mis bienes*). Pero **aquí** hay un amor verdadero, mientras que **allí** no había amor en absoluto. ¿Qué convierte la generosidad de los macedonios en un acto genuino de amor?

La naturaleza del amor genuino se puede ver en cuatro cosas:

Primero, es una obra de **gracia** divina. *Asimismo, hermanos, os hacemos saber la **gracia** de Dios que se ha dado a las iglesias de Macedonia* (8:1). La generosidad de los macedonios no era de origen humano. Aunque el versículo 3 dice que dieron *conforme a sus fuerzas*, la buena voluntad era un don de Dios, una obra de gracia.

Puedes ver esta misma combinación de la gracia soberana de Dios que produce resultados en la buena voluntad del hombre en 8:16-17.

Pero gracias a Dios que puso en el corazón de Tito la misma solicitud por vosotros. Pues a la verdad... por su propia voluntad partió para ir hacia vosotros.

Dios lo puso en su corazón. Por tanto, va allí por su **propia** voluntad. La disposición es un don, una obra de la gracia divina.

En segundo lugar, esta experiencia de la gracia de Dios llenó a los macedonios de gozo. *En grande prueba de tribulación, la abundancia de su gozo y su profunda pobreza abundaron en riquezas de su generosidad* (8:2). Fijémonos en que su gozo no se debía al hecho de que Dios los hubiera prosperado financieramente. ¡No lo había hecho! En su profunda pobreza tenían gozo. Así que su gozo era gozo en Dios, en la experiencia de su gracia.

En tercer lugar, por la gracia de Dios **abundaron** en generosidad para hacer frente a las necesidades de los demás. *La abundancia de gozo...* ***abundaron*** *en riquezas de su generosidad* (8:2). Por tanto, la generosidad expresada de forma horizontal hacia los hombres provenía de la abundancia de gozo por la gracia de Dios.

En cuarto lugar, los macedonios pedían la oportunidad de sacrificar sus escasas posesiones para los santos de Jerusalén. *Con agrado han dado conforme a sus fuerzas, y aun más allá de sus fuerzas,* ***pidiéndonos con muchos ruegos que les concediésemos el privilegio de participar en este servicio para los santos*** (8:3-4). En otras palabras, la forma en que abundaba su gozo en Dios era en el gozo de dar. **Querían** dar. ¡Ése era su gozo!

Ahora podemos ofrecer una definición de amor que tiene a Dios en cuenta y que también incluye los sentimientos que deben acompañar a los actos externos de amor: **El amor es la abundancia de gozo en Dios que con alegría hace frente a las necesidades de los demás.**

Pablo no pone a los macedonios como modelo de amor sólo porque se sacrificaron con el fin de hacer frente a las necesidades de los demás. Lo que más recalca es cómo

amaban hacer esto (recordemos Miqueas 6:8). ¡Era la abundancia de GOZO! Pedían con muchos ruegos dar. Encontraban placer en ser canales de la gracia de Dios por medio de su pobreza para ayudar a hacer frente a la pobreza de Jerusalén. ¡Es sencillamente asombroso!

Por eso, una persona puede dar su cuerpo para ser quemado y no tener amor. ¡El amor es la abundancia de gozo **en Dios**! No es obligación por amor a la obligación, ni justicia por amor a la justicia. No es una decisión de abandonar el bien propio con la sola idea del bien de la otra persona. Es primero una experiencia profundamente satisfactoria de la plenitud de la gracia de Dios y después una experiencia doblemente satisfactoria de compartir esa gracia con otra persona.

Cuando los macedonios golpeados por la pobreza piden a Pablo el privilegio de dar dinero a otros santos que son pobres, podemos suponer que esto es lo que **desean** hacer, no sólo lo que deben hacer o tienen que hacer, sino lo que verdaderamente anhelan. Es su gozo, una extensión de su gozo en Dios. ¡Claro! Se están negando a sí mismos todos los placeres o comodidades que podrían conseguir con el dinero que reparten, pero el gozo de extender la gracia de Dios a otros es mucha mejor recompensa que cualquier otra cosa que el dinero pueda comprar. Los macedonios han descubierto la gran tarea del hedonista cristiano: ¡el amor! Ésta es la abundancia de gozo en Dios que con alegría hace frente a las necesidades de los demás.

Más adelante, en 2 Corintios 9:6-7, obtenemos la confirmación de que estamos en el camino correcto. Pablo continúa motivando a los corintios a ser generosos. Dice: *El que siembra escasamente, también segará escasamente; y el que siembra generosamente, generosamente también segará. Cada uno de como propuso en su corazón: no con tristeza, ni por necesidad, porque* ***Dios ama al dador alegre.***

Aprovecho esto para decir que a Dios no le agrada que las personas hagan obras de beneficencia si no las hacen contentos. Cuando las personas no encuentran placer (la palabra que Pablo utiliza es «alegría») en sus actos de servicio,

Dios no encuentra placer en ellos. Ama al dador alegre, al siervo alegre. ¿A qué clase de alegría se refiere? Seguramente, la mejor manera de responder a esta cuestión es recordar la clase de alegría que movió a los macedonios a ser generosos: la abundancia de gozo en la gracia de Dios. Por tanto, el dador al que Dios ama es aquel cuyo gozo en él abunda alegremente en generosidad hacia a los demás.

Quizá se vaya aclarando por qué parte de la tesis de este capítulo es que, si tratas de abandonar la búsqueda de tu plenitud y gozo eterno, no puedes amar a las personas o agradar a Dios. Si el amor es la abundancia de gozo en Dios que con alegría hace frente a las necesidades de los demás, entonces ¡abandonar la búsqueda de **este** gozo es abandonar la búsqueda de amor! Y si a Dios le agradan los dadores alegres, entonces abandonar la búsqueda de **este** entusiasmo nos coloca en un camino donde Dios no encuentra deleite. Si nos da igual hacer buenas obras con alegría, nos da igual aquello que agrada a Dios. Porque Dios ama al dador alegre.

Por tanto, es esencial que seamos hedonistas cristianos en el nivel horizontal, en nuestras relaciones con otras personas, y no sólo en el vertical de nuestra relación con Dios. Si el amor es la abundancia de gozo en Dios que con alegría hace frente a las necesidades de los demás, y si Dios ama a los dadores alegres, entonces este gozo en dar es una obligación cristiana, y no esforzarse por conseguirlo es pecado.

El amor se regocija en el gozo de los amados

Antes de dejar 2 Corintios, consideremos un pasaje más que rebosa de aplicaciones acerca de la naturaleza del amor. En 1:23 - 2:4, Pablo escribe acerca de la visita que no hizo y de una dolorosa carta que tenía que enviar. Explica lo que siente en el interior de su corazón en todo esto.

> *Mas yo invoco a Dios por testigo sobre mi alma, que por ser indulgente con vosotros no he pasado todavía a Corinto. No que nos enseñoreemos de vuestra*

> *fe, sino que colaboramos* ***para vuestro gozo****; porque por la fe estáis firmes. Esto, pues, determiné para conmigo, no ir otra vez a vosotros con tristeza. Porque si yo os contristo,* ***¿quién será luego el que me alegre****, sino aquel a quien yo contristé? Y esto mismo os escribí, para que cuando llegue* ***no tenga tristeza*** *de parte de aquellos de quienes me debiera gozar; confiando en vosotros todos* ***que mi gozo es el de todos vosotros****. Porque por la mucha tribulación y angustia del corazón os escribí con muchas lágrimas, no para que fueseis contristados, sino para que supieseis* ***cuán grande es el amor que os tengo.***

Notemos que la búsqueda de Pablo de su gozo y su propia alegría se relaciona con el amor. En el versículo 2 nos da la razón por la que no hizo otra dolorosa visita a Corinto: *Porque si yo os contristo,* ***¿quién será luego el que me alegre****, sino aquel a quien yo contristé?* En otras palabras, la motivación de Pablo aquí es preservar su propio gozo. Dice en realidad: si destruyo vuestro gozo, entonces el mío también. ¿Por qué? ¡Porque el gozo de ellos es precisamente lo que le proporciona gozo a él!

Está claro en 1:24 que el gozo al que se refiere es el gozo de la fe. Es el gozo de conocer y descansar en la gracia de Dios, el mismo gozo que movió a los macedonios a ser generosos (8:1-3). Cuando **este** gozo abunda en sus convertidos, Pablo siente él mismo gran gozo. Y sin avergonzarse les dice que la razón por la que no desea robarles el gozo **de ellos** es que esto le robaría a él **el suyo**. Así es como habla un hedonista cristiano.

En el versículo 3 explica la razón por la que les envió una dolorosa carta. *Y esto mismo os escribí, para que cuando llegue* ***no tenga tristeza*** *de parte de aquellos de quienes me debiera gozar; confiando en vosotros todos* ***que mi gozo es el de todos vosotros.*** Aquí su motivación es la misma, hasta cierto punto. Dice que no quiere tener tristeza. Quiere gozo, no tristeza. ¡Es un hedonista cristiano! Pero va un paso más allá que en el versículo 2. Dice que la razón por la que quiere gozo y no tristeza es que confía en que su gozo también sea el gozo de todos ellos.

Así que el versículo 3 es inverso al 2. En el 2, el punto principal es que el gozo **de ellos** es su gozo; es decir, cuando ellos están contentos se siente contento por su alegría. Y el punto principal del versículo 3 es que **su** gozo es el gozo de ellos; es decir, cuando él está contento, ellos se sienten contentos por su alegría.

Entonces, el versículo 4 establece la conexión con el amor de forma explícita. Dice que la razón por la que les ha escrito es *que supieseis* ***cuán grande es el amor que os tengo.*** Por tanto, ¿qué es el amor? El amor abunda entre nosotros cuando vuestro gozo es mío y mi gozo es vuestro. No amo sólo porque busco vuestro gozo, sino porque lo busco como algo **mío**.

Supongamos que le digo a uno de mis cuatro hijos: Pórtate bien con tu hermano, ayúdale a recoger la habitación, trata de hacer que esté contento y no triste. ¿Qué pasa si ayuda a su hermano a recoger la habitación pero con mala cara todo el rato y rebosando descontento? ¿Hay virtud alguna en su esfuerzo? No mucho. Lo que falla es que la felicidad de su hermano no es su propia felicidad. Cuando ayuda a su hermano, no busca su gozo en la felicidad de su hermano. No está actuando como un hedonista cristiano. Sus obras no son de amor. Son legalistas. Actúa por mera obligación, para evitar el castigo.

El amor se deleita en producir y contemplar el gozo en otros

Ahora consideremos la relación entre las imágenes del amor en 2 Corintios 8 y 2. En el capítulo 8, el amor es la abundancia de gozo en Dios que con alegría hace frente a las necesidades de los demás. Es el impulso de una fuente que rebosa. Se origina en la gracia de Dios que se desborda libremente porque se deleita en llenar al que está vacío. El amor comparte la naturaleza de esa gracia porque también se deleita en rebosar libremente para hacer frente a las necesidades de los demás.

En el capítulo 2, el amor es lo que existe entre las personas cuando encuentran su gozo en el gozo del otro. ¿Está esto en contradicción con el amor del capítulo 8, donde el gozo procede de Dios y fluye hacia los demás? El capítulo 2 suena como si el gozo procediera del gozo de otras personas, no de Dios. ¿Cómo se relacionan estas dos formas de hablar acerca del amor?

Creo que la respuesta es que el amor no sólo se deleita en producir gozo en aquellos que están vacíos (2 Corintios 8), sino que también se deleita en contemplar el gozo de aquellos que están llenos (2 Corintios 2). Y estos dos deleites no se contradicen en absoluto. La gracia de Dios se deleita en conceder arrepentimiento (2 Timoteo 2:25) **y** se goza en el pecador que se arrepiente (Lucas 15:7). Por tanto, cuando nuestros corazones están llenos de gozo en la gracia de Dios, no sólo desean producir gozo en otros, sino también contemplarlo cuando existe en otros.

Por tanto, no es inconsecuente decir que el amor es la abundancia de gozo en Dios que con alegría hace frente a las necesidades de los demás **y** decir que el amor es gozarse en el gozo de otro. Si bien el amor es la **tarea** del hedonista cristiano que se deleita en engendrar su gozo en otros, también es el **tiempo de ocio** del hedonista cristiano que se deleita en contemplar este gozo producido en otros.[3]

El amor llora

Pero las palabras de Pablo en 2 Corintios 2 plantean otra cuestión. En el versículo 4 dice que escribió *por la mucha tribulación y angustia de corazón* y *con muchas lágrimas*. ¿Es éste un corazón que ama? He hecho tanto hincapié en que el amor es la abundancia de gozo que alguien podría pensar que no hay lugar para el lamento o la angustia en el corazón que ama, ni para las lágrimas en su rostro. Eso sería un error.

El contentamiento de un hedonista cristiano no es la serenidad de Buda, impasible ante los sufrimientos de otros. Es un contentamiento profundamente insatisfecho. Está constantemente hambriento y desea participar más del banquete de la gracia de Dios. Y aun la medida del contentamiento que Dios garantiza contiene un insaciable impulso a expandirse hacia otros (2 Corintios 8:4, 1 Juan 1:4). El gozo cristiano se revela como contentamiento insatisfecho siempre que percibe la necesidad humana. Comienza a expandirse en amor para cubrir esa necesidad y conseguir el gozo de la fe en el corazón de la otra persona. Pero, puesto que a menudo hay un lapso de tiempo entre nuestra percepción de la necesidad de una persona y nuestro definitivo gozo en el gozo restaurado en ella, hay lugar para llorar en el intervalo. El llanto compasivo es un llanto de alegría contenida en la extensión de uno mismo a otro.

El amor tiene en mente la recompensa del amor

Otra experiencia de llanto tiene lugar cuando Pablo deja ver su entrega al hedonismo cristiano. En Hechos 20 se reúne por última vez con los ancianos de la iglesia de Éfeso. Hay muchas lágrimas y muchos abrazos cuando Pablo termina su discurso de despedida (20:37). Pero estas lágrimas sólo acentúan la intensidad del afecto que los ancianos tienen por alguien que les enseñó el gozo del ministerio.

En el versículo 35 dice Pablo: *En todo os he enseñado que, trabajando así, se debe ayudar a los necesitados, y* ***recordar*** *las palabras del Señor Jesús, que dijo: Más bienaventurado es dar que recibir.* Lo último que Pablo dejó resonando en sus oídos en la playa de Mileto fue la carga ministerial del hedonismo cristiano: *Más bienaventurado es dar que recibir.*

La mayoría de las personas no sienten la fuerza hedonista de estas palabras porque no meditan en el significado de la palabra «recordar». Literalmente Pablo dice: *En todo os he enseñado que, trabajando así, se debe ayudar a los necesitados, y*

recordar *las palabras del Señor Jesús, que dijo: Más bienaventurado es dar que recibir.*

En otras palabras, Pablo dice que son **necesarias** dos cosas: (1) ayudar a los necesitados, y (2) recordar que Jesús dijo que más bienaventurado es dar que recibir. ¿Por qué son necesarias ambas cosas? ¿Por qué no sólo ayudar a los débiles? ¿Por qué tiene uno también que recordar que dar trae bendición?

La mayoría de los cristianos hoy piensan que, aunque es cierto que dar trae bendición, no es cierto que la bendición vendrá como **resultado** de dar, sino que si tienes esto como motivación, eso echará a perder el valor moral de lo que das y te transformará en un mercenario. La palabra «recordar» en Hechos 20:35 es un gran obstáculo para esta opinión popular. ¿Por qué diría Pablo a los ancianos de la iglesia que **tengan en mente** los beneficios del ministerio si en realidad hacer esto convertiría a los ministros en mercenarios?

La respuesta del hedonismo cristiano es que es necesario tener en mente las **verdaderas** recompensas del ministerio para que **no** se conviertan en mercenarios. C.S. Lewis ve esto claramente:

> *No tenemos que preocuparnos cuando los que no son creyentes dicen que esta promesa de recompensa convierte la vida cristiana en un asunto mercenario. Hay diferentes clases de recompensa. Está la recompensa que no tiene conexión natural con las cosas que haces para conseguirla*[4]*, y que es totalmente ajena a los deseos que deberían acompañar a aquellas cosas. El dinero no es la recompensa natural del amor; y por eso consideramos mercenario a un hombre que se casa con una mujer por su dinero. Pero el matrimonio es la recompensa apropiada para un amor verdadero, y uno no es mercenario por desearlo. Un general que lucha bien para conseguir un título de nobleza es un mercenario; un general que lucha por la victoria no lo es, siendo la victoria la recompensa*

apropiada de la batalla como el matrimonio es la recompensa apropiada del amor. Las recompensas apropiadas no son simplemente cosas que se añaden a la actividad por la cual son dadas, sino que son la actividad misma consumada.[5]

No veo cómo alguien puede respetar la palabra «recordar» en Hechos 20:35 y todavía pensar que está mal buscar la recompensa del gozo en el ministerio. Al contrario, Pablo piensa que es necesario mantener el gozo firmemente ante nosotros. Ésta es la última cosa y quizá la más importante que tiene que decir a los ancianos efesios antes de partir: «Recordad: *más bienaventurado es dar que recibir*».

El amor disfruta del ministerio

Tampoco es Pablo el único apóstol que aconsejó a los ancianos recordar y buscar la bendición del ministerio. En 1 Pedro 5:1-2 escribe Pedro:

> *Ruego a los ancianos que están entre vosotros, yo anciano también con ellos [...] Apacentad la grey de Dios que está entre vosotros, cuidando de ella, no por fuerza, sino voluntariamente; no por ganancia deshonesta, sino con ánimo pronto.*

En otras palabras, Dios ama al pastor alegre. Notemos lo hedonistas que son estas amonestaciones. Pedro no amonesta a los pastores para que cumplan simplemente con su obligación, pase lo que pase. La perseverancia a través de los tiempos duros es buena. ¡Es esencial! Pero no es todo lo que ordena a los pastores. ¡Se nos ordena que disfrutemos de nuestro trabajo!

Pedro condena dos motivaciones. Una es el sentido de obligación. No hagas tu trabajo por obligación. Esto significa que el impulso debería proceder con alegría desde dentro, no por opresión desde fuera. La presión de los padres, las expectativas de la congregación, el temor al fracaso o a la censura divina, no son buenas motivaciones para estar en el ministerio pastoral. Hay que tener buenas motivaciones para permanecer en el ministerio pastoral. Tiene que haber una voluntad interior. Debemos **querer** llevar a cabo el ministerio. Eso debería ser nuestro gozo. ¡El gozo en el ministerio es una obligación!, una carga ligera y un yugo fácil.

La otra motivación que condena Pedro es el deseo de dinero, *no por ganancia deshonesta, sino con ánimo pronto.* Si la motivación es el dinero, vuestro gozo no procede del ministerio, sino de aquello que podéis comprar con vuestro salario. Eso es lo que Lewis considera ser un mercenario. El «ansia» de ministerio no debería producirla la recompensa extrínseca del dinero, sino la recompensa intrínseca de ver la gracia de Dios fluir a través de ti hacia otros.

Juan nos da un buen ejemplo de este gozo en 3 Juan 4: *No tengo yo mayor gozo que éste, el oír que mis hijos andan en la verdad.* Cuando esta clase de recompensa crea «ansia» gozosa de ministerio, **Cristo** es honrado (puesto que él es la «verdad» que nuestro pueblo sigue) y **ellos** son amados (puesto que no pueden recibir mayor beneficio que la gracia para seguir a Cristo).

Por tanto, el mandamiento del apóstol Pedro es buscar gozo en el ministerio. No es opcional. No es un mero resultado inesperado. Es una obligación. Decir que eres indiferente a lo que el apóstol te ordena experimentar es ser indiferente a la voluntad de Dios. Y eso es pecado.

Philips Brooks, que fue pastor episcopal en Boston hace cien años, captó el espíritu del consejo de Pedro a los pastores:

> *Una vez más, creo que es esencial para el éxito del predicador que disfrute a fondo de lo que hace. Quiero decir en el momento de hacerlo, y no sólo al pensar en ello. Ningún hombre para quien los detalles de su tarea resultan repulsivos puede llevarla a cabo bien constantemente, por mucha plenitud que ésta pueda otorgar a su espíritu. Puede que haga algo con mucha*

energía y que lo soporte a pesar de que no le guste, pero no podrá continuar trabajando año tras año, día tras día. Así que, tanto si lo consideras un placer perfectamente legítimo o un elemento esencial de tu fuerza, si puedes experimentar un sencillo deleite en lo que tienes que hacer como ministro, en lo apasionante que es escribir, en un sentimiento de profundo placer al hablar, en estar delante de la audiencia y causarles impresión, en el contacto con los jóvenes, cuanto más plenamente lo disfrutes, mejor lo harás todo.

Todo esto es cierto en cuanto a la predicación. El mayor gozo es lo mucho que ambiciona: la glorificación del Señor y la salvación de las almas de los hombres. Ningún otro gozo en la tierra es comparable con éste. El ministro que lo hace no siente que el gozo está muerto. Sino que detrás de ese gran gozo, latiendo en humilde unísono con él, como el cuerpo saludable que se emociona lleno de simpatía con los profundos pensamientos y puros deseos de la mente y el alma, los mejores ministros siempre han sido conscientes de otro placer que pertenecía al hecho mismo de llevar a cabo la obra. Cuando leemos las vidas de todos los predicadores más eficientes del pasado, o cuando nos encontramos a los hombres que son poderosos predicadores de la Palabra hoy, sentimos cómo cierta y profundamente el mismo ejercicio de su ministerio les deleita.[6]

Al amor no se le agrada fácilmente

Por tanto, ¿no podemos decir que el obstáculo para amar a otras personas, tanto a través del ministerio pastoral o por cualquier otra vía de la vida, es el mismo que el obstáculo para la adoración que descubrimos en el capítulo tres? El obstáculo que nos retrae de obedecer el primer mandamiento (vertical) es el mismo que nos retrae de obedecer el segundo mandamiento (horizontal). **No** es que todos tratemos de agradarnos a nosotros mismos, sino que a todos se nos agrada demasiado fácilmente. No creemos a Jesús cuando dice que hay más bendición, más gozo, mayor placer duradero en una vida entregada a ayudar a otros que en una vida entregada a nuestra comodidad material. Y por tanto, el mismo anhelo de contentamiento que debería conducirnos a la sencillez de vida y a realizar obras de amor, hace que nos contentemos en cambio con las cisternas rotas de la prosperidad y el confort.

El mensaje que hay que gritar desde las altas firmas financieras es el siguiente: ¡Hombre secular, no eres lo suficientemente hedonista!

> *No os hagáis tesoros en la tierra, donde la polilla y el orín corrompen, y donde ladrones minan y hurtan; sino haceos tesoros en el cielo, donde ni la polilla ni el orín corrompen, y donde ladrones no minan ni hurtan* (Mateo 6:19-20).

Deja de contentarte con el pequeño rédito de placer del 5% que consume la polilla de la inflación y el orín de la muerte. Invierte en las fianzas fiables, en la alta productividad divinamente asegurada del cielo. Una vida entregada a las comodidades materiales y a las emociones es como tirar el dinero. Pero una vida invertida en obras de amor produce dividendos de gozo sin par e interminables.

> *Vended lo que poseéis, y dad limosna; haceos bolsas que no se envejezcan, tesoro en los cielos que no se agote, donde ladrón no llega, ni polilla destruye* (Lucas 12:33).

Este mensaje incluye muy buenas noticias: Ven a Cristo, en cuya presencia hay plenitud de gozo y delicias para siempre. Únete a nosotros en la labor del hedonista cristiano. Porque el

Señor ha hablado: ¡trae más bendición amar que vivir con lujuria!

El amor sufre por el gozo

Amar es costoso. Siempre implica alguna clase de negación de uno mismo. A menudo exige sufrimiento. Pero el hedonismo cristiano insiste en que la ganancia tiene mayor peso que el dolor. Afirma que hay clases de gozo extrañas y maravillosas que sólo florecen en la atmósfera lluviosa del sufrimiento. *En el alma no habría arco iris si en los ojos no hubiera lágrimas.*

El costoso gozo del amor se ilustra en repetidas ocasiones en Hebreos 10-12. Consideremos tres ejemplos.

Hebreos 10:32-35

> *Pero traed a la memoria los días pasados, en los cuales, después de haber sido iluminados, sostuvisteis gran combate de padecimientos; por una parte, ciertamente, con vituperios y tribulaciones fuisteis hechos espectáculo; y por otra, llegasteis a ser espectáculo de los que estaban en una situación semejante. Porque de los presos también os compadecisteis, y el despojo de vuestros bienes sufristeis* ***con gozo****, sabiendo que tenéis en vosotros una mejor y perdurable herencia en los cielos. No perdáis, pues, vuestra confianza, que tiene grande galardón.*

Sobre la base de mi limitada experiencia con el sufrimiento, yo no tendría derecho a decir que algo así es posible: sufrir **con gozo** el despojo de vuestros bienes. Pero la autoridad del hedonismo cristiano no está en mí; está en la Biblia. Yo no tengo derecho a decir: *gozaos por cuanto sois participantes de los padecimientos de Cristo* (1 Pedro 4:13). Pero Pedro lo hace porque él y los demás apóstoles recibieron golpes por el evangelio y *salieron de la presencia del concilio,*

***gozosos** de haber sido tenidos por dignos de padecer afrenta por causa del Nombre* (Hechos 5:40-41).

Y los primeros cristianos a los que se dirige Hebreos 10:32-35 han adquirido el derecho a enseñarnos acerca del amor costoso. La situación parece ser la siguiente: en los primeros días de su conversión, algunos de ellos habían sido hechos prisioneros por la fe. Los demás se enfrentaron a una elección difícil: ¿Iremos de forma clandestina y permaneceremos «seguros» o visitaremos a nuestros hermanos y hermanas en la prisión y arriesgaremos nuestras vidas y nuestra propiedad? Escogieron el camino del amor y aceptaron el costo: *Porque de los presos también os compadecisteis, y el despojo de vuestros bienes sufristeis **con gozo**.*

¿Pero eran perdedores? No. ¡Perdieron sus bienes pero ganaron **gozo**! Con gozo aceptaron la pérdida. En un sentido se negaron a sí mismos. Pero en otro no lo hicieron. Escogieron el camino del gozo. Evidentemente, estos cristianos estaban motivados para el ministerio de los presos igual que los macedonios de 2 Corintios 8:1-8 lo estaban para ayudar a los pobres. Su gozo en Dios se manifestaba en amor a los demás.

Miraron sus propias vidas y dijeron: *Mejor es tu misericordia que la vida* (Salmo 63:3). Miraron todas sus posesiones y dijeron: «Tenemos una herencia en los cielos perdurable y mejor que cualquiera de estas cosas» (versículo 34). Entonces se miraron los unos a los otros y dijeron:

Nos pueden despojar
De bienes, nombre, hogar,
El cuerpo destruir,
Mas siempre ha de existir
De Dios el Reino eterno.
(Martín Lutero)

Con **gozo** renunciaron a todo lo que poseían (Lucas 14:33) y siguieron a Cristo yendo a la prisión a visitar a sus hermanos y hermanas. El amor es la abundancia de gozo en Dios que hace frente a las necesidades de los demás.

Hebreos 11:24-26

Para subrayar lo que quiere, el autor de Hebreos pone a Moisés como ejemplo de esta clase de hedonismo cristiano. Fijémonos en lo parecida que es su motivación a la de los primeros cristianos del capítulo 10.

> *Por la fe Moisés, hecho ya grande, rehusó llamarse hijo de la hija de Faraón, escogiendo antes ser maltratado con el pueblo de Dios, que gozar de los deleites temporales del pecado, teniendo por mayores riquezas el vituperio de Cristo que los tesoros de los egipcios; porque tenía puesta la mirada en el galardón.*

En 10:34, el autor manifestaba que el deseo de los cristianos de una herencia mejor y más duradera produjo un amor gozoso que les costó sus bienes. Aquí, en el capítulo 11, Moisés es un héroe para la Iglesia, porque su deleite en la recompensa prometida se manifestó con tal gozo que consideró basura los placeres de Egipto en comparación, y quedó ligado para siempre al pueblo de Dios en amor.

No hay nada aquí acerca de la negación esencial de uno mismo. Se le dieron ojos para ver que los placeres de Egipto eran «temporales», no eternos. Pudo ver que los sufrimientos por causa del Mesías eran una mayor riqueza que los tesoros de los egipcios. Al considerar estas cosas, se vio impulsado a entregarse a la tarea del hedonista cristiano: el amor. Y dedicó el resto de sus días a canalizar la gracia de Dios hacia el pueblo de Israel. Su gozo en Dios se manifestó en una vida de servicio a un pueblo recalcitrante y necesitado. Escogió el camino del mayor gozo, no el camino de los «placeres temporales».

Hebreos 12:1-2

Anteriormente planteamos la cuestión de si el ejemplo de Jesús contradice el principio del hedonismo cristiano, es decir, de que el amor es la forma que toma el gozo y que uno debería escogerlo por esa misma razón, para no encontrarse obedeciendo de mala gana al Todopoderoso, irritándose a pesar del privilegio de ser un canal de gracia o concediendo poca importancia a la recompensa prometida. Hebreos 12:2 parece decir bastante claramente que Jesús no contradijo este principio.

> *Por tanto, nosotros también, teniendo en derredor nuestro tan grande nube de testigos, despojémonos de todo peso y del pecado que nos asedia, y corramos con paciencia la carrera que tenemos por delante, puestos los ojos en Jesús, el autor y consumador de la fe, el cual* ***por el gozo puesto delante de él*** *sufrió la cruz, menospreciando el oprobio, y se sentó a la diestra del trono de Dios.*

La mayor muestra de amor de todos los tiempos fue posible porque Jesús persiguió el mayor gozo imaginable, es decir, el gozo de ser exaltado a la diestra de Dios en la asamblea de un pueblo redimido. ¡*Por el gozo puesto delante de él sufrió la cruz*!

Tiempo atrás, en 1978, estaba tratando de explicar algunas de estas cosas en una clase de la universidad. Como de costumbre encontré que algunos eran bastante escépticos. Uno de los más atentos me escribió una carta para expresar su desacuerdo. Puesto que se trata de una de las objeciones más serias planteadas contra el hedonismo cristiano, creo que será de ayuda para otros imprimir aquí la carta de Ronn y mi respuesta:

> *Dr. Piper:*
>
> *Estoy en desacuerdo con su postura de que el amor pretende (o es motivado por) la búsqueda de placer para uno mismo. Opino que todos sus ejemplos son ciertos: usted ha citado muchos casos en los que el gozo personal se incrementa e* ***incluso puede*** *ser la motivación para que una persona ame a Dios o a otro ser humano.*
>
> *Pero no puede establecer una doctrina sobre el hecho de que haya cierta evidencia que la apoye, a*

menos que pueda demostrar que no existe evidencia que la contradice.

Dos ejemplos de este segundo caso:

Imagínese en Getsemaní con Cristo. Está a punto de llevar a cabo el acto supremo de amor de toda la historia. Acercándose a él, usted decide poner a prueba su postura sobre el hedonismo cristiano. ¿No debería este amor supremo proporcionar un gran placer, un gozo abundante? Sin embargo, ¿qué es lo que usted ve? A Cristo sudando terriblemente con angustia, llorando. No se encuentra gozo por ninguna parte. Cristo está orando. Se le oye preguntarle a Dios si hay alguna salida. Le dice que lo que va a ocurrir es muy duro, muy doloroso. ¿No es posible un camino más divertido?

Gracias a Dios porque Cristo escogió está forma difícil.

Mi segundo ejemplo no es bíblico, aunque hay otros textos parecidos. ¿Le resulta familiar Dorothy Day? Es una anciana que ha entregado su vida a amar a otros, especialmente a los pobres, marginados y oprimidos. Su experiencia de amor sin gozo la ha llevado a decir lo siguiente: «El amor en acción es algo duro y terrible».

Difícilmente podría estar más de acuerdo con ella.

Me gustaría conocer su respuesta a estos pensamientos. En realidad pienso que esta presentación es demasiado simplista. Pero es sincera.

Ronn

Respondí a Ronn la misma semana, en diciembre de 1978. Posteriormente Dorothy Day murió, pero dejaré las referencias tal como las escribí entonces. Por cierto, en la actualidad Ronn es un buen amigo y ahora sirve como líder en la iglesia donde yo soy pastor.

Ronn,

Muchas gracias por tu preocupación por tener una postura bíblica completa sobre esta cuestión del hedonismo cristiano, una postura que honre toda la evidencia. Ésta es también mi preocupación. Así que tengo que preguntarme si tus dos ejemplos (Cristo en Getsemaní y Dorothy Day en un servicio de amor doloroso) contradicen o confirman mi postura.

(1) Vamos primero a Getsemaní. Para establecer mi tesis tengo que ser capaz de mostrar que, a pesar del horror de la Cruz, la decisión de Jesús de aceptarla fue motivada por su convicción de que esta forma le proporcionaría más gozo que la desobediencia. Hebreos 12:2 dice: «por el gozo puesto delante de él sufrió la Cruz, menospreciando el oprobio». Al decir esto, el escritor pretende poner a Jesús como un ejemplo más, junto a los santos de Hebreos 11, de aquellos que anhelaban y confiaban tanto en el gozo que Dios ofrece que rechazan los «deleites temporales del pecado» (Hebreos 11: 25) y escogen ser maltratados con el fin de llevar a cabo la voluntad de Dios. Por tanto, no es antibíblico decir que lo que sostuvo a Cristo en las oscuras horas de Getsemaní fue la esperanza del gozo posterior a la Cruz.

Eso no hace disminuir la realidad y grandeza de su amor por nosotros, porque el gozo en el que él esperaba era el gozo de conducir a muchos hijos a la gloria (Hebreos 2:10). Su gozo es en **nuestra** *redención, la cual redunda en la gloria de* **Dios.** *Abandonar la Cruz y así abandonarnos a nosotros y dejar de lado la voluntad del Padre era una idea tan terrible para Cristo que la rechazó y abrazó la muerte.*

Pero mi exposición sobre «El contentamiento insatisfecho» [que era a la que Ronn estaba respondiendo; su contenido se ha incorporado a este capítulo] propone incluso más cosas: es decir, que en un sentido profundo tiene que haber gozo en el mismo acto de amor para que agrade a Dios.

Tú has mostrado claramente que, si esto es cierto en el caso de la muerte de Jesús, tiene que haber una diferencia radical entre gozo y «diversión». Pero todos nosotros sabemos que la hay.

No es justo que pases de decir que no hay un «camino divertido» en Getsemaní a decir que «no se encuentra gozo por ninguna parte». Yo sé que en aquellos momentos de mi vida cuando he escogido hacer las buenas obras que más cuestan, he sentido (con y a pesar del dolor) un gozo muy profundo al hacer el bien.

Creo que, cuando Jesús se levantó tras su última oración en Getsemaní resuelto a morir, a través de su alma brotaba un sentido glorioso de triunfo sobre la tentación de la noche. ¿No dijo: «Mi comida es que haga la voluntad del que me envió, y que acabe su obra» (Juan 4:34)? Jesús apreciaba la voluntad de su Padre como nosotros apreciamos la comida. Acabar la obra del Padre era su alimento; abandonarla significaría escoger pasar hambre. Pienso que hubo gozo en Getsemaní cuando Jesús fue apresado; no diversión, ni placer sensual, ni risas, de hecho nada de lo que este mundo puede ofrecer. ***Pero había una profunda buena sensación en el corazón de Jesús de que su acción era agradable para su Padre, y de que la recompensa futura tendría mayor peso que todo el dolor.*** *Esta profunda buena sensación es el gozo que capacitó a Jesús para hacer por nosotros lo que hizo.*

(2) Dices de Dorothy Day que su experiencia de amor [a los pobres, marginados y oprimidos] sin gozo la ha llevado a decir lo siguiente: «El amor en acción es algo duro y terrible». Trataré de responder de dos formas.

En primer lugar, no saques la conclusión precipitada de que no hay gozo en las cosas que son duras y terribles. Hay montañeros escaladores que se pasan noches sin dormir en las caras de los acantilados, han perdido los dedos de las manos y de los pies por estar a temperaturas bajo cero y lo han pasado terriblemente mal para alcanzar una cima. Dicen «fue duro y terrible». Pero si les preguntas por qué lo hacen, la respuesta puede variar de forma, pero será: «Produce una alegría en el alma y una sensación tan buena que merece la pena todo el dolor».

Si pasa eso con la escalada, ¿no puede suceder lo mismo con el amor? ¿No es más bien una indicación de nuestra mundanalidad el que tengamos más tendencia a sentir alegría al escalar una montaña que conquistando los precipicios de la falta de amor en nuestra propia vida y en nuestra sociedad? Sí, el amor es a menudo algo «duro y terrible», pero no sé cómo una persona que valora lo que es bueno y admira a Jesús puede dejar de sentir gozo y alegría cuando (por gracia) es capaz de amar a otra persona.

Ahora abordaré la situación de Dorothy Day de otra forma. Supongamos que yo soy uno de los pobres a los que ella está tratando de ayudar a costa de sí misma. Creo que una conversación podría ser como sigue:

Piper: ¿Por qué hace esto por mí, Sra. Day?

Day: Porque te amo.

Piper: ¿A qué se refiere cuando dice que me ama? No tengo nada que ofrecer. No soy digno de ser amado.

Day: Quizá. Pero no hay hoja de solicitud para mi amor. Lo aprendí de Jesús. Lo que quiero decir es que deseo ***ayudarte*** *porque Jesús me ha ayudado mucho a mí.*

Piper: ¿Entonces está tratando de satisfacer sus deseos?

Day: Supongo que sí, si quieres expresarlo de esa

forma. Uno de mis deseos más profundos es hacer que tú seas feliz y una persona con propósito.

Piper: ¿Le causa preocupación que yo ***sea*** *más feliz y que mi vida tenga mayor propósito desde que ha venido usted?*

Day: ¡Dios mío, no! ¿Qué otra cosa podría hacerme más feliz?

Piper: Luego usted pasa todas esas noches sin dormir aquí para dedicarse a algo que le hace feliz, ¿verdad?

Day: Si digo que sí, alguien podría malinterpretarme. Podrías pensar que en realidad no me preocupo por ***ti****, sino sólo por mí misma.*

Piper: ¿Pero no me lo dirá al menos a mí?

Day: Sí, te lo digo a ti: trabajo por aquello que me produce el mayor gozo: tu gozo.

Piper: Gracias. Ahora sé que me ama.

Los actos y la recompensa del amor se relacionan orgánicamente

Algo que se toca brevemente en esta carta y que podría requerir una breve elaboración es la cuestión concerniente a la relación entre el gozo que procede del verdadero acto de amor y el gozo que procede de la recompensa prometida en el futuro más lejano. La razón por la que creo que esta cuestión es importante es que la motivación de recibir una recompensa futura podría convertir el amor en un asunto mercenario (como ya hemos visto) si la recompensa esperada no fuera algo relacionado orgánicamente con el acto que uno está haciendo para conseguir la recompensa.

Si la naturaleza del acto no forma parte de la naturaleza de la recompensa, puedes hacer cosas que consideraras estúpidas o malas para conseguir la recompensa que consideraras sabia o buena. Pero eso sería forzar la palabra **amor** más allá de los límites bíblicos para decir que uno puede amar haciendo algo que considera estúpido o malo. Un acto de amor (incluso siendo muy doloroso) tiene que ser aprobado por nuestra conciencia.

Por tanto, decir que es correcto y bueno estar motivado por la esperanza de recompensa (como Moisés, los primeros cristianos y Jesús lo estaban, según Hebreos 11:26, 10:34 y 12:2) no significa que esta vista del futuro anule la necesidad de escoger actos que en su naturaleza estén relacionados orgánicamente con lo que se espera como recompensa.

A lo que me refiero al decir relacionado orgánicamente es esto: cualquier acto de amor que escojamos con el fin de conseguir una recompensa santa tiene que impulsarnos porque vemos en ese acto los rastros morales de esa recompensa prometida. O, dicho de otra forma, la única recompensa adecuada para un acto de amor es la experiencia de la gloria divina cuya dimensión moral es la que hizo que el acto escogido resultara atractivo.

La recompensa a la que miramos como hedonistas cristianos cuando hacemos todo el bien que se nos ordena hacer se nos describe en Romanos 8:29: *porque a los que antes conoció, también los predestinó para que fuesen hechos conformes a la imagen de su Hijo, para que él sea el primogénito entre muchos hermanos*. Existen dos metas de nuestra predestinación que se mencionan aquí: una es subrayar **nuestra** gloria y otra es subrayar la de Cristo.

La primera meta de nuestra predestinación es ser como Cristo. Esto incluye los nuevos cuerpos resucitados gloriosos como el suyo (Filipenses 3:21; 1 Corintios 15:49). Pero lo más importante es que incluye cualidades espirituales y morales y capacidades como las de Cristo (1 Juan 3:2-3).

La segunda y más definitiva meta de nuestra predestinación es que Cristo sea *el primogénito entre muchos hermanos*. En otras palabras, Dios tiene el propósito de rodear a su Hijo de imágenes vivas de sí mismo, de manera que la excelencia preeminente del original brille con mayor fulgor en sus imágenes. La meta de la predestinación es (1) nuestro deleite al ser santos como él es santo y (2) su deleite al ser exaltado de forma preeminente sobre todas las demás cosas en medio de un pueblo transformado y glorioso.

Pero si la recompensa que anhelamos es contemplar y ser como el preeminente Cristo, entonces es una contradicción que las acciones que escoja no sean moralmente consecuentes con el carácter de Cristo. Si verdaderamente estamos siendo atraídos por la recompensa de ser hechos santos como él es santo, seremos atraídos a aquellos actos que forman parte de su santidad. Si nos deleitamos en la esperanza de conocer a Cristo como somos conocidos, nos deleitaremos en la clase de actos y actitudes que reflejan su carácter moral.

Por tanto, en el verdadero hedonismo cristiano existe una relación orgánica entre el amor que Cristo ordena y la recompensa que promete. Nunca es un interés mercenario por el que hacemos lo que despreciamos con el fin de conseguir aquello que nos gusta. Jesús ilustra esta conexión entre el acto y la recompensa en Lucas 6:35:

> *Amad, pues, a vuestros enemigos, y haced bien, y prestad, no esperando de ello nada; y* ***será vuestro galardón grande****, y seréis hijos del Altísimo; porque él es benigno para con los ingratos y malos.*

Incluso aunque no deberíamos preocuparnos por la recompensa humana (*no esperando de ello nada*), el mismo Señor nos proporciona un incentivo para amar prometiendo su recompensa, es decir, que seremos hijos del Santísimo. Esta filiación implica semejanza (*porque él es benigno para con los ingratos*). Así que el mandamiento y la recompensa vienen como una sola pieza de fábrica. El mandamiento es amar. La recompensa es llegar a ser como alguien que ama.

Por tanto, es importante destacar por un lado que la recompensa que alcanza un hedonista cristiano es el incomparable deleite de ser como Dios y amar lo que él ama con una intensidad cercana a la suya (Juan 17:26). Y es importante destacar por otro lado que los actos de amor que un hedonista cristiano lleva a cabo son en sí mismos no obstante preciosos en gran medida, porque llevan el aroma de su recompensa final. Éste, como vimos, era también el énfasis de C.S. Lewis cuando hablaba de las recompensas adecuadas para una actividad que *son la consumación de la actividad misma.*

El amor anhela el poder de la gracia

Falta una última cuestión en el presente capítulo. He definido el amor como la abundancia de gozo en Dios que con alegría hace frente a las necesidades de los demás. Será de ayuda práctica, en conclusión, preguntar cómo esta realidad obra en la experiencia. ¿Cuál es el proceso psicológico que hace pasar del gozo en Dios al actual acto de amor?

Comencemos con un milagro, es decir, ¡que yo, un pecador, deba deleitarme en Dios! ¡No sólo en sus recompensas materiales, sino en él, en todas sus múltiples excelencias! Esta experiencia de conversión, como ya vimos, es la «creación» de un hedonista cristiano. Ahora, ¿cómo surge este amor práctico de este corazón lleno de gozo en Dios?

Cuando el objeto de nuestro deleite es la belleza moral, el anhelo de **contemplarla** es inseparable del anhelo de **ser.** Cuando el Espíritu Santo despierta el corazón de una persona para que se deleite en la santidad de Dios, nace un deseo insaciable no sólo de **contemplar** esa santidad sino también de **ser** santo como Dios es santo. Nuestro gozo es incompleto si sólo podemos quedarnos fuera contemplando la gloria de Dios pero no se nos permite compartirla. Para un niño, una cosa es animar a su equipo de fútbol desde la tribuna. Pero su gozo es completo si puede ir a casa y reunir un equipo para jugar de verdad.

No queremos limitarnos a **ver** la gracia de Dios en toda su belleza, salvando a los pecadores y santificando a los santos. Deseamos compartir el poder de esa gracia. Deseamos experimentarla salvando.

Queremos experimentarla conquistando la tentación en **nuestras** vidas. Queremos experimentarla usándonos a **nosotros** para salvar a otros. ¿Pero por qué? Porque nuestro gozo en Dios es insaciablemente codicioso. Cuanto más tienes, más quieres. Cuanto más ves, más deseas ver. Cuanto más experimentas, más deseas experimentar.

Esto quiere decir que el gran anhelo de gozo en Dios que desea ver y experimentar más y más manifestaciones de su gloria empujará a una persona a amar. Mi deseo de experimentar el poder de la gracia de Dios conquistando el orgullo y el egoísmo en mi vida me inclina a un comportamiento que demuestra la victoria de la gracia, es decir, el amor. El amor genuino es tan contrario a la naturaleza humana que su presencia da testimonio de un poder extraordinario. El hedonista cristiano busca el amor porque es adicto a la experiencia de ese poder. Desea experimentar más y más la gracia de Dios reinando en su vida.

Aquí hay una analogía de una motivación poderosa que existe también en los corazones incrédulos. Prácticamente todas las personas que no están en Cristo están poseídas por el deseo de encontrar felicidad superando alguna limitación en sus vidas y teniendo la sensación de poder. Heinrich Harrer, miembro del primer equipo que escaló el muro norte del Eiger en los Alpes suizos, confesó que su razón para intentar esa escalada fue superar un sentimiento de inseguridad. *La confianza en uno mismo* —dijo— *es el don más valioso que un hombre puede poseer... pero para poseer esta verdadera confianza es necesario haber aprendido a conocerse a uno mismo en momentos cuando uno está en el verdadero límite de las cosas... En el «Spider», en la cara norte del Eiger, experimenté esas situaciones límite, cuando las avalanchas rugían sobre nosotros sin fin.*[7]

La diferencia sumamente importante entre el que no es cristiano y el hedonista cristiano en esta búsqueda de felicidad es que el hedonista cristiano ha descubierto que la confianza en uno mismo nunca satisfará el anhelo de su corazón de superar lo finito.

Ha aprendido que para lo que verdaderamente estamos hechos no es para la emoción de experimentar el incremento de nuestro propio poder, sino para experimentar el crecimiento del poder de Dios conquistando los precipicios de la falta de amor en nuestros corazones pecadores.

Como dije en la carta a mi amigo Ronn, el que experimentemos más euforia cuando conquistamos una montaña externa de granito con nuestras propias fuerzas que cuando conquistamos la montaña interna del orgullo con la fuerza de Dios demuestra nuestra propia mundanalidad. El milagro del hedonismo cristiano es que superar los obstáculos para amar por la gracia de Dios se ha convertido en algo más atractivo que cualquier otra forma de confianza en uno mismo. El gozo de experimentar el poder de la gracia de Dios derrotando al egoísmo es una adicción insaciable.

Pero existe otra forma de describir el proceso psicológico que conduce del deleite en Dios a las obras de amor. Cuando una persona se deleita en la manifestación de la gloriosa gracia de Dios, esa persona deseará ver la mayor cantidad posible de manifestaciones en otras personas. Si puedo ser el medio de Dios para la conversión milagrosa de otra persona, lo consideraré causa de pleno gozo, porque, ¿qué hay mejor que ver otra manifestación de la belleza de la gracia de Dios en el gozo de otra persona? Mi felicidad se reproduce en la suya.

Cuando el hedonista cristiano ve a una persona sin esperanza o sin gozo, la necesidad de esa persona se convierte en una zona de baja presión que se aproxima a la zona de alta presión de gozo en la gracia de Dios. En esta atmósfera espiritual, se produce un flujo de gozo desde la zona de alta presión del hedonista cristiano hasta la zona necesitada de baja presión, y el gozo tiende a expandirse para hacer frente a la necesidad. Ese flujo se denomina amor.

El amor es la abundancia de gozo en Dios que con alegría hace frente a las necesidades de los demás. La abundancia se experimenta de forma consciente como la búsqueda de nuestro gozo en el gozo de otro. Duplicamos nuestro deleite en Dios cuando lo expandimos en las vidas de otros. Si nuestra meta última fuera sólo el gozo en Dios, seríamos idólatras y no seríamos de ayuda eterna para nadie. Por tanto, la búsqueda de placer es una motivación esencial para toda buena obra. Y si abandonas la búsqueda de placer pleno y duradero, no puedes amar a la gente ni agradar a Dios.

Notas del capítulo 4

1. Jonathan Edwards: ***Charity and Its Fruits*** (Edinburgh: Banner of Truth Trust, 1969, original de 1852), p. 164.

2. Este pasaje de Romanos incluye la frase *porque ni aun Cristo se agradó a sí mismo; antes bien, como está escrito: Los vituperios de los que te vituperaban cayeron sobre mí* (15:3). Respecto a esto, véase la discusión de Hebreos 12:1-2 bajo el título: «El amor sufre por el gozo» más adelante en este capítulo.

3. Históricamente, los moralistas tienden a diferenciar estas dos formas de amor como *ágape* y *eros*, o benevolencia y complacencia. Pero creo que ambas se resumen en una sola clase de amor en su raíz.

   El *ágape* de Dios no «trasciende» la Cruz, sino que se expresa en ella. El amor del sacrificio y la redención de Dios a su pueblo pecador es descrito por Oseas en los términos más eróticos: *¿Cómo podré abandonarte, oh Efraín? ¿Te entregaré yo, Israel? [...] Mi corazón se conmueve dentro de mí, se inflama toda mi compasión. No ejecutaré el ardor de mi ira... porque Dios soy, y no hombre* (11:8-9). Respecto a su pueblo en el exilio que ha pecado con tanta gravedad, Dios dice posteriormente a través de Jeremías: *Y me* ***alegraré con ellos haciéndoles bien****, y los plantaré en esta tierra en verdad,* ***de todo mi corazón y de toda mi alma*** (32:41).

   La motivación divina para el gozo que satisface a uno mismo se ve también en el propio ministerio de Jesús. Cuando fue llamado a explicar por qué se rebajaba a comer con recaudadores de impuestos y pecadores, su respuesta fue: *Os digo que así habrá* ***más gozo en el cielo*** *por un pecador que se arrepiente, que por noventa y nueve justos que no necesitan de arrepentimiento* (Lucas 15:1, 2, 7). Por último, se nos dice en Hebreos 12:2 por medio de qué poder Jesús soportó el sufrimiento: ***por el gozo puesto delante de él*** *sufrió la cruz, menospreciando el oprobio, y se sentó a la diestra del trono de Dios.* ¿No debemos deducir que en la dolorosa obra del amor redentor, Dios está **muy** interesado en la satisfacción que procede de sus esfuerzos y que busca el placer de una gran recompensa por su sacrificio?

   Aunque en cierto sentido Dios no tiene necesidad alguna de crear en absoluto (Hechos 17:25) y está profundamente realizado y feliz en la comunión eterna de la Trinidad, no obstante hay algo en el gozo que le impulsa a crecer expandiéndose a otros que, si es necesario, deben ser primero creados y redimidos. Este impulso divino es el deseo de Dios de ese gozo que procede de compartir con otros el gozo que tiene en sí mismo.

Se hace evidente, por tanto, que uno no debe preguntarse si Dios busca su propia felicidad como un medio para la felicidad de su pueblo o busca la felicidad de ellos como medio para la suya propia. Porque no hay que escoger una de las posibilidades. Sólo existe una. Esto es lo que distingue un *eros* santo y divino de otro caído y humano: El *eros* de Dios anhela y se deleita en el gozo eterno y santo de su pueblo.

4. Yo nunca utilizaría la palabra «**conseguir**» para hacer referencia a la forma en que los cristianos llegan a disfrutar de las recompensas del amor. Implica el intercambio de valores de uno a otro que obliga al otro a pagar por el valor que ha recibido. Pero en realidad, todo lo que los cristianos «dan» a Dios es sólo una devolución del don que Dios les otorga a ellos. Todo nuestro servicio se hace *conforme al poder que Dios da* (1 Pedro 4:11), de manera que es de hecho Dios quien consigue la recompensa para nosotros y a través de nosotros. Pero esto no disminuye la utilidad del comentario de Lewis sobre la naturaleza de las recompensas.

5. C.S. Lewis: ***The Weight of Glory and other Essays*** (Grand Rapids: Baker Book House, 1969, original 1907), p.p. 53-54, 82-83.

6. Phillips Brooks: ***Lectures on preaching*** (Grand Rapids: Eerdmans, 1965), p. 2.

7. Citado en Daniel P. Fuller: ***Hermeneutics*** *(Pasadena: Fuller Theological Seminary,* 1969), p.p. VII - 4,5.

Los mandamientos de Yahvéh son rectos, que alegran el corazón...
Deseables son más que el oro, y más que mucho oro afinado;
Y dulces más que la miel, y que la que destila del panal.
Tu siervo es además amonestado con ellos;
en guardarlos hay grande galardón.
(Salmo 19:8, 10-11)

Vi de forma más clara que nunca que la primera tarea importante y fundamental a la que debía atender cada día era mantener mi alma feliz en el Señor. La primera cosa de la que preocuparse no era cuánto podía servir al Señor o cómo podía glorificar al Señor, sino cómo podía conseguir que mi alma estuviera feliz y cómo alimentar mi hombre interior [...] Vi que lo más importante que tenía que hacer era entregarme a la lectura de la Palabra de Dios y a meditar en ella.
(George Müller de Bristol)

Capítulo 5

Escrituras:

FERVOR POR EL HEDONISMO CRISTIANO

El hedonismo cristiano es consciente de que cada día con Jesús **no** es más dulce que el día anterior. Algunos días con Jesús nuestra disposición es poco afable. Algunos días con Jesús estamos tan tristes que sentimos que se nos rompe el corazón. Algunos días con Jesús estamos tan deprimidos y desanimados que al ir del garaje a casa sólo deseamos sentarnos en el césped y llorar.

Cada día con Jesús no es más dulce que el día anterior. Lo sabemos por experiencia y lo sabemos por las Escrituras. Porque David dice en el salmo 19:7: *La ley de Yahvéh es perfecta, que* ***convierte*** [N.T.: «aviva», en la versión del autor] *el alma.* Si cada día con Jesús fuera más dulce que el día anterior, si la vida fuera una ascensión firme sin pendientes en nuestro amor a Dios, no necesitaríamos ser avivados.

En otro lugar, David alaba al Señor con palabras parecidas: *Junto a aguas de reposo me pastoreará.* ***Confortará*** *mi alma* (Salmo 23:2-3). Eso significa que David pasó días malos.

Hubo momentos en que su alma necesitaba ser restaurada. Se trata de la misma frase utilizada en el Salmo 19:7 (*La *ley de Yahvéh es perfecta, que* ***convierte el alma***). La vida cristiana normal es un proceso reiterado de restauración y renovación. Nuestro gozo no es estático. Fluctúa con la vida real. Es vulnerable a los ataques de Satanás.

Cuando Pablo dice en 2 Corintios 1:24: *No que nos enseñoreemos de vuestra fe, sino que colaboramos para vuestro gozo,* deberíamos hacer hincapié en lo siguiente: Somos **obreros** junto con vosotros para vuestro gozo. Preservar nuestro gozo en Dios conlleva **trabajo.** Es una lucha. Nuestro adversario el diablo ronda a nuestro alrededor como un león rugiente, y tiene un hambre insaciable, anhela destruir una cosa: el gozo de la fe. Pero el Espíritu Santo nos ha dado una espada denominada Palabra de Dios para la defensa de nuestro gozo.

O, cambiando de imagen, cuando Satanás jadea y trata de apagar la llama de tu gozo, cuentas con un suplemento interminable de astillas en la Palabra de Dios. Aun en los días en que las cenizas de nuestra alma ya están frías, si nos arrastramos hasta la Palabra de Dios y pedimos a gritos oídos para oír, las frías cenizas serán encendidas y la diminuta chispa de vida se avivará. Porque *la ley de Yahvéh es perfecta, que* ***convierte*** [aviva] *el alma.* La Biblia es la leña del hedonismo cristiano.

Mi propósito en este capítulo es ayudarte a llevar la espada del espíritu, la Palabra de Dios, y a manejarla para mantener tu gozo en Dios. Hay tres pasos que tenemos que dar juntos en nuestro ascenso:

Primero tenemos que saber por qué aceptamos la Biblia como la fidedigna Palabra de Dios.

En segundo lugar tenemos que ver los beneficios y el poder de la Escritura y cómo ésta enciende nuestro gozo.

En tercer lugar tenemos que escuchar un desafío práctico para renovar nuestra meditación diaria en la Palabra de Dios y atar esa espada tan cerca de nuestro pecho que nunca estemos sin ella.

¿Hasta qué punto es fidedigna la Biblia?

Casi todo el mundo estaría de acuerdo en que, si el único Dios verdadero ha hablado, entonces las personas que no hacen caso de su Palabra no pueden tener una felicidad eterna. Pero no todo el mundo cree de verdad que la Biblia es la Palabra del Dios vivo. Y nadie lo creería sin razones suficientes.

Algunos de los que leen este libro compartirán mi convicción de que la Biblia es la Palabra de Dios. Querrán seguir usándola. Otros lucharán con la cuestión de si deben darle a la Biblia un lugar de tanto poder en sus vidas. Puede que acepten escuchar las razones de mi convicción. Siento profundamente que tengo la obligación de honrar esta petición de justificar mi confianza en la Escritura. Así que he añadido el Apéndice 2: «¿Es la Biblia una guía fiable para el gozo permanente?» Espero que ayude a algunas personas a tener confianza en las Escrituras como la verdadera Palabra de Dios.

Para que nuestra búsqueda de felicidad eterna tenga éxito, tenemos que buscarla en la relación con nuestro Creador. Sólo podemos hacerlo escuchando su Palabra. Ésta la tenemos en la Biblia. Y las mejores noticias son que lo que Dios ha dicho en su libro es lo que enciende el hedonismo cristiano.

Los beneficios y el poder de las Santas Escrituras

En la Biblia hay muchas afirmaciones de que su propósito es encender, y no apagar, nuestro gozo. Las encontramos cuando ponemos nuestros ojos en los beneficios de la Escritura que sostienen y hacen más profunda nuestra verdadera felicidad.

La Biblia es tu vida

Moisés dice en Deuteronomio 32:46-47: *Aplicad vuestro corazón a todas las palabras que yo os testifico hoy, para que las mandéis a vuestros hijos, a fin de que cuiden de cumplir todas las palabras de esta ley. Porque no os es cosa vana;* ***es vuestra vida.*** La Palabra de Dios no es algo vano; es cuestión de vida o muerte. Si tratas la Escritura como algo vano, pierdes la vida.

Incluso nuestra vida física depende de la Palabra de Dios, porque por medio de su Palabra somos creados (cf. Salmo 33:4, Hebreos 11:3) y *sustenta todas las cosas con la palabra de su poder* (Hebreos 1:3). Nuestra vida espiritual comienza por la Palabra de Dios: *Él, de su voluntad, nos hizo nacer por la palabra de verdad* (Santiago 1:18). *Siendo renacidos [...] por la Palabra de Dios que vive y permanece para siempre* (1 Pedro 1:23).

No sólo **comenzamos** a vivir por medio de la Palabra de Dios, sino que también **continuamos** viviendo por la Palabra de Dios: *No sólo de pan vivirá el hombre, sino de toda palabra que sale de la boca de Dios* (Mateo 4:4; Deuteronomio 8:3). Nuestra vida física es creada y mantenida por la Palabra de Dios, y nuestra vida espiritual es avivada y sostenida por la Palabra de Dios.

¡Cuántas historias se podrían reunir que darían testimonio del poder de la Palabra de Dios para dar vida! Consideremos la historia de «El pequeño Bilney», un antiguo reformador inglés nacido en 1495. Estudió derecho e hizo muchos esfuerzos externos por la religión. Pero no había vida dentro de él. Entonces recibió una traducción latina del Nuevo Testamento griego de Erasmo. Esto es lo que ocurrió:

> *Tropecé por casualidad con esta frase de San Pablo (¡qué frase tan dulce y consoladora para mi alma!) en 1 Timoteo 1: «Palabra fiel y digna de ser recibida por todos: que Cristo vino al mundo para salvar a los pecadores, de los cuales yo soy el primero». Esta sola frase que hasta entonces no había entendido, por medio de la instrucción y la obra interior de Dios, alegró de tal forma mi corazón anteriormente herido por la culpa de mis pecados y casi desesperado, que [...] inmediatamente [...] experimenté un consuelo y una paz maravillosos, hasta el punto de que mis huesos*

> *magullados saltaron de alegría. Después de esto, las Escrituras comenzaron a resultarme más agradables que la miel en el panal.* [1]

Por supuesto, la Biblia no es cosa vana; es vuestra vida. El fundamento de todo el gozo es la vida. Nada es más fundamental que la pura existencia: nuestra creación y nuestra preservación. Todo ello se debe al poder de la Palabra de Dios. Por medio de ese mismo poder, Dios ha hablado en la Escritura para crear y mantener nuestra vida espiritual. Por tanto, la Biblia no es cosa vana, es nuestra vida: ¡las astillas que encienden nuestro gozo!

La fe viene por el oír

La Palabra de Dios engendra y sostiene la **vida** espiritual porque engendra y sostiene la **fe**. *Estas cosas se han escrito* —dice Juan— *para que **creáis** que Jesús es el Cristo, el Hijo de Dios, y para que **creyendo**, tengáis **vida** en su nombre* (Juan 20:31). *La fe es por el oír* —escribe el apóstol Pablo—*, y el oír, por la Palabra de Dios* (Romanos 10:17). La fe que da comienzo a nuestra vida en Cristo, y por medio de la cual continuamos viviendo, procede de oír la Palabra de Dios.

Y no hay un verdadero gozo sin fe. *Y el Dios de esperanza os llene de todo gozo y paz **en el creer*** (Romanos 15:13). *Sé que quedaré, que aún permaneceré con todos vosotros, para vuestro provecho y **gozo de la fe*** (Filipenses 1:25). ¿De qué otra forma podemos mantener nuestro gozo en las horas oscuras si no es por las promesas de la Palabra de Dios de que todas las cosas obrarán para nuestro bien (Romanos 8:28)?

Un gran testimonio del poder de la Palabra para engendrar y sostener la fe se encuentra en la historia de la conversión y ejecución de Tokichi Ichii, un hombre que fue ejecutado por asesinato en Tokio en 1918. Había sido enviado a prisión más de veinte veces y era conocido como alguien tan cruel como un tigre. En cierta ocasión, tras atacar a un funcionario de la prisión, fue amordazado y atado, y su cuerpo fue colgado de tal forma que, según dijo, sus dedos apenas tocaban el suelo. Pero rehusó con testarudez decir que sentía lo que había hecho.

Justo antes de ser sentenciado a muerte, dos misioneras cristianas —las Sras. West y McDonald— enviaron a Tokichi un Nuevo Testamento. Después de una visita de la Sra. West, comenzó a leer la historia del juicio y la ejecución de Jesús. Una frase captó su atención: *Y Jesús dijo: Padre, perdónalos, porque no saben lo que hacen*. Esta frase transformó su vida.

> *Me detuve: fue una puñalada al corazón, como por una hoja de cinco pulgadas. ¿Qué me reveló este versículo? ¿Puedo llamarlo el amor del corazón de Cristo? ¿Puedo llamarlo su compasión? No sé cómo denominarlo. Sólo sé que, con un corazón inexplicablemente agradecido, creí.*

Tokichi fue sentenciado a muerte y lo aceptó como *el juicio justo e imparcial de Dios*. La Palabra que le llevó a la fe también sostuvo su fe de una forma sorprendente. Cerca del final, la Sra. West le dirigió las palabras de 2 Corintios 6:8-10 respecto al sufrimiento de los justos. Estas palabras le conmovieron muy profundamente y escribió lo siguiente:

> ***Como entristecidos, mas siempre gozosos****. La gente siempre dirá que debo tener un corazón muy afligido, porque cada día espero la ejecución de la sentencia de muerte. Pero no es así. No siento ni aflicción, ni tristeza, ni dolor. Encerrado en una celda de 6 metros cuadrados soy infinitamente más feliz de lo que lo fui en los días en que viví pecando cuando no conocía a Dios. Día y noche [...] hablo con Jesucristo.*
>
> ***Como pobres, mas enriqueciendo a muchos****. Esto, desde luego no se refiere a la vida malvada que llevaba antes de arrepentirme. Pero quizás en el futuro, alguien en el mundo pueda oír que el criminal más violento que ha vivido nunca se arrepintió de sus pecados y fue salvado por el poder de Cristo, y que así*

llegue a arrepentirse también. Entonces puede que, aunque sea pobre, pueda enriquecer a muchos.

La Palabra le sostuvo hasta el final; y en el patíbulo, con gran humildad y seriedad pronunció sus últimas palabras: *Mi alma, purificada, hoy retorna a la Ciudad de Dios.*[2]

La fe nace y se sostiene por la Palabra de Dios, y de la fe nace la flor del gozo.

Dios sustenta al Espíritu a través de la fe que escucha

Se nos ordena que seamos llenos del Espíritu Santo: *No os embriaguéis con vino, en lo cual hay disolución; antes bien, sed llenos del Espíritu* (Efesios 5:18). ¿Cómo viene el Espíritu? En Gálatas 3:2, Pablo pregunta: *¿Recibisteis el Espíritu por las obras de la ley, o por el oír con fe?* La respuesta, por supuesto, es *por el oír con fe*. ¿Oír qué? ¡La Palabra de Dios!

El Espíritu inspiró la Palabra y por tanto está de acuerdo con la Palabra. Cuanto más conozcas y ames la Palabra de Dios, experimentarás más del Espíritu de Dios. ¿Cómo? Poniendo nuestra mente en las cosas del Espíritu: *Los que son del Espíritu [piensan] en las cosas del Espíritu* (Romanos 8:5).

¿Cuáles son las cosas del Espíritu? Cuando Pablo dijo en 1 Corintios 2:14 que *el hombre natural no percibe las cosas que son del Espíritu de Dios*, se refería a las enseñanzas de su propio Espíritu (2:13). Por tanto, por encima de todo, las enseñanzas de la Escritura son las *cosas del Espíritu*. Bebemos en el Espíritu pensando en las cosas del Espíritu, es decir, en la Palabra de Dios. Y el fruto del Espíritu es gozo (Gálatas 5:22).

Las Escrituras proporcionan esperanza

A veces, la fe y la esperanza son prácticamente sinónimas en la Escritura. *Es, pues, la fe la certeza de lo que* ***se espera*** (Hebreos 11:1). Sin esta esperanza para el futuro nos desanimamos y nos deprimimos, y nuestro gozo desaparece. La esperanza es absolutamente esencial para el gozo cristiano. *Nos gloriamos en las tribulaciones, sabiendo que la tribulación produce [...] esperanza.*

¿Y cómo mantenemos la esperanza? El salmista lo expresa así: *Él estableció testimonio en Jacob, y puso ley en Israel, la cual mandó a nuestros padres, que la notificasen a sus hijos [...]a fin de que pongan en Dios su* ***confianza*** [N.T.: «esperanza», en la versión del autor] (78:5,7). En otras palabras, el «testimonio» y la «ley» —la Palabra de Dios— son astillas que encienden la esperanza de nuestros hijos.

Pablo lo expresa con claridad: *Porque las cosas que se escribieron antes, para nuestra enseñanza se escribieron, a fin de que por la paciencia y la consolación de las Escrituras, tengamos* ***esperanza*** (Romanos 15:4). Toda la Biblia tiene este propósito y este poder: crear esperanza en los corazones del pueblo de Dios. Y, cuando abunda la esperanza, el corazón se llena de gozo.

La verdad os hará libres

Otro elemento esencial del gozo es la libertad. Ninguno de nosotros sería feliz si no fuéramos libres de lo que odiamos y libres para lo que amamos. ¿Y dónde encontramos la verdadera libertad? El Salmo 119:45 dice: *Y andaré en libertad, porque busqué tus mandamientos*. La imagen que se nos presenta es la de un espacio abierto. La Palabra nos libera de una mentalidad estrecha (cf. 1 Reyes 4:29) y de una reclusión amenazadora (cf. Salmo 18:19).

Jesús dice: *Conoceréis la verdad, y la verdad os hará* ***libres*** (Juan 8:32). La libertad que tiene en mente es libertad para la santidad. Las promesas de la gracia de Dios proporcionan el poder que convierte las exigencias de la santidad de Dios en una experiencia de libertad más que de temor. *Nos ha dado preciosas y grandísimas promesas, para que por ellas llegaseis a ser participantes de la naturaleza divina, habiendo huido de la corrupción que hay en el mundo a causa de la concupiscencia* (2 Pedro 1:4, cf. Juan 15:3). Somos liberados de la concupiscencia, liberados para ser participantes de la semejanza de Dios por medio de las *preciosas y grandísimas promesas*.

Por tanto, deberíamos orar por los demás de la forma en que Jesús oró por nosotros en Juan 17:17: *Santifícalos en tu verdad; tu palabra es verdad.* No hay gozo permanente sin santidad, porque la Escritura dice: *Seguid la paz con todos, y la santidad, sin la cual nadie verá al Señor* (Hebreos 12:14) ¡Qué importante es entonces la verdad que santifica! ¡Cuán crucial es la Palabra que quebranta el poder de los falsos placeres! ¡Y cómo debemos vigilar para iluminar nuestros caminos y cargar nuestros corazones con la Palabra de Dios! *Lámpara es a mis pies tu palabra, y lumbrera a mi camino* (Salmo 119: 105). *En mi corazón he guardado tus dichos, para no pecar contra ti* (Salmo 119:11, cf. v.9).

El testimonio del Señor hace sabio al sencillo

Por supuesto, la Biblia no responde a todas las preguntas acerca de la vida. No todas las bifurcaciones del camino tienen flecha indicadora. Necesitamos sabiduría en nosotros para averiguar el camino del gozo permanente. Pero eso, también, es un don de la Escritura. *El testimonio de Yahvéh es fiel, que hace sabio al sencillo. El precepto de Yahvéh es puro,* ***que alumbra a los ojos*** (Salmo 19:7-8, 119:98). Las personas cuyas mentes están saturadas con la Palabra de Dios y se someten a sus pensamientos tienen una sabiduría que en la eternidad se demostrará superior a toda la sabiduría secular del mundo.

> ***Bienaventurado*** *el hombre que halla la sabiduría,*
> *y que obtiene la inteligencia* (Proverbios 3:13).

Escrita para que podáis tener seguridad

No obstante, nuestra voluntad pervertida y nuestra percepción imperfecta nos conduce una y otra vez a actos necios y a situaciones dolorosas. El día que esto ocurre resulta menos agradable que el día anterior y necesitamos restauración y consuelo. ¿A dónde podemos volver para encontrar consuelo? Nuevamente podemos escuchar al salmista: *Ella es mi* ***consuelo*** *en mi aflicción, porque tu dicho me ha vivificado [...] Me acordé, oh Yahvéh, de tus* ***juicios*** *antiguos, y me consolé* (Salmo 119:50, 52).

Y cuando nuestros fallos y nuestras aflicciones amenacen nuestra seguridad y fe, ¿a dónde volveremos para reedificar nuestra confianza? Juan nos invita a volver a la

Palabra de Dios: *Estas cosas os he escrito a vosotros que creéis en el nombre del Hijo de Dios, para que* ***sepáis*** *que tenéis vida eterna* (1 Juan 5:13). La Biblia se escribió para proporcionarnos seguridad de vida eterna.

El malvado es vencido por la Palabra de Dios

El objetivo número uno de Satanás es acabar con nuestro gozo de fe. Tenemos un arma ofensiva: la espada del Espíritu, la Palabra de Dios (Efesios 6:17). Pero de lo que muchos cristianos no se dan cuenta es de que nosotros no podemos sacar la espada de la vaina de otro. Si no la llevamos, no podemos utilizarla. Si la Palabra de Dios no está con nosotros (Juan 15:7), en vano trataremos de alcanzarla cuando el enemigo nos ataque. Pero si la llevamos, si mora dentro de nosotros, ¡qué poderosos guerreros seremos! *Os he escrito a vosotros, jóvenes, porque sois fuertes, y la palabra de Dios permanece en vosotros, y habéis vencido al maligno* (1 Juan 2:14).

Éste ha sido el secreto de los grandes guerreros espirituales de Dios. Estaban saturados de la Palabra de Dios. Hudson Taylor, fundador de la Misión al Interior de China, se mantuvo firme, en medio de increíbles dificultades, meditando de forma disciplinada en la Biblia cada día. El Dr. y la Sra. Howard Taylor nos proporcionan una muestra de esta disciplina:

> *No resultaba fácil para el señor Taylor, con su vida siempre cambiante, apartar tiempo para la oración y el estudio bíblico; pero él sabía que eso era algo indispensable. ¡Qué bien recuerdan los autores de este libro el haber viajado con él mes tras mes por el norte de China, en carro de mano, y durmiendo por la noche en los más míseros albergues! Contando a menudo con sólo una gran habitación para culíes y pasajeros juntos, disponíamos un rincón para nuestro padre y otro para nosotros mismos mediante cortinas de algún tipo; y luego, después de que el sueño había producido por fin cierta medida de quietud, escuchábamos una cerilla encenderse y veíamos el parpadeo de la vela que*

> *indicaba que el señor Taylor, aunque cansado, estaba estudiando aquella pequeña Biblia en dos volúmenes que siempre tenía a mano. El tiempo que por lo general dedicaba a la oración era de las dos a las cuatro de la madrugada, cuando podía estar más seguro de no ser molestado en su espera en Dios.*[3]

La espada del Espíritu está llena de victoria. ¡Pero cuán pocos se darán al ejercicio disciplinado y profundo del alma para dedicarse a ella y manejarla con gozo y poder!

Una exhortación seria

Por tanto, la Biblia es la Palabra de Dios. Y la Palabra de Dios no es cualquier cosa. Es la fuente de vida, fe, poder y esperanza, libertad, sabiduría, consuelo, seguridad y victoria sobre nuestro mayor enemigo. ¿Es sorprendente, entonces, que aquellos que la conocían mejor dijeran: *Los mandamientos de Yahvéh son rectos, que* ***alegran*** *el corazón* (Salmo 19:8)? ***Me regocijaré*** *en tus estatutos; no me olvidaré de tus palabras* (Salmo 119:16).

¡Oh, cuánto ***amo*** *yo tu ley! Todo el día es ella mi meditación* (Salmo 119:97). *Por heredad he tomado tus testimonios para siempre, porque son el* ***gozo*** *de mi corazón* (Salmo 119:111). *Fueron halladas tus palabras, y yo las comí; y tu palabra me fue por gozo y por* ***alegría*** *de mi corazón; porque tu nombre se invocó sobre mí* (Jeremías 15:16).

Pero, ¿tenemos que buscar este gozo como hedonistas cristianos? ¿Tenemos que echar las astillas de la Palabra de Dios cada día al fuego del gozo? ¡Por supuesto! No sólo cada día, sino día y noche: *Bienaventurado el varón que no anduvo en consejo de malos, ni estuvo en camino de pecadores, ni en silla de escarnecedores se ha sentado; sino que* ***en la ley de Yahvéh está su delicia, y en su ley medita de día y de noche*** (Salmo 1:1-2). Este deleite es el verdadero propósito de nuestro Señor al hablarnos: *Estas cosas os he hablado,* ***para que mi gozo esté en***

vosotros, y vuestro gozo sea cumplido (Juan 15:11). No buscar nuestro gozo cada día en la Palabra de Dios es abandonar la voluntad revelada de Dios. Es pecado.

¡Oh, que no tratemos la Biblia como si fuera cualquier cosa! Si lo hacemos, rechazamos y despreciamos a los santos que trabajaron y sufrieron por la Palabra de Dios. Pensemos en el valor de Martín Lutero firme ante los gobernantes seculares y eclesiásticos, quienes tenían el poder para desterrarlo y hasta para ejecutarlo por su opinión acerca de la Palabra de Dios.

El arzobispo de Trier planteó a Lutero la cuestión fundamental por última vez:

¿Repudias tus libros y los errores que contienen?

Lutero respondió: *Entonces, puesto que su majestad y vuestras señorías desean una simple réplica, responderé sin cuernos ni dientes. A menos que se me convenza por medio de la Escritura y de la razón —no acepto la autoridad del papa y de los concilios, porque se contradicen, mi conciencia es cautiva de la Palabra de Dios—, no puedo ni quiero retractarme de nada, porque ir contra la conciencia no es correcto ni seguro. Aquí estoy, no puedo hacer otra cosa. Que Dios me ayude.*[4] Lutero desapareció de repente cuando se pronunció el edicto que lo condenaba. El gran artista Albrecht Dürer lo reflejó en su diario:

> *No sé si vive o si lo han matado, pero en cualquier caso ha sufrido por la verdad cristiana. Si perdemos a este hombre, que ha escrito más claramente que cualquier otro durante siglos, que Dios conceda su espíritu a otros... Oh, Dios, si Lutero está muerto, ¿quien nos enseñará en lo sucesivo el evangelio? ¿Qué nos habría escrito en los próximos diez o veinte años?*[5]

No había muerto. Y continuó escribiendo durante otros veinte años. Y junto a otros muchos reformadores comprometidos recuperó para nosotros la Palabra de Dios liberándola de las ligaduras de la tradición eclesiástica. ¡Ojalá valoráramos la Palabra de Dios de la forma en que ellos lo hicieron! ¡Ojalá la utilizáramos de la forma en que ellos lo hicieron! Para ellos fue una espada poderosa frente al enemigo.

Martín Lutero conocía tan bien como cualquier hombre que cada día con Jesús no es más fácil que el día anterior. Y según su biógrafo Roland Bainton, escribió estas famosas líneas en el año de su depresión más profunda:

Y si demonios mil están
Prontos a devorarnos,
No temeremos, porque Dios
Sabrá cómo ampararnos.
¡Que muestre su vigor
Satán, y su furor!
Dañarnos no podrá,
Pues condenado está
Por la Palabra santa.

Pero, si deseamos utilizarla, tenemos que llevarla. Tenemos que ser como Esdras: *Estando con él la buena mano de Dios.* ***Porque Esdras había preparado su corazón para inquirir la ley de Yahvéh*** *y para cumplirla, y para enseñar en Israel sus estatutos y decretos* (Esdras 7:9-10). Y debemos tener un corazón como el del santo que escribió el gran canto al amor a la ley del Salmo 119. *¡Oh, cuánto amo yo tu ley! Todo el día es ella mi meditación* (versículo 97). Trabajemos para memorizar la Palabra de Dios, para la adoración y para la guerra espiritual. Si no la llevamos en nuestras mentes, no podremos saborearla con nuestros corazones o manejarla en el Espíritu. Si comienzas el día sin las astillas del hedonismo cristiano, el fuego de la felicidad cristiana se apagará antes de media mañana.

Cierro este capítulo con un testimonio de un gran hombre de oración y de fe. George Müller (1805-1898) es famoso por haber establecido orfanatos en Inglaterra y por su dependencia gozosa de Dios para todas sus necesidades. ¿Cómo alimentaba este gozo y esta fe? En 1841 hizo un descubrimiento que cambió su vida. El testimonio que da acerca de él en su autobiografía ha sido de tremendo valor para mi vida, y pido que también produzca fruto en las vuestras:

> *Mientras estaba en Nailsworth, agradó al Señor enseñarme una verdad —con independencia de la mediación humana, hasta donde alcanzo a entender—, el beneficio de la cual no he perdido, aunque han pasado [...] más de cuarenta años desde entonces.*
>
> *La cuestión es la siguiente: Vi con mayor claridad que nunca que la tarea principal y mayor a la que debía atender cada día era mantener mi alma feliz en el Señor. La primera cosa por la que preocuparme no era cuánto podía servir al Señor o cómo podía glorificar al Señor; sino cómo podía mantener mi alma en un estado de felicidad y cómo podía alimentar mi hombre interior. Porque podía pretender mostrar la verdad a los inconversos, ser de ayuda para los creyentes, liberar a los afligidos, buscar otras maneras de comportarme como un hijo de Dios en este mundo y, no obstante, si no era feliz en el Señor y no me alimentaba y me fortalecía en mi hombre interior día tras día, no estarme ocupando de todas esas cosas con un espíritu correcto.*
>
> *Anteriormente, mi costumbre había sido, al menos durante los diez años previos, entregarme a la oración como algo habitual después de vestirme por las mañanas.* ***Ahora*** *vi que lo más importante que tenía que hacer era entregarme a la lectura de la Palabra de Dios y a la meditación de la misma, para que mi corazón fuera consolado, animado, advertido, reprobado, instruido; y así, al meditar, mi corazón podría ser llevado a experimentar la comunión con el Señor. Por tanto, comencé a meditar leyendo en el Nuevo Testamento desde el principio, temprano por la mañana.*
>
> *Lo primero que hacía después de pedir con pocas palabras la bendición del Señor sobre su preciosa Palabra, era comenzar a meditar en la Palabra de*

Dios, buscando en cada versículo extraer alguna bendición no para el ministerio público de la Palabra, ni para predicar sobre lo que había meditado, sino para obtener alimento para mi propia alma. El resultado que he encontrado casi siempre es el siguiente: que después de unos minutos mi alma ha sido llevada a la confesión, a la gratitud, a la intercesión o a la súplica; por lo que, aunque no me había propuesto darme a la ***oración****, sino a la* ***meditación****, casi inmediatamente me volvía más o menos a la oración.*

Cuando había permanecido durante unos instantes confesando, intercediendo, suplicando o dando gracias, continuaba con las siguientes palabras o con otro versículo, volviendo a la oración por mí o por otros, según me guiara la Palabra; pero siempre manteniendo ante mí continuamente ese alimento para mi propia alma como el objeto de mi meditación. El resultado de esto es que siempre hay gran parte de confesión, gratitud, súplica o intercesión mezcladas con mi meditación y que mi hombre interior casi invariablemente es aun sensiblemente alimentado y fortalecido; así, para la hora del desayuno, con raras excepciones, estoy en un estado de paz, cuando no de alegría, en mi corazón. Así también, el Señor se agrada en comunicarme aquello que, poco después, encuentro para alimentar a otros creyentes, aunque la intención al entregarme a la meditación no fuera buscar algo para el ministerio público de la Palabra, sino obtener provecho para mi propio hombre interior.

La diferencia entre lo que hacía anteriormente y lo que hago ahora es la siguiente. Antes, cuando me levantaba, comenzaba a orar lo más pronto posible, y por lo general invertía todo o casi todo mi tiempo hasta la hora del desayuno en oración. Todas las cosas las comenzaba invariablemente con oración... ¿Pero cuál era el resultado? A menudo utilizaba un cuarto de hora, o media hora, o hasta una hora de rodillas antes de ser consciente de recibir consuelo, ánimo, humillación de mi alma, etc.; y, a menudo, después de haber sufrido mucho porque mi mente volaba de un sitio a otro durante los diez primeros minutos o un cuarto de hora, o incluso media hora, cuando ***de verdad*** *comenzaba a orar.*

Ahora rara vez me pasa esto. Porque mi corazón se alimenta de la verdad y es llevado a experimentar comunión con Dios, hablo a mi Padre y a mi Amigo (a pesar de ser pecador e indigno de ello) acerca de las cosas que ha puesto delante de mí en su preciosa Palabra.

Ahora me sorprende que no viera esto antes. En ningún libro había leído acerca de ello. Ningún predicador me lo sugirió. Ninguna conversación con algún hermano me animó a hacerlo. Y, sin embargo ahora, desde que Dios me enseñó esto, para mí lo más claro es que lo primero que el hijo de Dios tiene que hacer mañana tras mañana es ***obtener alimento para su hombre interior****.*

Como el hombre exterior no está capacitado para trabajar durante mucho tiempo a no ser que se alimente, e igual que ésta es una de las primeras cosas que hacemos por la mañana, lo mismo debería ocurrir con el hombre interior. Debemos proporcionarle alimento en la medida en que pueda cada uno. ¿Pero cuál es el alimento para el hombre interior? No la ***oración****, sino la* ***Palabra de Dios****: y aquí de nuevo no la simple lectura de la Palabra de Dios, de manera que sólo pase de largo por nuestra mente, como el agua corre por la cañería, sino considerando lo que leemos, meditando en ello y aplicándolo a nuestros corazones...*

Insisto de forma especial en esto debido al inmenso provecho espiritual y refrigerio que soy consciente de haber recibido yo mismo, y suplico afectuosa y solemnemente a todos mis compañeros creyentes que tengan esto en cuenta. Por medio de la bendición de

Dios, atribuyo a esto la ayuda y fuerza que he recibido de él para pasar con paz por profundas pruebas de diversas formas que nunca antes había experimentado; y después de unos cuarenta años utilizando esta fórmula, puedo recomendarla con mayor conocimiento en el temor de Dios. ¡Qué diferentes son las cosas cuando el alma encuentra refrigerio y felicidad temprano por la mañana de cuando, sin preparación espiritual, nos adentramos en el servicio, las pruebas y las tentaciones del día![6]

Notas del capítulo 5

1. De una carta citada en Norman Anderson: ***God's Word for God's World*** (Londres: Hodder and Stoughton, 1981), p. 25.

2. La historia vuelve a relatarse en ***God's Word for God's World***, pp. 38-41.

3. ***El secreto espiritual de Hudson Taylor*** (Chicago: Moody Press, original de 1932, p. 235; trad. por Juan Sánchez Araujo, Ed. VIDA, 1987, p. 229).

4. Citado en Roland Bainton: ***Here I Stand*** (Nueva York: Mentor, 1950), p. 144.

5. ***Here I Stand***, p. 149.

6. ***Autobiography of George Müller***, recopilada por Fred. Bergen, (Londres: J. Nisbet Co., 1906), pp. 152-54.

Hasta ahora nada habéis pedido en mi nombre; pedid, y recibiréis, para que vuestro gozo sea cumplido.
(Juan 16:24)

Mas tú, cuando ores, entra en tu aposento, y cerrada la puerta, ora a tu Padre que está en lo secreto; y tu Padre que ve en lo secreto te recompensará en público.
(Mateo 6:6)

¿Vive el hombre desprovisto
De paz, gozo y santo amor?
Esto es porque no llevamos
Todo a Dios en oración.
(Joseph Scriven)

Capítulo 6

Oración:

EL PODER DEL HEDONISMO CRISTIANO

Una frecuente objeción que se plantea al hedonismo cristiano es que pone los intereses del hombre por encima de la gloria de Dios, que pone mi felicidad por encima del amor a honrar a Dios. Pero quiero hacer hincapié en que el hedonismo cristiano **no** hace algo así.

¡Claro! Los hedonistas cristianos procuramos conseguir lo que nos interesa y buscamos ser felices en la medida de nuestras posibilidades. Aprobamos la meta del joven Jonathan Edwards, quien se propuso *procurar conseguir para sí mismo toda la felicidad en el otro mundo que le fuera posible, con todo el poder, la fuerza, el vigor y la vehemencia, hasta violencia, de que fuera capaz, o hasta donde pudiera esforzarse, en cualquier forma que se le ocurriera.*

Pero hemos aprendido de la Biblia (¡y de Edwards!) que lo que Dios quiere es magnificar la plenitud de su gloria derramándola en misericordia hacia nosotros. Por tanto, procurar conseguir lo que nos interesa y buscar ser felices nunca es **pasando por alto** a Dios, sino siempre **en** Dios. La verdad más preciosa de la Biblia es que el mayor interés de Dios es glorificar la riqueza de su gracia haciendo que los pecadores sean felices en él: ¡en ÉL!

Cuando nos humillamos como niños pequeños y no nos damos aires de grandeza, sino que corremos contentos al gozo del abrazo de nuestro Padre, la gloria de su gracia se magnifica y los anhelos de nuestra alma se satisfacen. Nuestro interés y su gloria son una sola cosa. Por tanto, los hedonistas cristianos no ponen su felicidad por encima de la gloria de Dios cuando buscan su felicidad **en él.**

Una evidencia de que la búsqueda de **nuestro** gozo y la de la gloria **de Dios** son una sola cosa es la enseñanza de Jesús acerca de la oración en el Evangelio de Juan. Las dos menciones claves están en Juan 14:13 y 16:24. Una muestra que la oración es la búsqueda de la gloria de Dios. La otra, que la oración es la búsqueda de nuestro gozo.

En Juan 14:13 dice Jesús: *Y todo lo que pidiereis al Padre en mi nombre, lo haré,* ***para que el Padre sea glorificado en el Hijo***. En Juan 16:24 dice: *Hasta ahora nada habéis pedido en mi nombre; pedid, y recibiréis,* ***para que vuestro gozo sea cumplido***. La unidad de estas dos metas, la gloria de Dios y el gozo de sus hijos, se conserva claramente en el acto de **orar.** Por tanto, los hedonistas cristianos serán sobre todo personas entregadas a la oración seria. Como el ciervo sediento se dedica con empeño a beber del manantial, así la postura característica del hedonista cristiano es sobre sus rodillas.

Reflexionemos más detenidamente acerca de la oración como la búsqueda de la gloria de Dios y de nuestro gozo, por ese orden.

La oración como búsqueda de la gloria de Dios

Una vez más, escuchemos las palabras de Jesús en Juan 14:13: *Y todo lo que pidiereis al Padre en mi nombre, lo haré,* ***para que el Padre sea glorificado en el Hijo.*** Supongamos que estás totalmente paralizado y que no puedes hacer nada por ti mismo salvo hablar. Y supongamos que un amigo fuerte y de quien te puedes fiar te promete vivir contigo y hacer lo que necesites que haga por ti. ¿Cómo podrías glorificar a tu amigo si un extraño viniera a verte? ¿Glorificarías su generosidad y fuerzas tratando de saltar de la cama y de moverte?

¡No! Le dirías: «Amigo, por favor, ven y levántame, ¿puedes poner un almohadón en mi espalda para que pueda ver a mi huésped? ¿Puedes ponerme las gafas?» Y así, tu visitante podría conocer por tus peticiones que necesitas ayuda y que tu amigo es fuerte y bondadoso. Glorificas a tu amigo necesitándole, pidiéndole ayuda y contando con él.

En Juan 15:5 dice Jesús: *Yo soy la vid, vosotros los pámpanos; el que permanece en mí, y yo en él, éste lleva mucho fruto; porque separados de mí nada podéis hacer.* Así que estamos verdaderamente paralizados. Sin Cristo no somos capaces de hacer nada bueno. Como dice Pablo en Romanos 7:18, *yo sé que en mí, esto es, en mi carne, no mora el bien.* Pero, según Juan 15:5, Dios trata de hacer algo bueno por nosotros, trata de que llevemos fruto. Así que, como nuestro amigo fuerte y fiable —*os he llamado amigos* (Juan 15:15)—, promete hacer por nosotros lo que no podemos hacer por nosotros mismos.

¿Cómo podemos glorificarle entonces? Jesús nos ofrece la respuesta en Juan 15:7: *Si permanecéis en mí, y mis palabras permanecen en vosotros, pedid todo lo que queréis, y os será hecho.* ¡**Oramos**! Le pedimos a Dios que haga por nosotros a través de Cristo lo que nosotros no podemos hacer por nosotros mismos: llevar fruto. El versículo 8 nos ofrece el resultado: *En esto es glorificado mi Padre, en que llevéis mucho fruto.* Por tanto, ¿cómo es glorificado Dios por medio de la oración? Al orar admitimos con sinceridad que sin Cristo no podemos hacer nada. Y la oración es la vuelta de nosotros mismos a Dios con la confianza de que él proveerá la ayuda que necesitamos. La oración nos humilla como pobres necesitados y exalta a Dios como alguien pudiente.

En otro texto de Juan que muestra cómo la oración glorifica a Dios, Jesús le pide a una mujer un trago de agua.

> *La mujer samaritana le dijo: ¿Cómo tú, siendo judío, me pides a mí de beber, que soy mujer samaritana? Porque judíos y samaritanos no se tratan entre sí. Respondió Jesús y le dijo: Si conocieras el don de Dios, y quién es el que te dice: Dame de beber;* ***tú le pedirías****, y él te daría agua viva* (Juan 4:9-10).

Si fueras un marinero gravemente enfermo de escorbuto y un hombre generoso llegara en otro barco con sus bolsillos llenos de vitamina C y te pidiera un zumo de naranja, puede que se lo dieras. Pero si supieras que él es generoso y que tiene todo lo que tú necesitas para estar bien, volverías las tornas y le pedirías ayuda a él.

Jesús le dice a la mujer: «Si conocieras el don de Dios y quién soy, tú me pedirías a mí, ¡orarías a mí!» Existe una relación directa entre no conocer a Jesús bien y no pedirle demasiado. Fallar en nuestra vida de oración es generalmente fallar en nuestro conocimiento de Jesús. *Si conocieras quién es el que te dice: Dame de beber; tú le pedirías.* Un cristiano que no ora es como un conductor de autobús que trata de empujar solo su autobús para sacarlo de un bache porque no sabe que Clark Kent está a su lado. *Si conocieras... tú le pedirías.* Un cristiano que no ora es como quien tiene su habitación con las paredes forradas de cheques gratuitos del *Sak's* de la Quinta Avenida pero compra siempre en las rebajas del rastro porque no sabe leer. *Si conocieras el don de Dios, y quién es el que te dice... tú le pedirías, ¡****tú le pedirías!***

Y eso quiere decir que aquellos que piden —los cristianos que invierten tiempo en oración— lo hacen porque ven que Dios es el gran Dador y que Cristo es sabio, misericordioso y poderoso más de lo que nos podemos imaginar. Y, por tanto, su oración glorifica a Cristo y honra a su Padre. El principal propósito del hombre es glorificar a Dios. Por tanto, cuando nos convertimos en aquello para lo que Dios nos creó nos convertimos en personas de oración.

Charles Spurgeon predicó en cierta ocasión un sermón sobre este asunto y lo denominó «*El texto de Robinson Crusoe*». Comenzó así:

> *Robinson Crusoe había naufragado. Había quedado abandonado en la isla desierta totalmente solo. Su situación era lamentable. Se fue a dormir y fue atacado por la fiebre. Esta fiebre le duró mucho tiempo y no tenía a nadie que estuviera con él, nadie que pudiera siquiera traerle un vaso de agua fresca. Estuvo a punto de morir. Estaba acostumbrado a pecar y tenía todos los vicios típicos de los marineros; pero su difícil situación le llevó a pensar. Abrió una Biblia que encontró en su pecho y sus ojos se detuvieron en este pasaje: «Invócame en el día de la angustia; te libraré, y tú me honrarás». Aquella noche oró por primera vez en su vida, e inmediatamente después sintió en él esperanza en Dios, lo que marcó el nacimiento de una vida celestial.*[1]

El texto de Robinson Crusoe era el Salmo 50:15. Es la forma que Dios tiene de conseguir ser glorificado: **¡Ora a mí! ¡Te liberaré!** Y el resultado será: **¡Tú me glorificarás!**

La explicación de Spurgeon es perspicaz:

> *Dios y el hombre en oración tienen ambos su papel [...] En primer lugar está lo que te corresponde a ti: «Invócame en el día de la angustia». En segundo lugar tenemos lo que le corresponde a Dios: «Te libraré». De nuevo entras tú en acción, porque serás liberado. Y de nuevo será el turno de Dios: «Tú me honrarás». Aquí tenemos un convenio, un pacto en el que Dios entra contigo, con aquel que ora a él y a quien él ayuda. Él dice: Tú recibirás la liberación, pero yo debo recibir la gloria... Estamos ante una comunión maravillosa: obtenemos lo que tanto necesitamos, y todo lo que Dios recibe es la gloria debida a su nombre.*[2]

¡Una comunión ciertamente maravillosa! La oración es el verdadero corazón del hedonismo cristiano. Dios recibe la gloria; nosotros nos deleitamos. Él es honrado precisamente porque muestra su plenitud y fuerza para liberarnos y llevarnos al gozo. Y nosotros recibimos la plenitud de gozo precisamente porque él es la fuente plenamente gloriosa y la meta de la vida.

Estamos ante un gran descubrimiento. No honramos a Dios proveyendo para sus necesidades, sino orando para que él provea para nosotros y confiando en que responderá.

¿Es egoísta la oración?

Alguien podría decir que esto es egoísmo. ¿Pero qué significa «egoísmo»? Si significa que deseo apasionadamente ser feliz, entonces sí, la oración es egoísta.

Pero, ¿es malo que pida que el nombre de Dios sea santificado en mi vida, que clame para que su reino gobierne en mi corazón, que ruegue que se haga su voluntad en mi vida igual que los ángeles la hacen en el cielo, que suplique la felicidad de ver y experimentar estas cosas en mi vida? ¿Es malo todo esto?

¿Cómo se hace la voluntad de Dios en el cielo? ¿Con tristeza? ¿Como una carga? ¿De mala gana? ¡No! ¡Se hace con alegría! Por tanto, si pido que se haga la voluntad de Dios en la tierra como se hace en el cielo, ¿cómo es posible no estar motivado por un deseo de estar contento? Es una contradicción orar para que se cumpla la voluntad de Dios en mi vida como ocurre en el cielo y después decir que me es indiferente si eso hace que yo esté contento o no. Cuando la tierra ***se goza*** en hacer su voluntad y la lleva a cabo de forma perfecta, se hace su voluntad en la tierra como en el cielo.

Pero ciertamente no debemos denominar «egoísmo» a esta búsqueda de felicidad en la oración. No se centra en uno mismo, sino en Dios. Cuando pido ser feliz, reconozco que en el centro de mi vida hay un hueco vacío. Anhelo que se llene. Sé que, si se llena con Dios, mi gozo será pleno. «Egoísmo» no es una buena manera de describir este anhelo de ser feliz en Dios.

Pero alguien podría decir: «Sí, pero no todas las oraciones son oraciones que buscan santificar el nombre de Dios o que venga su reino. Muchas oraciones son pidiendo alimentos, ropa, protección y sanidad. ¿No es egoísta esta clase de oración?»

Podría serlo. Santiago condena determinada clase de oración. Dijo:

> *Pedís, y no recibís, porque pedís mal, para gastar en vuestros deleites. ¡Oh, almas adúlteras! ¿No sabéis que la amistad del mundo es enemistad contra Dios? Cualquiera, pues, que quiera ser amigo del mundo, se constituye enemigo de Dios. ¿O pensáis que la Escritura dice en vano: El Espíritu que él ha hecho morar en nosotros nos anhela celosamente?* (Santiago 4:3-5).

Así que hay una clase de oración que es incorrecta, porque es infidelidad a Dios. Utilizamos la generosidad de nuestro esposo para ir en busca de placeres personales. Son palabras asombrosas. Santiago nos llama adúlteros si oramos así.

Representa a la Iglesia como la esposa de Dios. Dios nos ha creado para sí y se ha dado a nosotros para nuestro disfrute. Por tanto, es adulterio tratar de ser «amigos» del mundo. Si buscamos en el mundo los placeres que deberíamos buscar en Dios, somos infieles a nuestros votos matrimoniales. Y lo que es peor, ir a nuestro esposo celestial y orar pidiendo los recursos con los que cometer adulterio con el mundo es algo muy malvado. ¡Es como si pidiéramos a nuestro marido dinero para contratar hombres que se prostituyan y nos proporcionen el placer que no encontramos en él!

Así que, sí, hay una clase de oración que es egoísta e impía. Ahora se nos plantea la cuestión de qué es lo que evita que toda nuestra oración pidiendo «cosas» sea adulterio.

Esto es realmente parte de una cuestión mucho más amplia, de cómo es posible para una criatura desear y disfrutar la creación sin cometer idolatría (que es adulterio). Esto puede parecerles a algunos una cuestión sin importancia. Pero, para personas que anhelan cantar como los salmistas sí que la tiene. Cantan así:

> *¿A quién tengo yo en los cielos sino a ti?*
> *Y fuera de ti nada deseo en la tierra.*
> *Mi carne y mi corazón desfallecen;*
> *Mas la roca de mi corazón y mi porción es Dios para siempre* (Salmo 73:25-26).

> *Una cosa he demandado a Yahvéh, ésta buscaré;*
> *Que esté yo en la casa de Yahvéh todos los días de mi vida,*
> *Para contemplar la hermosura de Yahvéh, y para inquirir en su templo* (Salmo 27:4).

Si tu corazón anhela estar centrado de esta manera en Dios, entonces resulta de vital importancia saber cómo desear y disfrutar las «cosas» sin ser un idólatra. ¿Cómo puede glorificar a Dios la oración si es una oración pidiendo cosas? Parece glorificar a las cosas.

Por supuesto, parte de la respuesta se veía en el texto de Robinson Crusoe: Dios recibe la gloria como el Dador plenamente suficiente. Pero ésta es sólo parte de la respuesta, porque puede haber un mal uso de las cosas incluso cuando somos agradecidos a Dios como Dador.

El resto de la respuesta la expresan así Tomás Traherne y San Agustín. Traherne dijo:

> *Nunca disfrutas del mundo acertadamente hasta que ves cómo la arena muestra la sabiduría y el poder de Dios y valoras en cada cosa el servicio que proporcionan manifestando su gloria y bondad a tu alma mucho más que la belleza visible de su superficie o los servicios materiales que pueden proporcionar a tu cuerpo.*[3]

Y Agustín oraba con las palabras siguientes, que han sido inmensamente importantes en mi esfuerzo para amar a Dios con **todo** mi corazón.

> *Te ama demasiado poco aquel que ama algo junto a ti, si no lo ama en tu nombre.*[4]

En otras palabras, si las cosas creadas se ven y manejan como dones de Dios y como espejos de su gloria, no pueden ser ocasiones de idolatría, **si** al deleitarnos en ellas siempre nos deleitamos también en su Hacedor.

C.S. Lewis lo expresa así en una «Carta a Malcolm»:

> *No podemos —o yo no puedo— escuchar el canto de un pájaro simplemente como un sonido cualquiera. Su significado o mensaje («eso es un pájaro») viene inevitablemente unido a él, igual que uno no puede ver una palabra familiar impresa meramente como un signo visual. Leerla es algo tan involuntario como verla. Cuando el viento ruge no sólo escucho el ruido: «escucho el viento». De la misma forma, es posible «leer» a la vez que «tener» placer. O ni siquiera «a la vez que». La distinción debería llegar a ser, y a veces es, imposible; recibir y reconocer su fuente divina son una sola experiencia. Este fruto celestial hace pensar instantáneamente en el huerto donde creció. Este aire agradable indica su país de procedencia. Es un mensaje. Sabemos que somos tocados por un dedo de esa mano derecha en la que hay placeres eternos. No es cuestión de agradecimiento o alabanza como un evento separado, algo que se hace después. Experimentar la más diminuta teofanía es en sí adorar.*[5]

Si nuestra experiencia de la creación se convierte en una experiencia del huerto celestial, o del dedo divino, entonces será de adoración y no de idolatría. Lewis lo expresa de otra forma en su meditación sobre los Salmos:

> *Vaciando la Naturaleza de la divinidad —o, mejor dicho, de las divinidades— puedes llenarla de la Deidad, porque es ahora la que nos entrega los mensajes. Hay un sentido en el cual la adoración a la Naturaleza la silencia, como si un niño o un salvaje quedaran tan impresionados por el uniforme del cartero que dejara de recoger las cartas.*[6]

Por tanto, orar para que venga el cartero puede ser o no idolatría. Si sólo estamos enamorados de los placeres mundanos temporales que nos proporciona su uniforme, es idolatría. Pero si consideramos el uniforme como algo agradable adicional al verdadero deleite de recibir los mensajes divinos, entonces no se trata de idolatría. Si podemos orar por una esposa, trabajo, sanidad física, alimento o refugio en el nombre de Dios, entonces nos estaremos centrando en Dios y no en nosotros mismos. Estamos de acuerdo con el salmista: *Fuera de ti, nada deseo en la tierra.* Es decir, no hay nada que desee más que tú, y no hay nada que desee que no me muestre más de ti.

Pero ahora retornemos a la línea de pensamiento principal. Dije hace un momento que el texto de Robinson Crusoe abría para nosotros un gran descubrimiento (y justo entonces presenté la objeción de que eso es egoísmo). Lo que hemos descubierto es que no glorificamos a Dios proveyendo para sus necesidades, sino orando para que él provea para las nuestras y confiando en que responderá. Éste es el corazón de las buenas nuevas del hedonismo cristiano.

La insistencia de Dios en que le pidamos que nos ayude para que él sea glorificado (Salmo 50:15) nos obliga al hecho asombroso de que debemos **preocuparnos de servir a Dios**, y tener especial cuidado en permitir que él nos sirva, para que no le robemos su gloria.

Esto suena muy extraño. La mayoría de nosotros pensamos que servir a Dios es una cosa totalmente positiva; no hemos tenido en cuenta que servir a Dios puede resultar un insulto para él. Pero meditar en el significado de la oración exige esta consideración.

Hechos 17:24-25 lo deja claro.

> *El Dios que hizo el mundo y todas las cosas que en él hay, siendo Señor del cielo y de la tierra, no habita en templos hechos por manos humanas, ni es honrado por manos de hombres, como si necesitase de algo; pues él es quien da a todos vida y aliento y todas las cosas.*

Éste es el mismo razonamiento que aparece en el texto de Robinson Crusoe sobre la oración:

> *Si yo tuviese hambre, no te lo diría a ti; porque mío es el mundo y su plenitud [...] Invócame en el día de la angustia; te libraré, y tú me honrarás* (Salmo 50:12, 15).

Evidentemente hay una forma de servir a Dios que lo rebaja como si necesitara nuestro servicio. *El Hijo del Hombre no vino para ser servido* (Marcos 10:45). Su propósito es ser siervo. Su propósito es recibir la gloria como Dador.

Aun en su gloria, en el fin de los tiempos, esto es así, y no sólo en los días de su humillación terrenal. En mi opinión, la imagen de la segunda Venida de Cristo más sorprendente de la Biblia está en Lucas 12:35-37, que refleja el retorno de un señor de una fiesta de bodas.

> *Estén ceñidos vuestros lomos, y vuestras lámparas encendidas; y vosotros sed semejantes a hombres que aguardan a que su señor regrese de las bodas, para que cuando llegue y llame, le abran en seguida. Bienaventurados aquellos siervos a los cuales su señor, cuando venga, halle velando; de cierto os digo que se ceñirá, y hará que se sienten a la mesa, y vendrá a servirles.*

¡Claro! Se nos llama siervos, y eso sin duda significa que tenemos que hacer exactamente lo que se nos dice. Pero lo sorprendente en este cuadro es que el «señor» insiste en «servir» aun en la era venidera, cuando aparezca en toda su gloria *con los ángeles de su poder, en llama de fuego* (2 Tesalonicenses 1:7,8). ¿Por qué? Porque el verdadero corazón de su gloria es la plenitud de gracia que rebosa en bondad hacia los necesitados. Por tanto su propósito es *mostrar en los siglos venideros las abundantes riquezas de su gracia en su bondad para con nosotros en Cristo Jesús* (Efesios 2:7).

¿Cuál es la grandeza de nuestro Dios? ¿Qué hay en él que es único en el mundo? Isaías responde:

> *Ni nunca oyeron, ni oídos percibieron, ni ojo ha visto a Dios fuera de ti, que hiciese por el que en él espera* (Isaías 64:4).

Todos los otros denominados dioses tratan de exaltarse haciendo que el hombre trabaje para ellos. Al hacerlo, sólo muestran su debilidad. Isaías se burla de los dioses que necesitan el servicio de su pueblo:

> *Se postró Bel, se abatió Nebo; sus imágenes fueron puestas sobre bestias, sobre animales de carga; esas cosas que vosotros solíais llevar son alzadas cual carga, sobre las bestias cansadas* (Isaías 46:1).

Jeremías se une a la burla:

> *Derechos están como palmera, y no hablan; son llevados, porque no pueden andar* (Jeremías 10:5).

Dios es único. *Ni nunca oyeron, ni oídos percibieron...* Y es único en que su propósito es trabajar para nosotros, no al contrario. Nuestro trabajo es esperar en él.

¡Esperar! Eso significa pararnos a considerar con sensatez lo inadecuados que somos y la plena suficiencia del Señor, y buscar su consejo y ayuda, y esperar en él (Salmo 33:20-22, Isaías 8:17). A Israel se le reprende porque *no esperaron su consejo* (Salmo 106:13). ¿Por qué? Porque al no buscar y esperar la ayuda de Dios, le robaron a Dios una ocasión de glorificarse.

Por ejemplo, en Isaías 30:15, el Señor le dice a Israel: *En descanso y en reposo seréis salvos; en quietud y en confianza será vuestra fortaleza.* Pero Israel rehusó esperar en el Señor y dijo: *No, antes huiremos en caballos.*

Después, en el versículo 18 se revela que su frenesí es una insensatez y un pecado: *Yahvéh esperará para tener piedad de vosotros, y por tanto, será exaltado teniendo de vosotros misericordia; porque Yahvéh es Dios justo; bienaventurados todos los que confían en él.* No esperar en Dios es una insensatez porque nos perdemos la bendición de que Dios obre a nuestro favor. No esperar en Dios es pecado porque nos oponemos a la voluntad de Dios de exaltar su misericordia.

El propósito de Dios es exaltarse obrando a favor de aquellos que confían en él. La oración es la actividad esencial de esperar en Dios: reconociendo nuestra impotencia y su poder, acudiendo a él en busca de ayuda, buscando su consejo. Por tanto, es evidente por qué la oración es tan a menudo ordenada por Dios, puesto que su propósito en el mundo es ser exaltado por su misericordia. La oración es el antídoto para la enfermedad de la confianza en uno mismo que se opone al propósito de Dios de recibir gloria por medio de obrar a favor de aquellos que confían en él.

Los ojos de Yahvéh contemplan toda la tierra, para mostrar su poder a favor de los que tienen corazón perfecto para con él (2 Crónicas 16:9). Dios no busca personas que trabajen para él, sino más bien personas que le permitan trabajar para ellas. El evangelio no es un anuncio de ofertas de empleo. Tampoco es una llamada al servicio cristiano. Al contrario, el evangelio **nos** ordena abandonar y poner un anuncio de oferta de empleo (éste es el principal significado de la oración). Después, el evangelio promete que Dios obrará a nuestro favor si lo hacemos. No renunciará a la gloria de ser el Dador.

Pero, ¿no hay algo que podamos darle que no le rebaje a la posición de beneficiario? Sí, nuestra ansiedad. Es un mandamiento: *Echando toda vuestra ansiedad sobre él* (1 Pedro 5:7). Dios recibirá con alegría cualquier cosa de nosotros que muestre nuestra dependencia y su plena suficiencia.

La diferencia entre el ejército y Jesucristo es que el ejército no te alistará a su servicio a menos que goces de buena salud, y Jesús no te alistará a menos que estés enfermo. *Los sanos no tienen necesidad de médico, sino los enfermos. No he venido a llamar a justos, sino a pecadores* (Marcos 2:17). El cristianismo es fundamentalmente una convalecencia (*Orad sin cesar* = no dejes de dar la lata en la enfermería). Los pacientes no sirven a sus médicos. Confían en que éstos les prescribirán lo que les conviene. El sermón del monte y los diez mandamientos son el régimen prescrito por el Doctor para gozar de buena salud, no la descripción de trabajo de un empresario.

Por tanto, nuestras mismas vidas dependen de que no trabajemos para Dios. *Pero al que obra, no se le cuenta el salario como gracia, sino como deuda; mas al que no obra, sino cree en aquel que justifica al impío, su fe le es contada por justicia* (Romanos 4:4-5). Los obreros no reciben regalos. Reciben su salario. Si hemos recibido el don de la justificación, no trabajamos para conseguirlo. En este caso, Dios es el Obrero. Y lo que recibe es la confianza de su cliente y la gloria de ser el benefactor de la gracia, no el beneficiario del servicio.

Tampoco debemos pensar que después de la justificación comienza nuestro trabajo para Dios como asalariados. *¿Recibisteis el Espíritu por las obras de la ley, o por el oír con fe? ¿Tan necios sois? ¿Habiendo comenzado por el Espíritu, ahora vais a acabar por la carne?* (Gálatas 3:2-3). Dios fue el que obró nuestra justificación y será quien obrará nuestra santificación.

La «carne» religiosa siempre desea trabajar para el Señor (más que humillarse para ser consciente de que Dios tiene que obrar a su favor por gracia). Pero *si vivís conforme a la carne, moriréis* (Romanos 8:13). Por eso, nuestras mismas vidas dependen de que no trabajemos para Dios.

¿Entonces no tenemos que servir a Cristo? Se nos ordena que sirvamos al Señor (cf. Romanos 12:11). Los que no sirven a Cristo son reprendidos (cf. Romanos 16:18). Sí, tenemos que servirle. Pero debemos tener cuidado para no servir de una forma que dé a entender que él no es suficiente y que nos exalte como indispensables.

Entonces, ¿cómo debemos servir? El Salmo 123:2 señala el camino: *He aquí, como los ojos de los siervos miran a la mano de sus señores, y como los ojos de la sierva a la mano de su señora, así nuestros ojos miran a Yahvéh nuestro Dios, hasta que tenga misericordia de nosotros.* La manera de servir a Dios de forma que la gloria sea suya es mirando hacia él en busca de misericordia. La oración evita que el servicio sea una expresión de orgullo.

Un siervo que desprecia la ayuda divina y trata de negociar con su Señor Celestial se rebela contra el Creador. Dios no negocia. Otorga la vida con misericordia a siervos que la recibirán y el salario de la muerte a aquellos que no. El buen servicio es siempre y fundamentalmente recibir misericordia, no prestar ayuda. Por tanto, no existe un buen servicio sin oración.

Mateo 6:24 nos indica otra cosa acerca del buen servicio: *Ninguno puede servir a dos señores; porque o aborrecerá al uno y amará al otro, o estimará al uno y menospreciará al otro. No podéis* ***servir*** *a Dios y a las riquezas.* ¿Cómo sirve una persona al dinero? No ayuda al dinero. No enriquece al dinero. No es el benefactor del dinero. Entonces, ¿cómo servimos al dinero?

El dinero ejerce un cierto control sobre nosotros porque parece prometer la felicidad. Susurra con gran fuerza: «piensa y actúa para alcanzar una alta posición que te permita disfrutar de mis beneficios». Esto puede conseguirse robando, tomando prestado o trabajando. El dinero promete la felicidad, y lo servimos creyendo su promesa y caminando con la ayuda de esa fe. Así que no servimos al dinero poniendo nuestras fuerzas a su disposición para su beneficio. Servimos al dinero haciendo lo que sea necesario para que el poder del dinero esté a nuestra disposición para nuestro beneficio.

Esa misma clase de servicio a Dios es la que seguramente tiene en mente Jesús en Mateo 6:24, puesto que une ambas cosas: *No podéis servir a Dios y a las riquezas*. Por tanto, para servir a Dios y no a las riquezas, tenemos que abrir nuestros ojos a la promesa de felicidad enormemente superior que Dios nos hace. Entonces Dios ejercerá mayor control que el dinero sobre nosotros.

Y así serviremos a Dios creyendo su promesa de plenitud de gozo y caminando por esa fe. No le serviremos tratando de poner nuestras fuerzas a su disposición para su beneficio, sino haciendo lo que sea menester para que su poder esté siempre a nuestra disposición para nuestro beneficio. Y, por supuesto, Dios ha señalado que su poder está a nuestra disposición por medio de la oración. ¡*Pedid, y recibiréis*! Por tanto, servimos con ayuda del poder que procede de la oración cuando servimos para la gloria de Dios.

Sin duda, esta clase de servicio también requiere obediencia. Un paciente que confía en la prescripción de su médico la obedece. Un pecador convaleciente confía en las indicaciones dolorosas de su terapeuta y las sigue. Sólo de esta forma nos mantenemos en una posición en la que podemos beneficiarnos de lo que el Médico divino nos ofrece. Al obedecer, somos nosotros los beneficiarios. Dios es siempre el Dador. Porque es el Dador quien recibe la gloria.

1 Pedro 4:11 establece también este principio: *Si alguno habla, hable conforme a las palabras de Dios; si alguno ministra, ministre conforme al poder que Dios da, para que en todo sea Dios glorificado por Jesucristo, a quien pertenecen la gloria y el imperio por los siglos de los siglos. Amén.* El Dador recibe la gloria. Así que todo el servicio que honra a Dios tiene que ser receptor. Eso significa que todo servicio tiene que ser llevado a cabo con oración.

¡Claro! Debemos esforzarnos por trabajar; pero nunca olvidemos que no es mérito nuestro, sino de la gracia de Dios que está en nosotros (1 Corintios 15:10). Sigamos obedeciendo, pero nunca olvidemos que es Dios quien obra en nosotros tanto el querer como el hacer su buena voluntad (Filipenses 2:13). Extendamos ampliamente el evangelio e invirtamos nuestra vida en beneficio de los elegidos de Dios, pero nunca nos atrevamos a hablar de otra cosa que no sea lo que Cristo ha hecho por medio de nosotros (Romanos 15:18). Estemos siempre orando por su poder y sabiduría, para que todo nuestro servicio rebose de justicia, gozo y paz en el Espíritu Santo. *Porque el que en esto sirve a Cristo, agrada a Dios, y es aprobado por los hombres* (Romanos 14:17-18).

Por tanto, las sorprendentes buenas nuevas que incluyen la obligación de la oración son que Dios nunca abandonará la gloria de ser nuestro Siervo. *Ni ojo ha visto a Dios fuera de ti, que hiciese por el que en él espera* (Isaías 64:4).

La oración como la búsqueda de nuestro gozo

En el acto de la oración se reúnen de manera especial dos metas: la búsqueda de la gloria de Dios y la búsqueda de nuestro gozo. Hasta aquí, en el presente capítulo, hemos meditado en la oración como la búsqueda de la gloria de Dios, con Juan 14:13 como nuestro punto de partida: *Y todo lo que pidiereis al Padre en mi nombre, lo haré, para que el Padre sea glorificado en el Hijo.* Ahora nos volvemos a las palabras de Jesús en Juan 16:24: *Hasta ahora nada habéis pedido en mi nombre; pedid, y recibiréis,* ***para que vuestro gozo sea cumplido*****.**

¿No se trata de una invitación clara al hedonismo cristiano? ¡Buscad que vuestro gozo sea cumplido! ¡**Orad**!

De esta sagrada Palabra y de la experiencia podemos extraer una regla sencilla: Entre los que profesan ser cristianos, la falta de oración produce falta de gozo. ¿Por qué? ¿Por qué ocurre que una vida intensa de oración conduce a plenitud de gozo y una vida superficial de falta de oración produce ausencia de gozo? Jesús nos da al menos dos razones en el contexto de Juan 16:24.

La oración es el centro neurálgico de la relación con Jesús

La primera razón por la que la oración conduce al gozo se nos proporciona en Juan 16:20-22. Jesús anuncia a los discípulos que lamentarán su muerte, pero que después volverán a alegrarse en su resurrección:

> *De cierto, de cierto os digo, que vosotros lloraréis y lamentaréis, y el mundo se alegrará; pero aunque vosotros estéis tristes, vuestra tristeza se convertirá en gozo. La mujer cuando da a luz, tiene dolor, porque ha llegado su hora; pero después que ha dado a luz un niño, ya no se acuerda de la angustia, por el gozo de que haya nacido un hombre en el mundo. También vosotros ahora tenéis tristeza; pero os volveré a ver, y se gozará vuestro corazón.*

La separación de Jesús produce tristeza. La restauración de la comunión significa gozo. Por tanto, aprendemos que ningún cristiano puede tener plenitud de gozo sin una comunión vital con Jesucristo. El conocimiento acerca de él no lo producirá. Trabajar para él no lo producirá. Debemos tener una comunión personal y vital con él; de otra forma, el cristianismo se convierte en una carga carente de gozo.

En su primera carta, Juan escribió: *nuestra comunión verdaderamente es con el Padre, y con su Hijo Jesucristo. Estas cosas os escribimos, para que vuestro gozo sea cumplido* (1 Juan 1:3, 4). La comunión con Jesús compartida con otros es esencial para la plenitud de gozo.

La primera razón, por tanto, por la que la oración conduce a la plenitud de gozo es que la oración es el centro neurálgico de nuestra comunión con Jesús. Él no está aquí para que podamos verlo físicamente. Pero en la oración hablamos con él como si estuviera. Y en la quietud de aquellos sagrados momentos escuchamos su Palabra y vertimos ante él nuestros anhelos.

Quizá Juan 15:7 sea el mejor resumen de esta comunión bipartita en la oración: *Si permanecéis en mí, y mis palabras permanecen en vosotros, pedid todo lo que queréis, y os será hecho.* Cuando las palabras bíblicas de Dios permanecen en nuestra mente, escuchamos los mismos pensamientos del Cristo viviente, porque él es el mismo ayer, hoy y por los siglos. Y de esa profunda escucha del corazón procede el lenguaje de la oración, que es como un incienso suave ante el trono de Dios. La vida de oración conduce a la plenitud de gozo porque la oración es el centro neurálgico de nuestra comunión vital con Jesús.

Jonathan Edwards nos ofrece un relato de sus primeros años para ilustrar la altura e intensidad que puede alcanzar esta comunión.

> *Mi alma anhelaba profundamente a Dios y a Cristo, y después deseaba más santidad, con lo que mi corazón parecía estar lleno y a punto de estallar [...] Invertí la mayor parte de mi tiempo en pensar en cosas divinas, año tras año; a menudo, caminando solo por el bosque, en lugares solitarios, para meditar, hablar conmigo mismo, orar y conversar con Dios; y tenía la costumbre de cantar en aquellos momentos según lo que contemplaba. Estaba casi constantemente profiriendo exclamaciones en oración, dondequiera que estuviera. Orar me parecía algo natural, como la respiración por medio de la cual el calor interior de mi corazón recibía aire.*[7]

La oración es la forma que Dios ha señalado para que nuestro gozo sea cumplido, porque es el aire que produce el calor interior de nuestro corazón hacia Cristo. Si no hubiera aire, si no pudiéramos comunicarnos con él en respuesta a su Palabra, seríamos tremendamente desgraciados.

La oración proporciona poder a la misión del amor

Pero existe una segunda razón por la que la oración conduce a la plenitud de gozo: Proporciona el poder para hacer lo que amamos hacer, pero que no podemos hacer sin la ayuda de Dios. El texto dice: *pedid, y recibiréis, para que vuestro gozo sea cumplido.* ¿Recibir qué? ¿Qué nos traerá plenitud de gozo? No una vida acolchada, protegida y cómoda. Los ricos son tan desgraciados e infelices como los pobres. Lo que necesitamos en respuesta a la oración es llevar fruto. La oración es la fuente de gozo porque es la fuente de poder para amar.

Vemos esto dos veces en Juan 15. Primero en los versículos 7 y 8:

> *Si permanecéis en mí, y mis palabras permanecen en vosotros, pedid todo lo que queréis, y os será hecho. En esto es glorificado mi Padre, en que llevéis mucho fruto, y seáis así mis discípulos.*

Hay una clara conexión entre orar y llevar fruto. Dios promete responder a las oraciones de las personas que llevan fruto y le glorifican abundantemente.

Los versículos 16-17 señalan en la misma dirección:

> *No me elegisteis vosotros a mí, sino que yo os elegí a vosotros, y os he puesto para que vayáis y llevéis fruto, y vuestro fruto permanezca; para que todo lo que pidiereis al Padre en mi nombre, él os lo dé. Esto os mando: Que os améis unos a otros.*

La lógica aquí es evidente. Fijémonos: ¿Por qué les dará el Padre a sus discípulos lo que piden en el nombre de Jesús? Respuesta: Porque han sido enviados para que lleven fruto. La razón por la que el Padre les ofrece a los discípulos el don de la oración es porque Jesús les ha dado una misión. En realidad, la gramática de Juan 15:16 quiere decir que la razón por la que Jesús les encomienda su misión es que puedan disfrutar del poder de la oración. *Os he puesto para que vayáis y llevéis fruto. [...] Para que todo lo que pidierais al Padre [...] él os lo dé.*

¿No está claro que el propósito de la oración es llevar a cabo una misión? Una misión de amor: *Esto os mando: Que os améis unos a otros.* Es como si el comandante de campo (Jesús) llamara a las tropas, les encomendara una misión de vital importancia (ir y llevar fruto), les diera a cada uno de ellos un transmisor personal codificado con la frecuencia del cuartel general y dijera: «Compañeros, el general tiene una misión para vosotros. Quiere que se cumpla. Y hasta el final me ha autorizado para otorgaros a cada uno de vosotros acceso personal a él por medio de estos transmisores. Si permanecéis de verdad en su misión y buscáis en primer lugar su victoria, él siempre estará tan cerca como vuestro transmisor, para otorgar ayuda táctica y enviarla por vía aérea cuando la necesitéis».

¿Es posible que muchos de nuestros problemas con la oración y gran parte de nuestra debilidad en la oración procedan del hecho de que no estamos en activo, pero pretendemos usar el transmisor? Hemos tomado el walki-talki propio de tiempos de guerra y tratamos de transformarlo en un interfono civil para llamar a los siervos para que nos traigan otro colchón a nuestro escondite.

Hay otros ejemplos en la Escritura de la importancia de la oración en tiempo de guerra. En Lucas 21:34-36, Jesús advierte a sus discípulos que se acercan tiempos de gran aflicción y oposición. Entonces dijo: *Velad, pues, en todo tiempo orando que seáis tenidos por dignos de escapar de todas estas cosas que vendrán, y de estar en pie delante del Hijo del Hombre.*

En otras palabras, seguir a Jesús nos conducirá inevitablemente a un fuerte conflicto con el maligno. Éste nos rodeará, nos atacará y amenazará para destruir nuestra fe. Por eso Dios nos ha entregado un transmisor. Si nos dormimos no nos servirá de nada, pero si velamos y pedimos ayuda en medio de la lucha, llegarán refuerzos, y el general no permitirá que sus soldados fieles pierdan su corona de victoria delante del Hijo del Hombre.

La vida es una guerra. Y *no tenemos lucha contra sangre y carne, sino contra principados, contra potestades, contra los gobernadores de las tinieblas de este siglo, contra huestes espirituales de maldad en las regiones celestes.* Por tanto, Pablo nos ordena *tomar el yelmo de la salvación, y la espada del Espíritu, que es la palabra de Dios; orando en todo tiempo* ***con toda oración*** *y súplica en el Espíritu, y velando en ello con toda perseverancia* (Efesios 6:12, 17-18).

Por tanto, vemos en repetidas ocasiones en la Escritura que la oración es un transmisor de guerra, no un interfono doméstico para conseguir lo que nos conviene. El fin de la oración es fortalecernos para nuestra misión. *[Orad] por mí, a fin de que al abrir mi boca me sea dada palabra para dar a conocer con denuedo el misterio del evangelio* (Efesios 6:19). *Orando también al mismo tiempo por nosotros, para que el Señor nos abra puerta para la palabra, a fin de dar a conocer el misterio de Cristo* (Colosenses 4:3). *Os ruego, hermanos [...] que me ayudéis orando por mí al Señor [...] que la ofrenda de mi servicio a los santos en Jerusalén sea acepta* (Romanos 15:30-31). *Orad por nosotros, para que la Palabra de Dios corra y sea glorificada* (2 Tesalonicenses 3:1). *Rogad, pues, al Señor de la mies, que envíe obreros a su mies* (Mateo 9:38).

La plenitud de gozo que buscamos es el gozo de derramar amor hacia otras personas. Nada que **consigamos** puede satisfacer el alma hasta que lo derramemos **dando**. Y ningún sacrificio destruirá los deleites del alma de un pueblo obediente en una misión de amor encomendada por Dios, para la que la oración es su provisión estratégica. Por tanto, la razón por la que oramos es *que vuestro gozo sea cumplido.*

La comunión con Jesús es esencial para el gozo, pero hay algo en ella que nos impulsa hacia el exterior a compartir su vida con los demás. Un cristiano no puede ser feliz y tacaño a la vez. *Más bienaventurado es dar que recibir.* Por tanto, la segunda razón para que una vida de oración conduzca a plenitud de gozo es que nos proporciona el poder para amar. Si el surtidor del amor está seco es porque la cañería del amor no llega a la profundidad suficiente.

El amor es fruto del Espíritu (cf. Gálatas 5:22), y el Espíritu se otorga en respuesta a la oración (cf. Lucas 11:13). El amor es la obra de la fe (cf. Gálatas 5:6), y la fe es sostenida por la oración (cf. Marcos 9:24; Lucas 22:32). El amor tiene su raíz en la esperanza (cf. Colosenses 1:4-5), y la esperanza es preservada por medio de la oración (cf. Efesios 1:18). El amor es guiado e inspirado por el conocimiento de la Palabra de Dios (cf. Filipenses 1:9; Juan 17:17), y la oración abre los ojos del corazón a las maravillas de la Palabra (cf. Salmo 119:18). Si el amor es el camino del mayor gozo, entonces oremos pidiendo el poder del amor *para que nuestro gozo sea cumplido.*

¿Cuál será el gozo definitivo para el pueblo de Dios? ¿No será el día que la gloria del Señor llene la tierra y las aguas cubran el mar? ¿No será el día que nuestra misión se complete y los hijos de Dios se congreguen en uno procedentes de todo pueblo, lengua, tribu y nación (cf. Juan 11:52, Apocalipsis 5:9, 7:9), cuando todas las causas de pecado y todos los impíos sean expulsados del reino de Cristo y los justos resplandezcan como el sol en el reino de su Padre (cf. Mateo 13:42-43)?

¿Y no es la misión fronteriza un camino para alcanzar ese gozo final? ¿ Y no es la misión fronteriza acelerada y llevada a cabo por medio de un movimiento de oración? Esta convicción tenía la iglesia primitiva (cf. Hechos 1:14; 4:23-31; 6:4; 10:9; 12:5; 13:3; 14:23, etc.), así como los puritanos del siglo XVII,[8] los moravos europeos del siglo XVIII[9], los evangélicos americanos[10] y los movimientos estudiantiles y seglares del siglo XIX.[11] También es la convicción que tienen en su interior muchos líderes de misiones en la actualidad.[12]

Y con razón. Porque la Historia da testimonio del poder de la oración como preludio del avivamiento espiritual y del avance misionero. Veamos un ejemplo de la historia de la ciudad de Nueva York. Cerca de mediados del siglo XIX, el fulgor de los primeros avivamientos religiosos se había apagado. La ciudad, como la mayor parte de América, era próspera y sentía poca necesidad de acudir a Dios. Entonces llegó la década 50:

> *Las condiciones seculares y religiosas se asociaron para producir una conmoción. El tercer gran susto tremendo en la historia de América barrió las estructuras vertiginosas de la riqueza especulativa. Miles de comercios quebraron cuando los bancos fallaron, y el ferrocarril fue a la bancarrota. Las fábricas cerraron y un enorme número de personas perdió el empleo. Solo la ciudad de Nueva York tenía*

30.000 parados. En octubre de 1857, los corazones de las personas fueron apartándose radicalmente de la especulación y de las ganancias de dudosa procedencia, cuando los hambrientos y desesperados los miraban a la cara.

El 1 de julio de 1857, un hombre de negocios tranquilo y celoso llamado Jeremiah Lanphier fue nombrado misionero en el centro de la ciudad de Nueva York. Lanphier fue nombrado por la Iglesia del Norte, que pertenecía a la Iglesia Reformada Holandesa. Esta iglesia estaba sufriendo una disminución de la membresía por el traslado de la población del centro a las mejores zonas residenciales, y al nuevo misionero se le encomendó que visitara con diligencia a las personas del vecindario con el fin de aumentar la asistencia a la iglesia de personas de la población flotante de la parte baja de la ciudad. El consistorio holandés pensó que había escogido a un hombre seglar ideal para la tarea que tenía entre manos, y así fue.

Con carga por los necesitados, Jeremiah Lanphier decidió invitar a otros a unirse a él en una reunión de oración al mediodía una vez a la semana, los miércoles. Por tanto, distribuyó un folleto que decía lo siguiente:

¿CADA CUÁNTO DEBEMOS ORAR?

Siempre que vengan a mi corazón palabras de oración, siempre que vea que necesito ayuda, siempre que sienta el poder de la tentación, siempre que experimente un bajón o que sienta la agresión de un espíritu mundano.

En oración cambiamos el tiempo por la eternidad, y el negocio con los hombres por el negocio con Dios.

Habrá reunión de oración cada miércoles de 12 a 1 en el sótano del edificio consistorial de la North Dutch Church, en la esquina de las calles Fulton y William (entrada por las calles Fulton y Ann).

> *En esta reunión se pretende darle a comerciantes, mecánicos, clérigos, extranjeros y hombres de negocio en general una oportunidad para detenerse y clamar a Dios en medio de la confusión propia de sus respectivos trabajos. Yo estaré una hora; pero está abierta tanto a aquellos a quienes no les vaya bien estar más de cinco o diez minutos como a aquellos que pueden reservar toda la hora.*
>
> *De acuerdo con esto, a las 12 en punto, el 23 de septiembre de 1857 se abrió la puerta y el fiel Lanphier tomó asiento para esperar la respuesta a su invitación. [...] Pasaron cinco minutos. No apareció nadie: El misionero se paseó preocupado por la habitación luchando entre el temor y le fe. Pasaron diez minutos. Seguía sin venir nadie. Pasaron quince minutos.*
>
> *Lanphier seguía estando solo. Veinte minutos; veinticinco, treinta, y después, a las 12:30, se escucharon unos pasos en las escaleras y apareció la primera persona; después otra, y otra, y otra, hasta seis personas estaban presentes cuando comenzó la reunión de oración. El miércoles siguiente [...] hubo cuarenta intercesores.*
>
> *Así que la primera semana de octubre de 1857 se decidió tener una reunión diaria en vez de semanal...*
>
> *En seis meses, diez mil hombres de negocios se reunían diariamente para orar en Nueva York, y en dos años se añadieron un millón de convertidos a las iglesias americanas...*
>
> *Sin duda, el mayor avivamiento en la pintoresca historia de Nueva York estaba sacudiendo la ciudad, y fue de tales dimensiones que toda la nación sintió curiosidad. No hubo fanatismo ni histeria, simplemente un increíble movimiento de personas que oraban.*[13]

Y el gozo de Jeremiah Lanphier fue muy grande. *Pedid, y recibiréis, para que vuestro gozo sea cumplido.*

Resumen y exhortación

La Biblia enseña claramente que la meta de todo lo que hacemos debe ser glorificar a Dios. Pero también enseña que en todo lo que hacemos debe buscar que nuestro gozo sea cumplido. Algunos teólogos han tratado de forzar la separación de estas dos metas. Pero la Biblia no nos obliga a escoger entre la gloria de Dios y nuestro gozo. De hecho, nos prohibe escoger. Y lo que hemos visto en este capítulo es que la oración, quizás de forma más clara que cualquier otra cosa, preserva la unidad de estos dos propósitos.

La oración busca el gozo en la comunión con Jesús y en el poder de compartir su vida con otros. Y la oración busca la gloria de Dios tratándole como la reserva incombustible de esperanza y ayuda. En la oración admitimos nuestra pobreza y la prosperidad de Dios, nuestra bancarrota y su liberalidad, nuestra miseria y su misericordia. Por tanto, la oración exalta enormemente y glorifica a Dios exactamente por buscar todo lo que anhelamos en él y no en nosotros mismos: *pedid, y recibiréis [...] para que el Padre sea glorificado en el Hijo [...] para que vuestro gozo sea cumplido.*

Cierro este capítulo con una seria exhortación. A menos que esté completamente equivocado, una de las principales razones por la que los hijos de Dios no tienen una vida significativa de oración no es tanto que no queramos, sino que no la planeamos. Si deseas tomarte unas vacaciones de cuatro semanas, no puedes limitarte a levantarte una mañana de verano y decir: ¡Vamos! No tendrás nada preparado. No sabrás adónde ir. No has planeado nada.

Pero así es como muchos de nosotros tratamos la oración. Nos levantamos día tras día y nos damos cuenta de que deberían formar parte de nuestra vida momentos importantes de oración, pero aún no hemos preparado nada. No sabemos adónde ir. No hemos planificado nada. Ni el momento ni el procedimiento. Y todos sabemos que lo contrario de planificar no es un maravilloso fluir de experiencias profundas y espontáneas en la oración. Lo contrario de la planificación es la rutina. Si no planificas unas vacaciones, probablemente te quedarás en casa y verás la TV. El flujo natural y sin planificar de la vida espiritual lleva a que decaiga totalmente la vitalidad. Hay una carrera que correr y una pelea que luchar. Si deseas renovación en tu vida de oración tienes que **planificarla**.

Por tanto, mi sencilla exhortación es la siguiente: Dediquemos tiempo en el día de hoy a volver a pensar en nuestras prioridades y en cómo encaja en ellas la oración. Toma alguna decisión nueva. Intenta una nueva aventura con Dios. Establece un tiempo para ella. Decide un lugar. Escoge una porción de la Escritura que te guíe. No seas tiranizado por la presión de los días muy ocupados. Todos necesitamos corregir algo a mitad de carrera. Haz que hoy sea un día de vuelta a la oración, para la gloria de Dios y para que tu gozo sea cumplido.

Notas del capítulo 6

1. ***Twelve Sermons on Prayer*** (Grand Rapids: Baker Books House, 1971), p. 105.

2. ***Twelve Sermons on Prayer***, p. 115.

3. Thomas Traherne: ***Centuries, Poems, and Thanksgivings*** (Londres: Oxford University Press, 1958), p. 14.

4. Agustín: citado de las ***Confesiones*** en Henry Bettenson, ed., ***Documents of the Christian Church*** (Londres: Oxford University Press, 1967), p. 54.

5. Citado de ***Letters to Malcolm* en *A Mind Awake: An Anthology of C.S. Lewis***, ed. Clyde Kilby (Nueva York: Harcourt, Brace and World, 1958), pp. 82-83.

6. C.S. Lewis: ***Reflections on the Psalms*** (Nueva York: Harcourt, Brace and World, 1958), pp. 82-83.

7. «Personal Narrative» en C.H. Faust, T.H. Johnson, eds.: ***Jonathan Edwards*** (Nueva York: Hill and Wang. 1962), p. 61.

8. Iain H. Murray: *The Puritan Hope,* (Edinburgh: Banner of Truth, 1971), pp. 99-103.

9. Colin Grant: «Europe's Moravians: A Pioneer Missionary Church» en ***Perspectives on the World Christian Movement,*** Ralph Winter and Steven Hawthorne, eds., (Pasadena: William Carey Library, 1981), pp. 206-9.

10. Jonathan Edwards: *Un humilde intento de promover el acuerdo explícito y la unión visible del pueblo en la oración extraordinaria por el avivamiento de la religión y el avance del Reino de Cristo en la tierra...* en ***Apocalyptic Writings***, Stephen Stein ed., (New Haven: Yale University Press, 1977), pp. 309-436.

11. Winter and Hawthorne: ***Perspectives on the World Christian Movement***, pp. 210-26.

12. Véase especialmente David Bryant: ***Concerts of Prayer*** (Ventura: Regal Books, 1984), y Dick Eastman: ***The Hour that Changes the World*** (Grand Rapids: Baker Book House, 1978).

13. Edwin Orr: ***The Light of the Nations*** (Grand Rapids: Eerdmans, 1965), pp. 103-5.

Haceos bolsas que no se envejezcan.
(Lucas 12:33)

Ganad amigos por medio de las riquezas injustas, para que cuando éstas falten, os reciban en las moradas eternas.
(Lucas 16:9)

Capítulo 7

Dinero:

LA MONEDA CORRIENTE DEL HEDONISMO CRISTIANO

El dinero es la moneda de uso corriente del hedonismo cristiano. Lo que haces con él —o deseas hacer con él— puede proporcionar o destruir tu felicidad para siempre. La Biblia deja claro que lo que piensas acerca del dinero puede destruirte:

> *Porque los que quieren enriquecerse caen en tentación y lazo, y en muchas codicias necias y dañosas, que hunden a los hombres en destrucción y perdición* (1 Timoteo 6:9).

O lo que haces con tu dinero puede asegurarte el fundamento de la vida eterna:

> *Que hagan bien, que sean ricos en buenas obras, dadivosos, generosos, atesorando para sí buen fundamento para lo por venir, que echen mano de la vida eterna* (1 Timoteo 6:18-19).

Estos versículos nos enseñan a utilizar nuestro dinero de una forma que nos proporcione la mayor y más duradera ganancia. Es decir, defienden el hedonismo cristiano. Confirman que Dios no sólo permite sino ordena que huyamos de la destrucción y busquemos nuestro placer pleno y duradero. Se deduce de ellos que toda la maldad del mundo procede no de que nuestros deseos de felicidad son demasiado fuertes, sino de que son tan débiles que nos conformamos con placeres efímeros que no satisfacen nuestros deseos más profundos, y que al final los destruyen. La raíz de todo el mal es que somos la clase de personas que escogemos el amor al dinero en lugar del amor a Dios (1 Timoteo 6:10).

Ojo con el deseo de enriquecerte

Este texto de 1 Timoteo 6 es de tal importancia que debemos meditar en él en mayor profundidad. Pablo está advirtiéndole a Timoteo varias cosas:

> *(5) ... hombres corruptos de entendimiento y privados de la verdad, que toman la piedad como fuente de ganancia; apártate de los tales. (6) Pero gran ganancia es la piedad acompañada de contentamiento; (7) porque nada hemos traído a este mundo, y sin duda nada podremos sacar. (8) Así que, teniendo sustento y abrigo, estemos contentos con esto. (9) Porque los que quieren enriquecerse caen en tentación y lazo, y en muchas codicias necias y dañosas, que hunden a los hombres en destrucción y perdición; (10) porque raíz de todos los males es el amor al dinero, el cual codiciando algunos, se extraviaron de la fe, y fueron traspasados de muchos dolores.*

Pablo escribe a Timoteo unas palabras de advertencia acerca de los engañadores astutos que descubrieron que podían sacar partido del acceso especial a la piedad en Éfeso.

Según el versículo 5, estos engreídos dados a la controversia trataban la piedad como forma de ganancia. Eran tan adictos al amor al dinero que la verdad ocupaba un lugar muy secundario en sus sentimientos. No se gozaban en la verdad. Se gozaban en la evasión de impuestos. Estaban dispuestos a utilizar cualquier cosa nueva de moda para hacer un poco de pasta.

No respetaban nada. Aunque se tratara de dinero negro, si era suficiente no les importaban lo más mínimo los métodos. Si la piedad estaba de moda, pues vendían piedad.

Este texto es muy oportuno. Vivimos en unos días muy apropiados para obtener ganancias de la piedad. El mercado de piedad es muy propicio para los libreros, editores de música y vendedores de cruces de plata, colgantes en forma de pez, abridores de cartas de madera de olivo, pegatinas para los cristales del coche, cruces con agua de la suerte (con Jesús al frente y agua milagrosa dentro que te garantiza ganar en el bingo o el retorno de tu dinero en noventa días). Son días buenos para obtener ganancias con la piedad.

En sus días o en los nuestros, Pablo podría haber respondido a estos esfuerzos por obtener ganancias de la piedad diciendo: «los cristianos no viven para las ganancias. Los cristianos hacen lo que es bueno para ellos. A los cristianos no les motivan los beneficios». Pero eso **no** es lo que dijo. Dijo (en el versículo 6): *gran ganancia es la piedad* ***acompañada de contentamiento.***

En vez de decir que los cristianos no viven para obtener beneficios, dice que los cristianos deberían vivir para obtener mayores ganancias que los diestros amantes del dinero. La piedad es la forma de conseguir esta gran ganancia, pero sólo si nos contentamos con la sencillez más que con la avidez de riquezas. La piedad acompañada de contentamiento es una gran ganancia.

Si tu piedad te ha liberado del deseo de ser rico y te ha ayudado a contentarte con lo que tienes, entonces tu piedad es tremendamente provechosa. *Porque el ejercicio corporal para poco es provechoso, pero la piedad para todo aprovecha, pues tiene promesa de esta vida presente, y de la venidera* (1 Timoteo 4:8). La piedad que supera el ansia de riqueza material produce una gran riqueza espiritual.

Lo que sigue en los versículos 7-10 son tres razones por las que no deberíamos buscar riquezas.

Pero primero permitidme insertar una clarificación. Vivimos en una sociedad en la que muchos negocios legítimos dependen de enormes concentraciones de capital. No puedes edificar una nueva planta manufacturadora sin un capital de millones de dólares. Por tanto, los directores financieros de los grandes negocios a menudo tienen la responsabilidad de aumentar las reservas, por ejemplo, vendiendo participaciones a la comunidad. Cuando la Biblia condena el deseo de hacerse rico, no necesariamente está condenando un negocio que pretende expandirse y que, por tanto, busca mayores reservas de capital. Puede que los directores de los negocios anhelen una mayor riqueza personal, o puede que tengan mayores y más nobles motivos para expandir la productividad y busquen el beneficio del pueblo.

Cuando a una persona competente para los negocios se le ofrece un ascenso o un trabajo mejor remunerado y lo acepta, eso no es motivo para condenarle por el deseo de ser rico. Puede que haya aceptado el trabajo porque anhele el poder, la posición social y los lujos que le proporcionará el dinero. O puede que, contento con lo que tiene, intente utilizar el dinero extra para fundar una agencia de adopción, dar una beca, apoyar a un misionero o fundar una obra misionera en la ciudad.

Trabajar para ganar dinero para la causa de Cristo no es lo mismo que desear ser rico. Contra lo que Pablo nos previene no es contra el deseo de ganar dinero para hacer frente a nuestras necesidades y las de los demás, sino contra el deseo de **tener** más y más dinero y contra el orgullo y los lujos materiales que éste puede proporcionar.

Veamos las tres razones que Pablo ofrece en los versículos 7-10 por las que no debemos aspirar a ser ricos.

(1) En el versículo siete dice: *porque nada hemos traído a*

este mundo, y sin duda nada podremos sacar. Después del coche fúnebre no hay camino de vuelta.

Supongamos que alguien pasa con las manos vacías por los torniquetes de un museo de arte de una gran ciudad y comienza a coger los cuadros de la pared y a tratar de llevarse los más importantes bajo el brazo. Irás a él y le dirás: «¿Se puede saber qué haces?»

—He decidido ser coleccionista de arte —responde.

—Pero es que no son tuyos —le dices—; y además, no te dejarán sacarlos de aquí. Tendrás que salir exactamente como entraste.

—Claro que son míos —responde de nuevo—, los cogí con mis propias manos. La gente que había en la sala me miraba como si fuera un comerciante importante. Y no me preocupa la idea de salir. No seas aguafiestas.

Diríamos que este hombre está mal de la cabeza. No toca de pies en el suelo. Así es la persona que se mata para enriquecerse en la vida. Saldremos igual que entramos.

O imaginémonos a las 269 personas que entraron en la eternidad en un accidente de avión en el mar del Japón. Antes del accidente había un político notable, un ejecutivo millonario, un «playboy» y su chica, un joven misionero que volvía de visitar a sus abuelos…

Después del accidente están ante Dios completamente desnudos, sin cartas de recomendación, talonarios, líneas de crédito, ropas de calidad, libros acerca de cómo alcanzar el éxito y reservas en el Hilton. Ahí están el político, el ejecutivo, el «playboy» y el misionero, todos al mismo nivel, sin nada absolutamente en sus manos, poseyendo sólo lo que lleven en sus corazones. Cuán absurdo y trágico parecerá en aquel día el amor al dinero; es como un hombre que invierte toda su vida coleccionando billetes de tren y al final pesa tanto debido a su colección que pierde el último tren. No gastes tu preciosa vida tratando de hacerte rico —dice Pablo—, *porque nada hemos traído a este mundo, y sin duda nada podremos sacar.*

(2) Después, en el versículo ocho, Pablo añade la segunda razón para no buscar la riqueza: *Así que, teniendo*

sustento y abrigo, estemos contentos con esto. Los cristianos pueden y deben contentarse con tener cubiertas las necesidades básicas de la vida.

Mencionaré tres razones por las que dicha sencillez es posible y buena.

Primero, cuando Dios está cerca de ti y obrando a tu favor, no necesitas dinero extra o cosas accesorias que te proporcionen paz y seguridad.

> *Sean vuestras costumbres sin avaricia, contentos con lo que tenéis ahora; porque él dijo: No te desampararé, ni te dejaré; de manera que podamos decir confiadamente: El Señor es mi ayudador; no temeré lo que me pueda hacer el hombre* (Hebreos 13:5-6).

No importa cómo esté el mercado. Dios siempre es mejor que el oro. Por tanto, con la ayuda de Dios podemos y debemos estar contentos de tener cubiertas las necesidades básicas de la vida.

En segundo lugar, debemos contentarnos con vivir de forma sencilla porque los deleites más profundos y satisfactorios que Dios nos proporciona por medio de la creación son regalos gratuitos de la naturaleza y procedentes de relaciones de amor con las personas. Cuando tus necesidades básicas están cubiertas, el dinero que se acumula comienza a disminuir tu capacidad para estos placeres en vez de incrementarla. Comprar cosas no contribuye absolutamente en nada a la capacidad del corazón para gozarse.

Existe una profunda diferencia entre la emoción temporal producida por un juguete nuevo y un abrazo de bienvenida de un amigo fiel. En tu opinión, ¿quién experimenta el gozo más profundo y satisfactorio en la vida, el hombre que paga 140 dólares por una «suite» del cuarto piso en el centro de la ciudad y pasa la tarde a media luz llenándose de humo los pulmones e impresionando a una mujer extraña con cócteles de diez dólares, o el hombre que escoge un motel 6 junto a una explanada de girasoles y se pasa la tarde observando la puesta de sol y escribiendo una carta de amor a su esposa?

En tercer lugar, debemos contentarnos con tener cubiertas las necesidades de la vida porque podemos invertir lo que nos sobre en hacer lo que verdaderamente tiene importancia. Tres mil millones de personas están en la actualidad sin Jesucristo. Dos terceras partes de las mismas no cuentan con un testimonio cristiano viable en su cultura. Para que escuchen —y Cristo ordena que escuchen— habrá que enviar misioneros que crucen las fronteras y pagarlos. Todas las riquezas necesarias para enviar a este nuevo ejército de embajadores de las buenas nuevas ya están en la Iglesia.

Si, como Pablo, nos contentáramos con tener cubiertas las necesidades básicas de la vida, se recogerían cientos de millones de dólares en la Iglesia para llevar el evangelio hasta lo último de la tierra. La revolución de gozo y libertad que eso causaría en casa sería el mejor testimonio local imaginable. El llamamiento bíblico es que puedes y debes contentarte con tener cubiertas las necesidades básicas de la vida.

(3) La tercera razón para no buscar riquezas es que la búsqueda concluirá con la destrucción de tu vida. Éste es el tema principal de los versículos 9 y 10:

> *Porque los que quieren enriquecerse caen en tentación y lazo, y en muchas codicias necias y dañosas, que hunden a los hombres en destrucción y perdición; (10) porque raíz de todos los males es el amor al dinero, el cual codiciando algunos, se extraviaron de la fe, y fueron traspasados de muchos dolores.*

Ningún hedonista cristiano desea hundirse en destrucción y perdición y ser traspasado con muchos dolores. Por tanto, ningún hedonista cristiano quiere enriquecerse.

Examínate. ¿Has sacado de la Biblia tu actitud hacia el dinero o la has absorbido del mundo americano contemporáneo de los negocios? Cuando viajas en avión y lees la revista de la línea aérea, casi cada página enseña y trata de inculcar una forma de ver la riqueza exactamente contraria a la opinión que aparece en 1 Timoteo 6:9 de que esos deseos de enriquecerse hunden en la destrucción y en la perdición. Pablo muestra de forma gráfica el peligro del mismo deseo que explotan y promueven las revistas de las líneas aéreas.

Recuerdo un anuncio de una página de una popular silla de trabajo que mostraba a un hombre en una elegante oficina. El encabezamiento del anuncio decía: *Sus trajes son hechos a medida por un sastre. Su reloj es de oro puro. La silla de su oficina es ______________.*

Debajo de la foto del hombre estaba la siguiente cita:

> *He trabajado mucho y tuve la suerte que me correspondía: mi negocio es un éxito. Quería que en mi oficina se notara y creo que así es. Como silla escojo una ____________________. Encaja en la imagen que yo deseo... Si no puedes decir esto de la silla de tu oficina, ¿no es el momento de que te sientes en una ___________________? Al fin y al cabo, ¿no has estado ya sin una durante suficiente tiempo?*

La filosofía de la riqueza que se vierte en estas líneas es la siguiente: Habiéndotela ganado, eres tonto si renuncias a demostrar tu riqueza. Si 1 Timoteo 6:9 es verdad y el deseo de ser rico nos lleva a la trampa de Satanás y a la destrucción del infierno, entonces este anuncio que explota y promueve ese deseo es tan destructivo como cualquier cosa que puedas leer en los anuncios eróticos de una gran ciudad a diario.

¿Estás alerta y libre de los falsos mensajes del mercantilismo americano? ¿O te ha engañado la mentira económica omnipresente de manera que el único pecado que puedes imaginar en relación al dinero es robar? Creo en la libertad de expresión y en la economía de libre empresa porque no tengo fe alguna en la capacidad moral de un gobierno civil pecador para mejorar las instituciones creadas por individuos pecadores. Pero, en el nombre de Dios, utilicemos nuestra libertad como cristianos para decir **no** al deseo de riquezas y **sí** a la verdad: Hay una gran ganancia en la piedad cuando nos contentamos con tener cubiertas las necesidades básicas de la vida.

¿Qué deben hacer los ricos?

Hasta aquí hemos estando considerando las palabras de 1 Timoteo 6:6-10 dirigidas a personas que no son ricas pero que pueden sufrir la tentación de querer serlo. En 1 Timoteo 6:17-19, Pablo se dirige un grupo de personas de la iglesia que ya son ricas. ¿Qué debe hacer un rico con su dinero si se hace cristiano? ¿Y qué debe hacer el cristiano si Dios prospera su negocio hasta tal punto que tiene a su disposición enormes riquezas? Pablo responde así:

> *(17) A los ricos de este mundo manda que no sean altivos, ni pongan la esperanza en las riquezas, las cuales son inciertas, sino en el Dios vivo, que nos da las cosas en abundancia para que las disfrutemos. (18) Que hagan bien, que sean ricos en buenas obras, dadivosos, generosos, (19) atesorando para sí buen fundamento para lo por venir, que echen mano de la vida eterna.*

Las palabras del versículo 19 son sencillamente una paráfrasis de la enseñanza de Jesús, quien dijo:

> *No os hagáis tesoros en la tierra, donde la polilla y el orín corrompen, y donde ladrones minan y hurtan; sino haceos tesoros en el cielo, donde ni la polilla ni el orín corrompen, y donde ladrones no minan ni hurtan. Porque donde esté vuestro tesoro, allí estará también vuestro corazón* (Mateo 6:19-21).

Jesús no está en contra de la inversión. Está en contra de la mala inversión, es decir, de asentar nuestro corazón en la comodidad y seguridad que puede proporcionar el dinero en este mundo. El dinero hay que invertirlo en conseguir una cosecha eterna en el cielo: *haceos tesoros en el cielo.* ¿Cómo?

Lucas 12:32-34 nos proporciona una respuesta:

> *No temáis, manada pequeña, porque a vuestro Padre le ha placido daros el reino. Vended lo que poseéis, y dad limosna; haceos bolsas que no se envejezcan, tesoro en los cielos que no se agote, donde ladrón no llega, ni polilla destruye. Porque donde está vuestro tesoro, allí estará también vuestro corazón.*

Así que la respuesta a cómo hacerse tesoros en el cielo es invertir tus tesoros terrenales para propósitos misericordiosos en el nombre de Cristo en la tierra. Da limosnas (es decir, provéete de bolsas en el cielo). Advirtamos con cuidado que Jesús no dice que los tesoros en los cielos serán el resultado inesperado de la generosidad en la tierra. No, dice que debemos buscar tener tesoros en los cielos. ¡Almacénalos! ¡Hazte con bolsas y tesoros indestructibles! Esto es hedonismo cristiano puro.

Otro ejemplo lo tenemos en la enseñanza de Jesús en Lucas 14:13-14, donde es más específico acerca de cómo utilizar nuestros recursos para hacernos tesoros en el cielo.

> *Mas cuando hagas banquete, llama a los pobres, los mancos, los cojos y los ciegos; y serás bienaventurado; porque ellos no te pueden recompensar, pero te será recompensado en la resurrección de los justos.*

Esto es prácticamente lo mismo que decir: *dad limosna, haceos tesoros en los cielos.* No busques la recompensa pensando que donde las dan las toman. Sé generoso. No llenes tu vida de lujos y comodidades. Mira la resurrección y la gran recompensa en Dios: *en tu presencia hay plenitud de gozo; delicias a tu diestra para siempre* (Salmo 16:11).

Ojo con los comentaristas que desvían la atención del significado pleno de estos textos. ¿Qué pensarías, por ejemplo, del típico comentario siguiente sobre Lucas 14:13-14: «la promesa de recompensa para esta clase de vida aparece allí como algo que ya es un hecho. No vives de esta forma por la recompensa. Si lo haces, quiere decir que en realidad no estás viviendo de esa forma, sino de la vieja forma egoísta».[1]

¿Es cierto que somos egoístas y no amamos si estamos motivados por la recompensa prometida? Si es así, ¿por qué Jesús nos tienta mencionando la recompensa, hasta dándonosla como base para nuestra actuación? ¿Y qué diría este comentarista acerca de Lucas 12:33, donde no se nos dice que la recompensa será el resultado de que demos limosnas, sino que persigamos de forma activa la recompensa: *haceos bolsas*?

¿Y qué diría de la parábola del mayordomo infiel (Lucas 16:1-13), donde Jesús concluye: *ganad amigos por medio de las riquezas injustas, para que cuando éstas falten, os reciban en las moradas eternas*? El propósito de esta parábola es instruir a los discípulos acerca del uso correcto y con amor de las posesiones mundanas. Jesús no dice que el resultado de dicho uso sea recibir moradas eternas. Dice: Que tu propósito sea asegurarte una morada eterna por medio del uso de tus posesiones.

Por tanto, es sencillamente incorrecto decir que Jesús no desea que busquemos la recompensa que él promete. Nos ordena que la busquemos (Lucas 12:33, 16:9). Más de 40 veces en el Evangelio de Lucas hay promesas de recompensa y amenazas de castigo relacionadas con las órdenes de Jesús.[2]

Por supuesto, no debemos buscar la recompensa de la alabanza terrenal o de la ganancia material. Esto está claro no sólo en Lucas 14:14, sino también en Lucas 6:35: *Amad, pues, a vuestros enemigos, y haced bien, y prestad, no esperando de ello nada;* ***y será vuestro galardón grande, y seréis hijos del Altísimo***. En otras palabras, no os preocupéis por la recompensa terrenal; mirad la recompensa celestial, es decir, la alegría infinita que produce ser un hijo de Dios.

O, como dice Jesús en Mateo 6:3-4, no os preocupéis buscando que los hombres os alaben por vuestros actos de misericordia. Si ésa es vuestra meta, eso es todo lo que obtendréis, y será una triste recompensa comparada con la recompensa de Dios. *Mas cuando tú des limosna, no sepa tu izquierda lo que hace tu derecha, para que sea tu limosna en secreto;* ***y tu Padre que ve en lo secreto te recompensará.***

La razón por la que nuestra generosidad hacia otros no es un amor fingido cuando nos motiva el anhelo de la promesa de Dios es que nuestro propósito es llevar a otros con nosotros hacia esa recompensa. Sabemos que nuestro gozo en el cielo será mayor si las personas a las que tratamos con misericordia son convencidas del incomparable valor de Cristo y se unen a nosotros en la adoración a él.

Pero, ¿cómo les mostraremos el infinito valor de Cristo si no nos mueve, en todo lo que hacemos, el anhelo de recibir más de él? Sería una falta de amor buscar nuestro gozo a expensas de los demás. Pero si nuestra búsqueda va unida a la búsqueda de su gozo, ¿cómo va a ser egoísta? ¿Cómo voy a amar poco si mi anhelo de Dios me lleva a abandonar mis posesiones terrenales para que mi gozo en él pueda ser multiplicado eternamente en la alabanza en comunión contigo?

La enseñanza de Pablo a los ricos en 1 Timoteo 6:19 continúa con la aplicación de estas enseñanzas de Jesús que tenemos en los Evangelios. Dice que los ricos deben utilizar su dinero de una forma que atesoren *para sí buen fundamento para lo por venir, que echen mano de la vida eterna.* En otras palabras, hay una forma de utilizar nuestro dinero que hace perder el derecho a la vida eterna.[3]

Sabemos que Pablo tiene la vida eterna en mente porque siete versículos antes utiliza una expresión del mismo tipo en referencia a ella: *Pelea la buena batalla de la fe, echa mano de la vida eterna, a la cual asimismo fuiste llamado, habiendo hecho la buena profesión delante de muchos testigos* (1 Timoteo 6:12).

La razón por la que el uso de tu dinero proporciona un buen fundamento para la vida eterna no es que la generosidad la compre, sino que muestra dónde está tu corazón. La generosidad confirma que nuestra esperanza está en Dios y no en nosotros mismos o en nuestro dinero. No podemos comprar la vida eterna. Es un don de la gracia (2 Timoteo 1:9). La recibimos descansando en la promesa de Dios. Entonces, cómo utilicemos nuestro dinero confirma o niega la realidad de ese descanso.

Pablo les proporciona a los ricos tres directrices acerca de cómo utilizar su dinero para confirmar su futuro eterno.

En primer lugar, no permitas que tu dinero te lleve al orgullo: *A los ricos de este siglo, manda que no sean altivos* (1 Timoteo 6:17). ¡Qué engañosos son nuestros corazones en cuestiones de dinero! Cada uno de nosotros ha sentido el desagradable sentimiento de superioridad que entra sigiloso en uno tras una inversión que ha tenido éxito, una nueva adquisición o un gran ingreso. La principal atracción del dinero es el poder que proporciona y el orgullo que alimenta. Pablo dice que no permitamos que ocurra eso.

En segundo lugar añade en el versículo 17: *ni pongan la esperanza en las riquezas, las cuales son inciertas, sino en el Dios vivo, que nos da las cosas en abundancia para que las disfrutemos.* Esto no resulta fácil para los ricos. Por eso Jesús dijo que es difícil que haya ricos que entren en el reino de Dios (Marcos 10:23). Es difícil ver toda la esperanza terrenal que ofrecen las riquezas y después volverse de eso a Dios y descansar poniendo toda la esperanza en él. Es difícil no amar el don y sí al Dador de los dones. Pero ésta es la única esperanza para los ricos. Si no son capaces, están perdidos.

Tienen que recordar la advertencia que Moisés hizo al pueblo de Israel cuando entró en la tierra prometida:

> *[Cuídate de que] no digas en tu corazón: Mi poder y la fuerza de mi mano me han traído esta riqueza. Sino acuérdate de Yahvéh tu Dios, porque él te da el poder para hacer las riquezas, a fin de confirmar su pacto que juró a tus padres, como en este día* (Deuteronomio 8:17-18).

El gran peligro de las riquezas es que nuestros sentimientos se extralimiten en su entusiasmo por ellas en vez de por Dios y por sus dones.

Antes de pasar a la tercera exhortación de Pablo a los ricos, debemos considerar una tergiversación común del versículo 17. El versículo dice que Dios *nos da todas las cosas en abundancia para que las disfrutemos*. Eso quiere decir, en primer lugar, que Dios normalmente es generoso y nos proporciona lo que necesitamos. Nos da las cosas *en abundancia*. En segundo lugar, significa que no tenemos que sentirnos culpables por disfrutar de las cosas que nos da. Nos las da *para que las disfrutemos*. El ayuno, el celibato y otras formas de negarse a uno mismo son correctas y buenas si se ponen al servicio de Dios, pero no hay que elevarlas como norma espiritual. Las provisiones de la naturaleza se dan para nuestro bien y, por medio de nuestro disfrute bajo la protección de Dios, pueden convertirse en ocasiones de gratitud y adoración (1 Timoteo 4:2-5).

Pero ha surgido una doctrina de la riqueza y la prosperidad modelada por la media verdad que dice que glorificamos a Dios con nuestro dinero disfrutando con agradecimiento de todas las cosas que nos permite comprar. ¿Por qué tiene que vivir un hijo del Rey como un pobre? Etcétera. La media verdad de esto es que debemos dar gracias por todas las cosas buenas que Dios nos permite tener. Eso le glorifica. La parte falsa es la sutil deducción de que Dios puede glorificarse de esta forma por medio de toda clase de lujos.

Si esto fuera cierto, Jesús no habría dicho: *Vended lo que poseéis, y dad* limosna (Lucas 12:33). No habría dicho: *No os preocupéis por lo que habéis de comer y por lo que habéis de beber* (Lucas 12:29). Juan el Bautista no habría dicho: *El que tiene dos túnicas, dé al que no tiene* (Lucas 3:11). El Hijo del Hombre no habría ido de un sitio para otro sin tener un lugar donde reclinar su cabeza (Lucas 9:58). Y Zaqueo no habría dado la mitad de sus bienes a los pobres (Lucas 19:8).

Dios no es glorificado cuando guardamos para nosotros mismos (por muy agradecidos que estemos) lo que deberíamos estar utilizando para aliviar la pobreza de los que no son creyentes, los ignorantes y los millones de personas que pasan hambre. La evidencia de que muchos que profesan ser cristianos han sido engañados por esta doctrina es lo poco que dan y lo mucho que poseen. Dios los **ha** prosperado. Y por medio de una ley casi irresistible de cultura consumista (bautizada por una doctrina de salud, riqueza y prosperidad), han comprado más casas y más grandes, más coches y más nuevos, más ropas y más elegantes, más alimentos y mejores, y toda clase de baratijas, artilugios, recipientes, aparatos y equipos para hacer la vida más divertida.

Su objeción es: ¿No promete el Antiguo Testamento que Dios prosperará a su pueblo? ¡Claro! Dios aumenta nuestra renta para que dando podamos demostrar que nuestra renta no es nuestro dios. Dios no prospera a un hombre de negocios para que pueda cambiar un Ford por un Cadillac. Dios prospera un negocio para que a 17000 personas no alcanzadas les llegue el evangelio. Prospera un negocio para que el doce por ciento de la población del mundo pueda retroceder un paso en su camino hacia el precipicio del hambre.

Yo soy pastor, no economista. Por tanto, veo mi papel hoy de la forma que James Stewart lo veía en Escocia hace treinta años.

> *Es función de los economistas, y no del púlpito, elaborar planes de reconstrucción. Pero es sin ningún género de dudas función del púlpito pinchar a los hombres continuamente para que despierten a la tremenda compasión de Jesús, hacer penetrar en sus corazones la imperiosa necesidad de esa compasión divina que rodea con una aureola a los oprimidos y a los que sufren y arde en juicio contra todo mal social... No hay lugar para una predicación desprovista de reto social y sinceridad ética en el día en que las trompetas del cielo suenen y el Hijo de Dios aparezca para la guerra.*[4]

La mención de la guerra no es algo meramente retórico. A lo que se nos llama de forma específica hoy es a un «estilo de vida propio de tiempos de guerra». He utilizado la frase «necesidades básicas de la vida» anteriormente en este capítulo porque Pablo dijo en 1 Timoteo 6:8 que *teniendo sustento y abrigo, estemos contentos con eso.* Pero esta idea de sencillez puede prestarse a muchos equívocos. Me refiero a un estilo de vida al que no estorban las cosas no esenciales; y el criterio para lo «esencial» no debe ser «simplicidad primitiva», sino efectividad propia de tiempos de guerra.

Ralph Winter ilustra esta idea del estilo para tiempos de guerra.

> *El Queen Mary, que está en el puerto de Long Beach, California, es un museo fascinante del pasado. Utilizado tanto como transatlántico de lujo en tiempo de paz como para transportar tropas durante la Segunda Guerra Mundial, en la actualidad su papel como museo con la capacidad de tres estadios de fútbol proporciona un sorprendente contraste entre los estilos de vida propios de tiempos de paz y de tiempos de guerra. En una zona separada por un tabique se ve el comedor reconstruido que representa la mesa en período de paz, según los cánones de riqueza de la cultura de la clase alta, para quienes un deslumbrante batallón de cuchillos, tenedores y cucharas no suponen ningún misterio. Al otro lado del tabique, contrastan profundamente las evidencias de la austeridad de los tiempos de guerra. Una bandeja de metal mellada sustituye quince bandejas y platos. Literas no dobles, sino de ocho pisos, explican por qué la capacidad para 3000 personas dio paso a 15000 en tiempos de guerra. ¡Cuán repugnante para los señores de los tiempos de paz debió de ser esa transformación! Se hizo por una emergencia nacional, por supuesto. La supervivencia de una nación dependía de ello. La esencia de la Gran Comisión hoy es que la supervivencia de muchos millones de personas depende de su cumplimiento.*[5]

Hay una guerra en proceso. Toda exhortación al derecho del cristiano a vivir lujosamente «como un hijo del Rey» en esta atmósfera suena a falsa, especialmente debido a que el mismo Rey se despoja para la batalla. Es de más ayuda pensar en un estilo de vida «propio de tiempos de guerra» que en un mero «estilo de vida» sencillo. La sencillez puede ir muy dirigida hacia el interior, y quizá no beneficie a nadie más. Un estilo propio de tiempos de guerra implica que hay una causa grande y digna en la que invertir y volcarse (2 Corintios 12:15).

Winter continúa:

> *América hoy es una sociedad donde cada uno sólo piensa en salvarse a sí mismo, si es que es una sociedad. ¿Pero funciona realmente? Las sociedades subdesarrolladas sufren una colección de enfermedades: tuberculosis, malnutrición, neumonía, parásitos, tifus, cólera, etc. La rica América prácticamente ha inventado una nueva colección de enfermedades: obesidad, arteriosclerosis, enfermedades del corazón, apoplejías, cáncer de pulmón, enfermedades venéreas, cirrosis del hígado, drogadicción, alcoholismo, divorcio, niños maltratados, suicidio, asesinato. Puedes elegir. Las máquinas que ahorran trabajo se han convertido en maquinarias que matan el cuerpo. La riqueza nos ha permitido tanto la movilidad como el aislamiento del núcleo familiar, y como resultado nuestros tribunales de pleitos matrimoniales, nuestras prisiones y nuestras instituciones mentales se llenan. Al intentar salvarnos a nosotros mismos, casi nos hemos perdido.*
>
> *¿Hasta qué punto hemos tratado de salvar a otros? Consideremos el hecho de que el lema evangélico americano «Ora, da o vete» permite a las personas limitarse a orar, si eso es lo que eligen. En cambio, el «Friends Missionary Prayer Band» del sur de la India reúne a 8000 personas en sus grupos de oración y apoya a 80 misioneros a pleno tiempo en el norte de*

> *la India. Si mi denominación (con su increíble mayor renta per cápita) hiciera bien las cosas, no enviaríamos a 500 misioneros, sino a 26000. A pesar de su verdadera pobreza, aquellas pobres personas en el sur de la India están enviando 50 veces más misioneros que nosotros a otras culturas.*[6]

Aquí, lo importante es mostrar que aquellos que animan a los cristianos a buscar un estilo de vida lujoso propio del período de paz no comprenden todo lo que Jesús enseñó acerca del dinero. Nos llamó a perder nuestras vidas para poder ganarlas de nuevo, y el contexto es claramente el dinero: *¿Qué aprovechará al hombre si ganare todo el mundo, y perdiere su alma?* (Marcos 8:36). Y la forma de perder nuestras vidas se refiere a cumplir la misión de amor que nos dio.

Lo que nos conduce a la admonición final que Pablo hace a los ricos. *Que hagan bien, que sean ricos en buenas obras, dadivosos, generosos* (1 Timoteo 6:18). Una vez que son liberados de la atracción del orgullo y una vez que su esperanza está en Dios, no en el dinero, sólo puede ocurrir una cosa: Su dinero fluirá libremente para multiplicar los muchos ministerios de Cristo.

Por tanto, ¿qué le dice un pastor a alguien de su congregación en cuanto a si puede comprar y tener en propiedad dos casas en un mundo donde 2000 personas se mueren de hambre cada día y las agencias misioneras no pueden llegar a más personas no alcanzadas por falta de fondos? En primer lugar, puede citar Amós 3:15: *Y heriré la casa de invierno con la casa de verano, y las casas de marfil perecerán, y muchas casas serán arruinadas.* Después, puede leer Lucas 3:11: *El que tiene dos túnicas, dé al que no tiene.*

También podría hablarle de una familia de San Petersburgo, en Florida, que fue sensible a la necesidad que tienen los pobres de un techo. Vendieron su segunda casa en Ohio y utilizaron el dinero para edificar viviendas para varias familias de Immokalee, Florida.

Después le preguntará: ¿Está mal tener un segundo hogar que permanece vacío parte del año? Y responderá:

puede que sí o puede que no. No le facilitará la decisión creando una ley. Las leyes pueden ser obedecidas bajo presión sin que cambie el corazón; los profetas buscan corazones renovados entregados a Dios, no sólo un nuevo estado de cosas. Señalará sus dudas y compartirá sus propias luchas por descubrir formas de amar. No presumirá de tener una respuesta sencilla a todas las cuestiones en cuanto al estilo de vida.

Pero le ayudará a decidir. Puede decirle: «¿tu casa representa o te produce un nivel de lujo del que disfrutas independientemente de las necesidades de los demás? ¿O es un sencillo lugar de retiro utilizado en repetidas ocasiones para el necesario descanso, oración y meditación que envía a las personas de vuelta a la ciudad con ganas de negarse a sí mismas y volcarse en la evangelización a los no alcanzados y en la búsqueda de justicia?»

Dejará la espina clavada en su conciencia y le desafiará a buscar un estilo de vida coherente con la enseñanza y la vida del Señor Jesús.

¿Por qué nos ha dado Dios tanto?

En Efesios 4:28, dice Pablo: *El que hurtaba, no hurte más, sino que trabaje haciendo con sus manos lo que es bueno, para que tenga qué compartir con el que padece necesidad.* En otras palabras, hay tres formas de relacionarse con las cosas: (1) puedes robar para conseguirlas; (2) puedes trabajar para conseguirlas; (3) o puedes trabajar para dar.

Demasiadas personas que profesan ser cristianas viven en el nivel dos. Pero la Biblia nos empuja inexorablemente hacia el nivel tres. *Y poderoso es Dios para hacer que abunde en vosotros toda gracia, a fin de que, teniendo siempre en todas las cosas todo lo suficiente, abundéis para toda buena obra* (2 Corintios 9:8). ¿Para qué nos bendice Dios con abundancia? Para que podamos tener lo suficiente para vivir y utilizar el resto para toda clase de buenas obras que alivien la pobreza espiritual y física. Suficiente para nosotros y abundancia para otros.

Lo importante no es cuánto hace una persona. La gran industria y los grandes salarios son una realidad de nuestros tiempos, y no son necesariamente malos. Lo malo es vivir engañados llegando a pensar que un salario de 100 000 dólares tiene que ir acompañado de un estilo de vida de 100 000 dólares. Dios nos ha creado para ser conductores de su gracia. Corremos el peligro de pensar que el conducto hay que revestirlo de oro. Pero no es así. El cobre sirve.

En resumen, lo que quiero destacar es lo siguiente: En 1 Timoteo 6, el propósito de Pablo es ayudarnos a echar mano de la vida eterna y a no perderla. Pablo nunca se interesa por cosas que no son esenciales. Vive en la antesala de la eternidad. Por eso ve las cosas tan claramente. Está allí como el portero de Dios y nos trata como hedonistas cristianos razonables: Tú deseas una vida que sea verdaderamente vida, ¿verdad (versículo 19)? No deseas la destrucción, la perdición, ni ser traspasado de muchos dolores, ¿verdad (versículos 9-10)? Deseas toda la ganancia que puedas conseguir, ¿verdad (versículo 6)? Entonces utiliza correctamente la moneda corriente del hedonismo cristiano: no desees ser rico. Conténtate con tener cubiertas las necesidades básicas de la vida en tiempos de guerra, pon tu esperanza plenamente en Dios, guárdate del orgullo y permite que tu gozo en Dios abunde en riquezas de liberalidad hacia un mundo perdido y necesitado.

Notas del capítulo 7

1. Manson: ***The Sayings of Jesus*** (London: SCM Press, 1949), p. 280.

2. John Piper: ***Love Your Enemies*** (Cambridge: Cambridge University Press, 1979). En las páginas 163-65 enumero y comento estos cuarenta ejemplos.

3. Esto no contradice la doctrina bíblica de la seguridad eterna de las personas escogidas por Dios que son verdaderamente nacidas de nuevo, una doctrina firmemente establecida en Romanos 8:30. Pero implica que hay un cambio del corazón si hemos sido nacidos de Dios; y esto incluye evidencias en la forma en que utilizamos nuestro dinero. Jesús denunció en repetidas ocasiones la falsa confianza que no produce fruto y que perderá la vida al final (Mateo 7:15-27; 13:47-50; 22:11-14).

4. James Stewart: ***Herald of God*** (Grand Rapids: Baker Book House, 1972), p. 97.

5. Ralph Winter: «Reconsecration to a Wartime, not a Peacetime, Lifestyle», en ***Perspectives on the World Christian Movement***, R. Winter, S. Hawthorne, eds. (Pasadena: William Carey Library, 1981), p. 814.

6. Winter, «Reconsecration», p. 815.

El que ama a su mujer, a sí mismo se ama.
(Efesios 5:28)

Mujer virtuosa, ¿quién la hallará? Porque su estima sobrepasa largamente a la de las piedras preciosas.
(Proverbios 31:10)

Capítulo 8

Matrimonio:

UN MODELO DE HEDONISMO CRISTIANO

La razón por la que hay tanto sufrimiento en el matrimonio no es que los maridos y las esposas busquen su propio placer, sino que no lo buscan en el placer de su cónyuge. El mandato bíblico a los maridos y esposas es buscar su propio gozo en el gozo de su cónyuge. Hacer del matrimonio un modelo de hedonismo cristiano.

Difícilmente podemos encontrar en la Biblia un pasaje más hedonista que el que trata del matrimonio en Efesios 5:25-30:

> (25) *Maridos, amad a vuestras mujeres, así como Cristo amó a la iglesia, y se entregó a sí mismo por ella,* (26) *para santificarla, habiéndola purificado en el lavamiento del agua por la palabra,* (27) *a fin de presentársela a sí mismo, una iglesia gloriosa, que no tuviese mancha ni arruga ni cosa semejante, sino que fuese santa y sin mancha.* (28) *Así también los maridos deben amar a sus mujeres como a sus mismos*

> *cuerpos. El que ama a su mujer, a sí mismo se ama.* (29) *Porque nadie aborreció jamás a su propia carne, sino que la sustenta y la cuida, como también Cristo a la iglesia,* (30) *porque somos miembros de su cuerpo, de su carne y de sus huesos.*

A los maridos se les dice que amen a sus esposas de la forma en que Cristo amó a la Iglesia. ¿Cómo amó Cristo a la Iglesia? *Se entregó a sí mismo por ella.* ¿Pero por qué? *Para santificarla, habiéndola purificado.* ¿Pero por qué quería hacer eso? *¡A fin de presentársela a sí mismo, una iglesia gloriosa!*

¡Ahí está! *El cual por el gozo puesto delante de él sufrió la cruz* (Hebreos 12:2) ¿Qué gozo? El gozo del matrimonio con su esposa, la Iglesia. Jesús no quiere una esposa sucia e impía. Por tanto, estuvo dispuesto a morir para santificar y limpiar a su novia de manera que pueda presentársela a sí mismo como una esposa gloriosa.

¿Y cuál es el gozo último de la Iglesia? ¿No es ser limpiada y santificada para después ser presentada como una esposa al Cristo soberano y plenamente glorioso? Así que Cristo busca su propio gozo, sí, ¡pero lo busca en el gozo de la Iglesia! Eso es amor: la búsqueda de nuestro propio gozo en el gozo del amado.

En Efesios 5:29-30, Pablo lleva el hedonismo de Cristo incluso más allá: *porque nadie aborreció jamás a su propia carne, sino que la sustenta y la cuida, como también Cristo a la iglesia,* (30) *porque somos miembros de su cuerpo, de su carne y de sus huesos.* ¿Por qué Cristo sustenta y cuida la Iglesia? Porque somos miembros de su propio cuerpo y nadie odia su propio cuerpo. En otras palabras, la unión entre Cristo y su desposada es tan íntima (una sola carne) que cualquier cosa buena que le haga es algo bueno para él mismo. La descarada afirmación de este texto es que este hecho motiva al Señor a sustentar, cuidar, santificar y limpiar a su desposada.

Según algunas definiciones, esto no es amor. El amor —según ellos— tiene que estar libre de intereses personales, especialmente el amor semejante al de Cristo, especialmente el amor del Calvario. No veo que semejante opinión del amor cuadre con este pasaje de la Escritura. Pero lo que Cristo hace por su novia, este texto lo denomina amor: *Maridos, amad a vuestras mujeres, así como Cristo amó a la iglesia...* ¿Por qué no dejamos que el texto nos defina lo que es amor, en vez de extraer nuestra definición de la ética o la filosofía?

Según este texto, el amor es la búsqueda de nuestro gozo en el gozo santo del amado. No hay forma de excluir el interés personal del amor, porque interés personal no es lo mismo que egoísmo. El egoísmo busca su propia felicidad personal a expensas de otros. El amor busca su felicidad en la felicidad del amado. Sufrirá e incluso morirá por el amado con el fin de que su gozo sea cumplido en la vida y pureza del amado.

¿Pero no dijo Jesús que aborreciéramos nuestra vida?

Cuando Pablo dice que *nadie aborreció jamás a su propia carne, sino que la sustenta y la cuida,* y después usa al mismo Cristo como ejemplo, ¿está contradiciendo Juan 12:25, donde Jesús dijo: *El que ama su vida, la perderá; y el que aborrece su vida en este mundo, para vida eterna la guardará*? ¡No! No existe contradicción. Al contrario, hay una gran concordancia.

La frase clave es «en este mundo»: El que aborrece su vida en este mundo, para vida eterna la guardará. No es un aborrecimiento pleno, porque con él guardas tu vida para la vida eterna. Así que hay una clase de aborrecimiento de la vida que es bueno y necesario, y no es a eso a lo que Pablo se refiere cuando dice que nadie aborrece su vida. Esta clase de aborrecimiento es un medio para salvar, y por tanto es una clase de amor. Por eso Jesús tiene que limitarlo con las palabras «en este mundo». Si tienes en cuenta el mundo futuro, ya no se puede hablar de aborrecimiento. Aborrecer la vida en este mundo es lo que Jesús hizo cuando se entregó a sí mismo por la Iglesia. Pero lo hizo por el gozo puesto delante de él. Lo hizo para poder presentar a su novia gloriosa. ¡Aborrecer su propia vida era muestra del amor más profundo por su propia vida y por la Iglesia!

Tampoco contradice la palabra que Pablo usa lo que leemos en Apocalipsis 12:11: *Y ellos le han vencido por medio de la sangre del Cordero y de la palabra del testimonio de ellos,* ***y menospreciaron sus vidas hasta la muerte.*** Estaban dispuestos a morir por Jesús, pero aborreciendo sus vidas de esta forma «conquistaron» a Satanás y obtuvieron la gloria del cielo: *Sé fiel hasta la muerte, y yo te daré la corona de la vida* (Apocalipsis 2:10). Este menosprecio de sus vidas hasta la muerte era en realidad amar la vida más que la muerte.

Todo el mundo busca la felicidad

Nadie en este mundo aborrece su propia carne en el sentido de escoger lo que seguro le producirá el mayor sufrimiento. Ésta es la conclusión a la que llegan muchos grandes conocedores del corazón humano. Blaise Pascal lo expresó como sigue:

> *Todos los hombres buscan la felicidad. Sin excepción. Por muy diferentes medios que empleen, todos tienden a este fin. La causa de que algunos vayan a la guerra y de que los demás la eviten es el mismo deseo en ambos al que se llega desde diferentes opiniones. Nadie dará el más mínimo paso que no vaya encaminado a este objeto. Esto es lo que motiva toda acción de todo hombre, incluso de aquellos que se ahorcan.*[1]

Jonathan Edwards lo vinculó a la Palabra de Cristo:

> *Jesús sabía que todos los seres humanos buscaban la felicidad. Les dirigió al camino correcto y les dijo qué tenían que hacer para ser bendecidos y felices.*[2]

Edward Carnell generaliza la cuestión:

> *Recordemos que la ética cristiana tiene su premisa en el amor a uno mismo. Nada suele motivarnos a no ser que apele a nuestros intereses.*[3]

Karl Barth, en sus términos típicamente efusivos, escribe páginas acerca de este asunto. Aquí hay un resumen:

> *La voluntad de vivir es el deseo de gozo, deleite, felicidad... En cada verdadero hombre la voluntad de vivir es también la voluntad de gozarse. En todo lo que desea, pretende e intenta que le produzca gozo de alguna forma. Se esfuerza por conseguir diferentes cosas con la intención —expresa o no, pero muy concreta aunque sea inconsciente— de asegurarse ese gozo... Negar esto es hipocresía. Y la hipocresía tiene lugar a expensas de la verdad ética de que quiere disfrutar, igual que desea comer, beber, dormir, tener salud, trabajar, defender lo correcto y vivir en comunión con Dios y con su vecino. Una persona que intenta prohibirse a sí misma este gozo no es en verdad una persona obediente.*[4]

Si un marido es obediente debe amar a su esposa de la forma en que Cristo amó a la Iglesia. Es decir, tiene que buscar su gozo personal en el gozo santo de su esposa.

> *Aun así, los maridos deben amar a sus esposas como a sus propios cuerpos. Quien ama a su esposa se ama a sí mismo.*

Está claro que ésta es la paráfrasis que Pablo hace del mandamiento de Jesús, quien lo tomó a su vez de Levítico 19:18: *Amarás a tu prójimo como a ti mismo* (Mateo 22:39). Un error muy popular es que este mandamiento nos enseña a aprender a estimarnos a nosotros mismos para así poder amar a los demás. Esto no es lo que significa el mandamiento (véase el apéndice 3). Jesús no nos ordena amarnos a nosotros mismos. Da por hecho que lo hacemos. Es decir, da por hecho —como dijo Edwards— que todos buscamos nuestra propia felicidad, y dice que el grado en el que nos amamos de forma innata a nosotros mismos es el mismo grado en que debemos amar a otros. «Igual que te amas a ti mismo, así ama a los demás».

Pablo aplica esto ahora al matrimonio. Lo ve ilustrado en la relación de Cristo con la Iglesia. Y lo ve ilustrado en el hecho de que los maridos y las esposas son una sola carne (versículo 31). *Los maridos deben amar a sus mujeres como a sus mismos cuerpos. El que ama a su mujer, a sí mismo se ama.* En otras palabras, los maridos deben dedicar la misma energía, tiempo y creatividad a hacer que sus esposas sean felices que el que dedican de forma natural a conseguir ser felices ellos mismos. El resultado será que, al hacer esto, se harán felices a ellos mismos. Porque quien ama a su esposa se ama a sí mismo. Puesto que la esposa es una sola carne con su marido, lo mismo se aplica a ella en cuanto a su amor hacia él.

Pablo no construye un dique para contener el río del hedonismo; construye un canal para encauzarlo. Dice: «maridos y esposas, reconoced que en el matrimonio os habéis convertido en una sola carne. Si vivís para vuestro placer personal a expensas de vuestro cónyuge, estáis viviendo contra vosotros mismos y destruyendo vuestro gozo. Pero, si os entregáis con todo el corazón al gozo santo de vuestro cónyuge, también estaréis viviendo para vuestro gozo y construyendo un matrimonio según la imagen de Cristo y de su Iglesia».

El patrón para el hedonismo cristiano en el matrimonio

Ahora bien, ¿cómo es este amor entre marido y esposa? ¿Enseña Pablo un patrón para el amor entre los esposos en este texto?

Efesios 5:31 es una cita de Génesis 2:24: *Por tanto, dejará el hombre a su padre y a su madre, y se unirá a su mujer, y serán una sola carne.* Pablo añade en el versículo 32: *Grande es este misterio; mas yo digo esto respecto de Cristo y de la iglesia.* ¿Por qué dice que Génesis 2:24 es un gran «misterio»?

Antes de responder, volvamos al contexto del Antiguo Testamento y veamos más claramente lo que significa Génesis 2:24.

El contexto del Antiguo Testamento

Según Génesis 2, Dios creó a Adán primero y le puso solo en el jardín. Entonces el Señor dijo: *No es bueno que el hombre esté solo; le haré ayuda idónea para él* (2:18). Eso no necesariamente es una crítica a la comunión de Adán con Dios, ni demuestra que cuidar el jardín era demasiado difícil para una sola persona. Mas bien, la cuestión es que Dios creó al hombre para compartir. Dios nos creó no para ser callejones de salida de su liberalidad, sino conductos. Ningún hombre está completo a menos que conduzca la gracia (como la electricidad) entre Dios y otra persona. (¡Y ninguna persona soltera debería llegar a la conclusión de que esto sólo es posible en el matrimonio!).

Tiene que haber otra persona, no un animal. Por tanto, en Génesis 2:19-20, Dios puso a los animales delante de Adán para mostrarle que éstos nunca podrían llegar a ser una ayuda idónea para él. Los animales pueden ayudar mucho, pero sólo una persona puede ser *coheredera de la gracia de la vida* (1 Pedro 3:7). Sólo una persona puede recibir, apreciar y disfrutar la gracia. Lo que un hombre necesita es otra persona con quien compartir el amor de Dios. ¡Los animales no pueden hacerlo! Existe una infinita diferencia entre compartir la aurora boreal con tu amado y hacerlo con tu perro.

Por tanto, según el versículo 21, *Yahvéh Dios hizo caer sueño profundo sobre Adán, y mientras éste dormía, tomó una de sus costillas, y cerró la carne en su lugar. Y de la costilla que Yahvéh*

Dios tomó del hombre, hizo una mujer, y la trajo al hombre. Habiendo mostrado al hombre que ningún animal puede ser su ayuda idónea, Dios hizo otro ser humano procedente de la propia carne del hombre para que fuera como él, y a la vez muy diferente de él. No creó otro hombre. Creó una mujer. Y Adán reconoció en ella a alguien homólogo perfectamente complementario con él, enormemente diferente de los animales: *Esto es ahora hueso de mis huesos y carne de mi carne, ésta será llamada Varona, porque del varón fue tomada.*

Al crear a una persona **igual** que Adán y a la vez **diferente** de él, Dios proporcionó la posibilidad de una profunda unidad que de otra forma habría sido imposible. La unión de diversas partes complementarias hace que se disfrute de una clase diferente de unidad de la que se disfruta al unir dos cosas semejantes. Cuando todos juntos cantamos la misma melodía se denomina unísono, que significa «un sonido». Pero cuando unimos diversas líneas melódicas —soprano, contralto, tenor y bajo— decimos que hay armonía; y todo el que tiene oído para oír sabe que hay algo profundo que nos produce el escuchar una buena armonía y que es superior a lo que nos provoca un sencillo unísono. Así que Dios creó una mujer y no otro hombre. Creó la heterosexualidad, no la homosexualidad.

Fijémonos en la relación entre los versículos 23 y 24, señalada por la palabra «por tanto» que aparece en el versículo 24:

> *(23) Dijo entonces Adán: Esto es ahora hueso de mis huesos y carne de mi carne; ésta será llamada Varona, porque del varón fue tomada. (24) Por tanto, dejará el hombre a su padre y a su madre, y se unirá a su mujer, y serán una sola carne.*

El versículo 23 se centra en dos cosas: objetivamente, el hecho de que la mujer sea parte de la carne y los huesos del hombre; y, subjetivamente, el gozo de Adán al presentársele la mujer. *Esto es ahora hueso de mis huesos y carne de mi carne.*

De estas dos cosas, el escritor extrae una consecuencia en el versículo 24: *Por tanto, dejará el hombre a su padre y a su madre, y se unirá a su mujer, y serán una sola carne.*

En otras palabras, en el principio, Dios sacó a la mujer del hombre como hueso de sus huesos y carne de su carne, y después se la presentó al hombre para que descubriera, al vivir en comunión, lo que significa ser una sola carne. El versículo 24 muestra la lección de que el matrimonio es precisamente eso: un hombre que se une sólo a su esposa y a nadie más; y un hombre que descubre la experiencia de ser una sola carne.

El gran misterio del matrimonio

Pablo observa esto y lo denomina «gran misterio». ¿Por qué?

Había aprendido de Jesús que la Iglesia es el cuerpo de Cristo (Efesios 1:23). Por la fe, una persona se une a Jesucristo. Así, la persona se convierte en uno con todos los demás creyentes, de manera que *todos somos uno en Cristo Jesús* (Gálatas 3:28). Los creyentes en Cristo son el cuerpo de Cristo. Somos el organismo a través del cual él manifiesta su vida y en el cual mora su Espíritu.

Al conocer esto acerca de la relación entre Cristo y la Iglesia, Pablo observa un paralelismo con el matrimonio. Ve que el marido y la esposa se convierten en una carne y que Cristo y la Iglesia se convierten en un cuerpo. Así, en 2 Corintios 11:2, por ejemplo, le dice a la Iglesia: *Porque os celo con celo de Dios; pues os he desposado con un solo esposo, para presentaros como una virgen pura a Cristo.* Refleja a Cristo como el marido, la Iglesia como la novia y la conversión como una ceremonia de esponsales llevada a cabo con la ayuda de Pablo. La presentación de la novia a su marido probablemente tendrá lugar en la segunda venida del Señor, a la que hace referencia en Efesios 5:27 (*a fin de presentársela a sí mismo, una iglesia gloriosa*).

Parece como si Pablo utilizara la relación del matrimonio humano, que se menciona en Génesis 2, para describir y explicar la relación entre Cristo y la Iglesia. Pero, si fuera así, **el matrimonio** no sería un misterio, como Pablo lo denomina en Efesios 5:32; sería algo claro y obvio que explica el misterio de Cristo y la Iglesia. Luego hay más en el matrimonio de lo que se ve a simple vista ¿Qué es?

El misterio es el siguiente: Dios no creó la unión de Cristo y la Iglesia según el patrón del matrimonio humano; ¡exactamente al contrario! Creó el matrimonio humano según el patrón de la relación de Cristo con la Iglesia.

El misterio de Génesis 2:24 es que el matrimonio que describe es una parábola o símbolo de la relación de Dios con su pueblo. En la creación de la mujer estaban ocurriendo más cosas que lo que parece a simple vista. Dios no hace las cosas a la fuerza. Todo tiene propósito y significado. Cuando Dios decidió crear al hombre y la mujer y ordenar la unión del matrimonio, no tiró los dados, ni hizo una votación, ni arrojó una moneda al aire para saber cómo debían relacionarse el uno con el otro. Planeó el matrimonio con un gran propósito siguiendo el patrón de la relación entre su Hijo y la Iglesia, la cual estaba en sus planes desde toda la eternidad.[5]

Por tanto, el matrimonio es un misterio; contiene y esconde un significado mucho mayor de lo que se ve desde el exterior. Dios creó al hombre como varón y hembra, y ordenó el matrimonio para que el pacto eterno que relaciona a Cristo con su Iglesia fuera imagen de la unión matrimonial. Como ha escrito Geoffrey Bromiley: *igual que Dios creó al hombre a su imagen, también creó el matrimonio a imagen de su propio matrimonio eterno con su pueblo.*[6]

La consecuencia que Pablo extrae de este misterio es que los papeles del marido y la esposa en el matrimonio no son asignados de forma arbitraria, sino que tienen su raíz en los distintos papeles de Cristo y su Iglesia. Aquellos de nosotros que estamos casados tenemos que considerar con especial cuidado una y otra vez lo misterioso y maravilloso que es el que Dios otorgue al matrimonio el privilegio de reflejar estas maravillosas realidades divinas, infinitamente mayores que nosotros mismos.

Éste es el fundamento del patrón de amor que Pablo describe para el matrimonio. No basta con decir que cada esposo debe buscar su propio gozo en el gozo del otro. También es importante decir que los maridos y las esposas deben esforzarse por imitar el modelo de relación que Dios desea para Cristo y la Iglesia.

La esposa imita el modelo especial de la Iglesia

Según esto, las esposas tienen que imitar el modelo del propósito de la Iglesia en su relación con Cristo: *Las casadas estén sujetas a sus propios maridos, como al Señor, porque el marido es cabeza de la mujer, así como Cristo es cabeza de la iglesia, la cual es su cuerpo, y él es su Salvador. Así que, como la iglesia está sujeta a Cristo, así también las casadas lo estén a sus maridos en todo* (Efesios 5:22-24).

Para comprender la sumisión de la esposa tenemos que comprender la figura del marido como cabeza, porque dicha sumisión se basa en la dirección de éste. (*Las casadas estén sujetas [...] porque el marido es cabeza*). ¿Qué significa «cabeza» en Efesios 5:23?

La palabra griega para «cabeza» (*kephale*) se utiliza en el Antiguo Testamento a veces para referirse a un jefe o un líder (Jueces 10:18, 11:8-9; 2 Samuel 22:44; Salmo 18:43; Isaías 7:8). Pero al principio no es obvio por qué se utiliza la palabra «cabeza» para referirse al liderazgo. Quizás su posición encima del cuerpo proporcione la idea de rango superior y de poder.

Para algunos de los antiguos, la facultad directiva de pensamiento estaba en el corazón, no en la cabeza, aunque según Charles Singer en el *Oxford Classical Dictionary*, la opinión de Aristóteles de que la inteligencia reside en el corazón *era contraria a las opiniones de algunos de sus contemporáneos médicos, contraria a la opinión popular y contraria a la doctrina de [Platón] Timeo.*[7] El testimonio griego más apropiado referente al significado de «cabeza» en tiempos de Pablo sería el de su contemporáneo Filón, quien dijo:

> *Igual que la naturaleza confirió la soberanía del cuerpo a la cabeza cuando le concedió también la posesión de la ciudadela como la más indicada para su rango real, la encomendó dar las órdenes y la colocó en alto por encima del resto del cuerpo, desde el cuello hasta los pies, como una estatua encima del pedestal, así también le ha dado el señorío de los sentidos a los ojos.*[8]

Ésta era la opinión más popular en los días de Pablo, según Heinrich Schlier, como se evidencia en fuentes estoicas además de Filón.[9] Por tanto, los críticos contemporáneos se equivocan cuando afirman que, *para los grecoparlantes de tiempos del Nuevo Testamento, que tenían poca oportunidad de leer la traducción griega del Antiguo Testamento, había muchos significados posibles para el término «cabeza», pero «supremacía sobre» o «ser responsable de» no se encontraban entre ellos.*[10]

«Supremacía» es precisamente la cualidad otorgada a la cabeza por Filón y por otros. Pero más importante es que el propio uso que Pablo hace de la palabra «cabeza» en Efesios 1:22 conlleva sin ningún género de dudas la idea de autoridad.[11]

En Efesios 1:20-22, dice Pablo que Dios…

> *…operó en Cristo, resucitándole de los muertos y sentándole a su diestra en los lugares celestiales, sobre todo principado y autoridad y poder y señorío, y sobre todo nombre que se nombra […]; y sometió todas las cosas bajos sus pies, y lo dio por cabeza sobre todas las cosas a la iglesia.*

Incluso si la palabra «cabeza» significara «fuente» —como dicen algunos[12]— ésta sería una idea extraña aquí, ya que Cristo se coloca en un lugar de supremacía por encima de todas las demás autoridades. Tampoco parece que esa idea estuviera en la mente de Pablo en Efesios 5:23, donde la subordinación a la esposa indica de la forma más natural que su marido es «cabeza» en el sentido de liderazgo o autoridad. Éste es seguramente el significado que Pablo tiene aquí en mente.

Por tanto, cuando Pablo dice: *Las casadas estén sujetas a sus propios maridos [...] porque el marido es cabeza de la mujer,* se refiere a que la esposa debe reconocer y honrar la mayor responsabilidad de su marido para dirigir el hogar. Debe estar dispuesta a someterse a la autoridad de su marido e inclinarse a seguir su liderazgo.

La razón por la que hablo de **disposición** a someterse e **inclinación** a seguir es que ninguna sumisión de un ser humano a otro es absoluta. El marido no reemplaza a Cristo como la autoridad suprema para la mujer. Ella nunca debe seguir el liderazgo de su marido si éste la lleva a pecar. Pero, aun cuando una esposa cristiana pueda tener que mantenerse firme con Cristo frente a la voluntad pecaminosa de su marido, puede a la vez mantener un espíritu de sumisión. Puede mostrar por medio de su actitud y comportamiento que no le gusta resistirse a la voluntad de él y que anhela que él abandone el pecado y dirija con justicia para que su disposición a honrarle como cabeza pueda de nuevo producir armonía.

Otra razón para destacar la disposición y la inclinación a la sumisión, más que los actos concretos, es que el comportamiento específico que surge de este espíritu de sumisión varía mucho de un matrimonio a otro. Puede parecer hasta contradictorio de una cultura a otra.

El marido imita el modelo especial de Cristo

Así, según esta misteriosa parábola del matrimonio, la esposa tiene que tener en cuenta como modelo especial el propósito de Dios para la Iglesia en su relación con Cristo. Y a los maridos les dice Pablo: Tomad como modelo a Cristo. *Maridos, amad a vuestras mujeres, así como Cristo amó a la iglesia, y se entregó a sí mismo por ella* (versículo 25). Si el marido es la cabeza de la esposa como dice el versículo 23, queda muy claro para todos los maridos que esto significa en primer lugar dirigir con la clase de amor que está dispuesto a morir para darle vida a ella.

Como dice Jesús en Lucas 22:26: *Sea el que dirige como el que sirve.* El marido que se derrumba frente al televisor y da órdenes a su esposa como si fuera una esclava no sigue el ejemplo de Cristo. Jesús se puso una toalla y lavó los pies de los apóstoles. ¡Ay del marido que piensa que su virilidad le exige una actitud de dominio y exigencia hacia su esposa. Si deseas ser un marido cristiano, te conviertes en un siervo, no en un jefe.

Es cierto que el versículo 21 pone toda la sección bajo el signo de sumisión mutua. *Someteos unos a otros en el temor de Dios.* Pero es tremendamente injustificado deducir de este versículo que la **forma** en que Cristo se somete a la Iglesia y la forma en que la Iglesia se somete a Cristo son la misma. La Iglesia se somete a Cristo por medio de una disposición a aceptar su liderazgo. Cristo se somete a la Iglesia por medio de una disposición a ejercer su liderazgo sirviendo con humildad a la Iglesia (véanse en pp. 174-181).

Cuando Cristo dijo que el que dirige debe ser como el que sirve, no quería decir que el que dirige deje de dirigir. Hasta cuando estaba de rodillas lavando los pies de sus discípulos, nadie dudaba de quién era el que dirigía. Tampoco debe ningún marido cristiano eludir su responsabilidad ante Dios de proveer visión moral y liderazgo espiritual como siervo humilde de su esposa y familia.

Me dirijo a los hombres directamente por un momento: No permitas que la retórica del feminismo antibíblico te intimide llevándote a pensar que el liderazgo de los maridos a semejanza del de Cristo es malo. Eso es lo que nuestros hogares necesitan más que ninguna otra cosa. A pesar de toda tu sencillez, tu servidumbre y sumisión a los profundos deseos de tu esposa, sigues siendo la cabeza, el que dirige.

Lo que quiero decir es lo siguiente: **Tú** debes sentir la gran responsabilidad de tomar el liderazgo en las cosas del Espíritu; debes dirigir a tu familia en una vida de oración, en el estudio de la Palabra de Dios y en la adoración; debes dirigir proporcionando a tu familia una visión de su significado y misión; debes dirigir modelando una base moral para tu hogar y gobernando de manera que haya paz y felicidad. Nunca he conocido a una mujer que se irrite debido a un liderazgo a semejanza del de Cristo. Pero conozco a demasiadas esposas que son desgraciadas porque sus maridos han abandonado su liderazgo ordenado por Dios y no tienen visión moral, ni concepto espiritual de para qué sirve la familia, y por tanto no tienen deseo de dirigir a nadie en ninguna parte.

Un famoso cartel publicitario de cigarrillos refleja a un machote musculoso de rostro bronceado y cabellos rizados con un cigarrillo colgando de su boca. El cartel dice: «El lugar del hombre». Eso es mentira. El lugar del hombre está al lado de sus hijos, dirigiéndolos con devoción y oración. El lugar del hombre es guiar a su familia hacia la casa de Dios. El lugar del hombre es levantarse temprano por la mañana y estar a solas con Dios buscando visión y dirección para su familia.

Formas de sumisión

A la esposa hay que decirle que la forma que ha de tomar su sumisión variará de acuerdo a la calidad del liderazgo de su marido. Si su marido es un hombre piadoso que tiene una visión bíblica de la familia y la dirige hacia las cosas del Espíritu, una mujer piadosa se gozará en este liderazgo y lo apoyará. No será aplastada por este liderazgo igual que los discípulos no fueron aplastados por el liderazgo de Jesús.

Si piensas que la visión de tu marido es equivocada o que su dirección es antibíblica, no te sientes en silencio, sino exprésale tus dudas con un espíritu de sencillez, y puede que a menudo evites que su pie tropiece. El liderazgo del marido no significa infalibilidad y que no necesite corrección. Tampoco el que la esposa se involucre en determinar la dirección de la familia implica insubordinación.

No necesariamente existe una correlación entre el liderazgo y la inteligencia o entre la sumisión y la necedad. La esposa será siempre superior en unas cosas y el marido en otras. Pero es un error no hacer caso del patrón de liderazgo ordenado por Dios al marido sobre la base de que la mujer es una dirigente más competente. Cualquier hombre con celo por obedecer la Palabra de Dios puede dirigir, por muy superiores que sean las capacidades de su esposa.

Un breve ejemplo: Supongamos que al marido le cuesta leer. Cuando trata de leer la Biblia en voz alta se equivoca y pronuncia mal las palabras. Su esposa, en cambio, es una gran lectora. Dirigir no significa que él lea siempre durante el tiempo devocional familiar. Puede que dirigir consista en anunciar: «¡Niños, vamos a la habitación. Es la hora del tiempo devocional. Vamos al lugar donde nos quedamos la última vez. Mamá nos lo leerá». El padre puede estar incluso inválido y seguir siendo el que dirige. Tiene que ver con su espíritu de iniciativa y responsabilidad, y con el apoyo abierto de su esposa a este espíritu.

¿Pero qué pasa si una cristiana está casada con un hombre que no proporciona visión ni dirección moral, que no dirige en las cosas del Señor? 1 Pedro 3:1 deja claro que la voluntad de Dios sigue siendo la sumisión: *Mujeres, estad sujetas a vuestros maridos; para que también los que no creen a la Palabra, sean ganados sin palabra por la conducta de sus esposas.* Pero la forma de sumisión en este caso será diferente.

Bajo el señorío de Cristo, no se unirá a su marido en pecar, ni siquiera aunque él desee que lo haga, puesto que es llamada a someterse a Cristo, quien prohibe pecar (Efesios 5:22). Pero irá tan lejos como su conciencia le permita en apoyar a su marido y hacer con él lo que él desee hacer.

Hasta donde pueda proporcionará una visión espiritual y dirección moral a sus hijos sin comunicar un espíritu engreído de insubordinación a su marido no creyente. Y cuando, en nombre de Cristo, tenga que hacer lo que desaprueba su marido, puede tratar de explicar con un espíritu tranquilo y amable que no es porque quiera oponerse a él, sino porque está ligada a Cristo. Pero no le hará ningún bien predicarle. En el fondo de su ser hay un sentimiento de culpa por no estar haciéndose cargo de la dirección moral de su casa. Ella no debe agobiarle y sí ganarle en silencio por medio de su amor poderoso y dispuesto a sacrificarse (1 Pedro 3:1-6).

Redención del liderazgo caído y de la sumisión caída

He defendido que existe un patrón de amor en el matrimonio ordenado por Dios. Los papeles del marido y de la esposa no son los mismos. El marido tiene que seguir el modelo de Cristo como cabeza de la Iglesia. La esposa el de la Iglesia sometiéndose a Cristo. Al hacer esto, los resultados pecaminosos y dañinos de la Caída comienzan a revertirse. La Caída torció el liderazgo amoroso del hombre transformándolo en dominio hostil en algunos hombres y cómoda indiferencia en otros. La Caída torció la sumisión inteligente y voluntaria de la mujer transformándola en servilismo manipulador en algunas mujeres e insubordinación descarada en otras.

La redención que se promete con la venida de Cristo no es el desmantelamiento del orden creado del liderazgo amoroso y la sumisión voluntaria,[13] sino su **recuperación**. Esto es exactamente lo que encontramos en Efesios 5:21-33. ¡Esposas, redimid vuestra sumisión caída modelándola de acuerdo a la voluntad de Dios para la Iglesia! ¡Maridos, redimid vuestro liderazgo caído modelándolo de acuerdo a la voluntad de Dios para Cristo!

Lo importante de todo esto es proporcionar dirección a aquellos que están convencidos de que el amor en el matrimonio es la búsqueda de nuestro propio gozo en el gozo santo de nuestro cónyuge. Encuentro en Efesios 5:21 estas dos cosas: (1) la manifestación del hedonismo cristiano en el matrimonio, y (2) la dirección que deben tomar sus impulsos. Esposas, buscad vuestro gozo en el gozo de vuestro marido afirmando y respetando el papel que Dios ha ordenado para él como líder de vuestra relación. Maridos, buscad vuestro gozo en el gozo de vuestra esposa aceptando la responsabilidad de dirigir como Cristo dirige la Iglesia y se da a sí mismo por ella.

No es que mi testimonio personal pueda añadir nada al peso de la Palabra de Dios, pero me gustaría compartir la bondad de Dios en mi vida. Descubrí el hedonismo cristiano el mismo año en que me casé, en 1968. Desde entonces Noël y yo, obedeciendo a Jesucristo, hemos buscado con toda la pasión con que hemos podido el gozo más profundo y más duradero posible. Aunque de forma demasiado imperfecta, a veces con poco entusiasmo, hemos edificado nuestro gozo personal en el gozo del otro. Y podemos dar testimonio juntos de que, para aquellos que se casan, éste es el camino hacia los deseos del corazón. Para nosotros, el matrimonio ha sido un modelo de hedonismo cristiano. Al buscar gozarnos en el gozo del otro y llevar a cabo los papeles que Dios ha ordenado para cada uno, se pone de manifiesto el misterio del matrimonio como parábola de Cristo y la Iglesia para su gran gloria y para nuestro gran gozo.

Notas del capítulo 8

1. Blaise Pascal: ***Pascal's Pensées***, trad. Por W.F. Trotter (Nueva York: E.P. Dutton and Co., 1958), p. 113 (Pensamiento #425).

2. Jonathan Edwards: ***The Works of Jonathan Edwards***, vol. 2 (Edinburgo: Banner of Truth, 1974), p. 905. La cita se encuentra en un sermón sobre Mateo 5:8 titulado: «Bienaventurados los de limpio corazón».

3. E.J. Carnell: ***Christian Commitment*** (Nueva York: Macmillan, 1957), p. 96.

4. Karl Barth: ***The Doctrine of Creation, Church Dogmatics***, vol. III, 4, trad. Por A.T. Makay, et. al. (Edimburgo: T. And T. Clark, 1961), p. 375.

5. El pacto que liga a Cristo y a la Iglesia se denomina en Hebreos 13:20 «pacto eterno»: *Y el Dios de paz, que resucitó de los muertos a nuestro Señor Jesucristo, el gran pastor de las ovejas, por la sangre del pacto eterno.* Por tanto, la relación entre Cristo y la Iglesia ha estado en la mente de Dios por toda la eternidad, y en el orden de su pensamiento precede y gobierna a la creación del matrimonio.

6. Geoffrey Bromiley: ***God and Marriage*** (Grand Rapids: Eerdmans, 1980), p. 43.

7. N.G.L. Hammond and H.H. Scullard, eds.: ***The Oxford Classical Dictionary*** (Oxford: The Clarendon Press, 1970), p. 59.

8. ***The Special Laws***, III, 184, cita de *Loeb Classical Library*, vol. 8, p. 591.

9. ***Theological Dictionary of the New Testament***, Gerhard Kittle, ed., vol. 3 (Grand Rapids: Eerdmans, 1965), p. 674.

10. Alvera y Berkeley Mickelsen: «Does Male Dominance Tarnish Our Translations?» ***Christianity Today***, 5 de octubre, 1979, p. 25.

11. Stephen Bedale: «The Meaning of *Kephale* in the Pauline Epistles», ***Journal of Theological Studies*** 5 (Octubre, 1954): 215.

12. Véase el artículo mencionado en la nota 10. Pero Wayne Grudem ha demostrado con contundencia que éste es un significado extremadamente improbable del uso singular de «cabeza» en los días de Pablo. Véase su apéndice en George Knight: ***The Role Relationship of Men and Women: New Testament Teaching*** (Chicago: Moody Press, 1985), pp. 49-80.

13. He intentado en otro lugar demostrar exegéticamente, sobre la base de Génesis 1 a 3, que el liderazgo y la sumisión no se originaron con la Caída, como piensan muchas personas, sino que en su forma pura formaban parte de la intención de Dios desde el comienzo de la creación anteriormente a la Caída. Véase «Santan's Design in Reversing Male Leadership Role», ***The Standard***, diciembre de 1983, pp. 33-35.

La mayoría de las personas no están satisfechas con el rendimiento de sus vidas. Nada puede satisfacer plenamente la vida de Cristo dentro de sus seguidores que no sea adoptar el propósito de Cristo hacia el mundo que vino a redimir. La fama, el placer y las riquezas son sólo envolturas y cenizas en contraste con el gozo ilimitado y permanente de trabajar con Dios en el cumplimiento de sus planes eternos. Las personas que lo invierten todo en la empresa de Cristo están obteniendo de la vida sus recompensas más preciosas y valiosas.

J. Campbell White (1909)

Con toda seguridad, no puede haber mayor gozo que el de salvar almas.

Lottie Moon (1887)
«Patrocinador de las Misiones Bautistas»

Capítulo 9

Misiones:

LA CONSIGNA DEL HEDONISMO CRISTIANO

¿Qué es la misión fronteriza?

> *La mayoría de los hombres no mueren por ser ancianos, mueren por estar jubilados. Leí en algún lugar que la mitad de los hombres que se jubilan en el estado de Nueva York mueren en los dos años siguientes. Salva tu vida y la perderás. Igual que pasa con otras drogas y con otras adicciones psicológicas, la jubilación es una enfermedad virulenta, no una bendición.*[1]

Estas palabras son de Ralph Winter, fundador del Centro Misionero Mundial de los Estados Unidos. Su vida y estrategia han sido una continua llamada a jóvenes y a ancianos diciéndoles que la única manera de encontrar la vida es entregarla. Es uno de mis héroes. Dice muchas cosas que los hedonistas cristianos deberían decir (aunque él desearía que yo no utilizara la palabra «hedonista»).

No sólo llama a los cristianos jubilados a renunciar a tirar sus vidas a la basura cuando podrían estar invirtiéndolas en la causa mundial de Cristo, sino que también llama a los estudiantes a perseguir con firmeza el gozo más pleno y profundo de la vida. En su breve folleto, «Dile que sí a las misiones», dice: *Jesús, por el gozo puesto delante de él, soportó la cruz, menospreciando el oprobio... Seguirle es elección vuestra. ¡Estáis advertidos! Pero no olvidéis el gozo.*

De hecho, de todas las cosas que he leído aparte de la Biblia durante los últimos quince años, la mayor fuente de afirmación para mi hedonismo cristiano creciente ha procedido de la literatura misionera, especialmente de las biografías. Y aquellos que han sufrido más parecen explicar la verdad más claramente. Revelaré algunos de mis descubrimientos en este capítulo.

Pero primero volvamos a la cuestión de la jubilación. Winter pregunta: *¿Dónde la encuentran en la Biblia? ¿Se jubiló Moisés? ¿Se jubiló Pablo? ¿Pedro? ¿Juan? ¿Se jubilan los oficiales militares en medio de la guerra?*[2] Buenas preguntas. Si tratamos de responderlas en el caso del apóstol Pablo, llegamos a una definición de «misión» que es la que necesitamos aquí, al comienzo del presente capítulo.

Cuando escribió Pablo su carta a los Romanos, había sido misionero durante veinte años. Tenía entre 20 y 40 años (que es lo que abarca el término griego «joven» en Hechos 7:58) cuando se convirtió. Podemos adivinar, por tanto, que tenía alrededor de 50 cuando escribió esta gran carta.

A nosotros puede parecernos joven. Pero recordemos dos cosas: En aquellos días, la esperanza de vida era menor, y Pablo había llevado una vida muy intensa: había recibido cinco veces cuarenta azotes menos uno, había sido azotado con varas tres veces, una vez apedreado, tres veces había naufragado, trasladándose continuamente y estando en peligro (2 Corintios 11: 24-29).

Según nuestro patrón contemporáneo, quizás debería «cesar» y pensar en su jubilación. ¡Pero en Romanos 15 dice que está planeando ir a España! De hecho, la razón para escribir a los romanos fue en gran parte reclutar apoyo para esta nueva misión fronteriza. Pablo no está a punto de jubilarse. Hay enormes áreas del imperio sin alcanzar, por no mencionar las regiones que no pertenecían a él. Así que dice:

> *Pero ahora, no teniendo más campo en estas regiones, y deseando desde hace muchos años ir a vosotros, cuando vaya a España iré a vosotros; porque espero veros al pasar, y ser encaminado allá por vosotros, una vez que haya gozado con vosotros* (Romanos 15:23-24).

Pablo fue ejecutado en Roma probablemente antes de poder llegar a cumplir su sueño de predicar en España. Pero una cosa es cierta: Acabaron con él estando en combate, no jubilado. Se estaba desplazando hacia la frontera en vez de quedarse sentado a escuchar los elogios por sus maravillosos logros. Aquí podemos aprender el significado de las misiones.

¿Cómo era posible que Pablo pudiera decir en Romanos 15:23: *No teniendo más campo en estas regiones*? Había miles de incrédulos que quedaban por convertirse en Judea, Samaria, Siria, Asia, Macedonia y Acaya. Eso es evidente en las instrucciones de Pablo a las iglesias acerca de cómo relacionarse con los incrédulos. ¡Pero Pablo no tiene más campo para trabajar!

La explicación la tenemos en los versículos 19-21:

> *Desde Jerusalén, y por los alrededores hasta Ilírico, todo lo he llenado del evangelio de Cristo. Y de esta manera me esforcé a predicar el evangelio, no donde Cristo ya hubiese sido nombrado, para no edificar sobre fundamento ajeno, sino, como está escrito: Aquellos a quienes nunca les fue anunciado acerca de él, verán; y los que nunca han oído de él, entenderán.*

La estrategia misionera de Pablo es predicar donde nadie ha predicado antes. Esto es lo que queremos decir con la expresión «misión fronteriza». A Pablo le apasionaba ir adonde no había iglesias establecidas, lo que significaba ir a España.

Lo sorprendente de estos versículos es que Pablo puede decir que todo lo ha llenado del evangelio, ¡desde Jerusalén (en el sur de Palestina) hasta Ilírico (en el noroeste de Grecia)! Comprender esto es comprender el significado de la misión fronteriza. Es algo muy diferente de la evangelización en casa. Quedaban miles de personas por experimentar la conversión desde Jerusalén hasta Ilírico. Pero la tarea de la misión fronteriza había concluido. El trabajo de Pablo de establecer iglesias estaba hecho, y ahora sería continuado por otros que seguirían regando (1 Corintios 3:6).

Por tanto, cuando hablo de misiones en este capítulo, por lo general me refiero al esfuerzo permanente de la iglesia cristiana por continuar con la estrategia de Pablo: predicar el evangelio de Jesucristo y establecer su iglesia entre grupos de personas que aún no han sido alcanzados.

La necesidad de misiones fronterizas

Doy por supuesto que las personas sin el evangelio están sin esperanza, porque sólo el evangelio puede liberarlas de sus pecados. Por tanto, las misiones son tremendamente esenciales en la vida de una iglesia que ama, aunque no todos los cristianos lo crean.

Walbert Buhlmann, un secretario de misiones católico de Roma, habló en nombre de muchos líderes de denominaciones de primera línea cuando dijo:

> *En el pasado teníamos la presunta motivación de salvar almas. Estábamos convencidos de que, si no eran bautizados, los pueblos en masa irían al infierno. Ahora, gracias a Dios, creemos que todas las personas y todas las religiones ya están viviendo en la gracia y el amor de Dios y serán salvos por la misericordia de Dios.*[3]

> *La hermana Emmanuelle del Cairo, Egipto, dijo: Hoy ya no hablamos de la conversión. Hablamos de ser amigos. Mi tarea es demostrar que Dios es amor y dar ánimos a estas personas.*[4]

Es natural querer creer en un Dios que salva a todos los hombres independientemente de lo que crean o hagan. Pero no es bíblico. Hay que rechazar las enseñanzas esenciales de las Escrituras para creer en un Dios así. Escuchemos las palabras del Hijo de Dios cuando llamó al apóstol Pablo al servicio misionero:

> *Para esto he aparecido a ti, para ponerte por ministro y testigo de las cosas que has visto, y de aquellas a que me apareceré a ti, librándote de tu pueblo, y de los gentiles, a quienes ahora te envío, para que abras sus ojos, para que se conviertan de las tinieblas a la luz, y de la potestad de Satanás a Dios; para que reciban, por la fe que es mí, perdón de pecados y herencia entre los santificados* (Hechos 26:16-18).

Se trata de una comisión vana si en realidad los ojos de las naciones no tienen que ser abiertos, no es necesario que se vuelvan de las tinieblas a la luz, no es necesario que escapen de la potestad de Satanás para ir a Dios y no necesitan el perdón de los pecados que viene sólo por la fe en Cristo, quien es predicado por los embajadores del Señor. Pablo no dio su vida como misionero en Asia, Macedonia, Grecia, Roma y España para informar a las personas de que ya eran salvas. Se entregó *para que de todos modos salve a algunos* (1 Corintios 9:22).

Por tanto, cuando el mensaje de Pablo acerca de Cristo fue rechazado (por ejemplo, en Antioquía por los judíos), él dijo: *A vosotros a la verdad era necesario que se os hablase primero la Palabra de Dios, mas puesto que la desecháis, y no os juzgáis dignos de la vida eterna, he aquí, nos volvemos a los gentiles* (Hechos 13:46). ¡Lo que está en juego en la campaña misionera a los pueblos que no han sido alcanzados es **la vida eterna**! La meta es precisamente la conversión a Cristo desde cualquier otra tendencia. *Y en ningún otro hay salvación; porque no hay otro nombre bajo el cielo, dado a los hombres, en que podamos ser salvos* (Hechos 4:12).

Dios no es injusto. Nadie será condenado por no creer un mensaje que nunca han escuchado. Aquellos que nunca han oído el evangelio serán juzgados por su fracaso en reconocer la luz y el poder de la gracia de Dios en la naturaleza y en su propia conciencia. De eso habla Romanos 1:20-21.

> *Porque las cosas invisibles de él, su eterno poder y deidad, se hacen claramente visibles desde la creación del mundo, siendo entendidas por medio de las cosas hechas, de modo que no tienen excusa. Pues habiendo conocido a Dios, no le glorificaron como a Dios, ni le dieron gracias.*

Aparte de la gracia salvadora especial de Dios, las personas están muertas por el pecado, con el entendimiento entenebrecido, separadas de la vida de Dios y con el corazón endurecido (Efesios 2:1, 4:18). Y los medios que Dios ha ordenado para administrar esa gracia salvadora especial es la predicación del evangelio de Jesucristo.

> *A griegos y a no griegos, a sabios y a no sabios soy deudor. Así que, en cuanto a mí, pronto estoy a anunciaros el evangelio también a vosotros que estáis en Roma. Porque no me avergüenzo del evangelio, porque es poder de Dios para salvación a todo aquel que cree* (Romanos 1:14-16).

La idea de que la personas se salvan sin oír el evangelio ha causado estragos en los esfuerzos misioneros de denominaciones e iglesias que minimizan la enseñanza bíblica de la perdición del hombre sin Cristo. Entre 1953 y 1980, la fuerza misionera exterior de las principales iglesias protestantes de

Norteamérica han disminuido de 9844 a 2813, mientras que la fuerza misionera de protestantes evangélicos que se toman esta enseñanza bíblica más en serio aumentó más el 200 %. La Alianza Cristiana y Misionera, por ejemplo, con sus 200 000 miembros, apoya al 40 % más de misioneros que la Iglesia Metodista Unida con sus 9,5 millones de miembros. Se produce un sorprendente despliegue de poder misionero cuando uno se toma en serio toda la Palabra de Dios.[5]

Muchos cristianos pensaban que el final de la época colonial tras la Segunda Guerra Mundial era también el fin de las misiones extranjeras. El evangelio había penetrado más o menos en todos los países del mundo. Pero de lo que nos hemos hecho más conscientes en la última generación es de que el mandamiento de Jesús de hacer discípulos de todas las naciones no se refiere a las naciones políticas tal como las conocemos hoy. Tampoco hace referencia a cada individuo, como si la gran comisión no se pudiera completar hasta que cada individuo se convirtiera en discípulo.

¿Cuáles son los pueblos?

Cada vez somos más conscientes de que la intención de Dios es que cada pueblo sea evangelizado, que se establezca una iglesia floreciente dentro de cada pueblo. Nadie puede definir exactamente qué es un pueblo. Pero sacamos una ligera idea de pasajes como Apocalipsis 7:9:

> *Después de esto miré, y he aquí una gran multitud, la cual nadie podía contar, de todas naciones y tribus y pueblos y lenguas, que estaban delante del trono y en la presencia del Cordero...*

Es casi imposible diferenciar entre naciones, tribus, pueblos y lenguas. Pero lo que **está** claro es que el propósito redentor de Dios no se cumple porque hay discípulos de Jesús en todas las naciones del siglo XX, es decir, en los estados políticos. Dentro de estos países hay miles de tribus, castas, sub-culturas y lenguas.

Por tanto, la tarea que le queda a la misión más allá de las fronteras ya no se concibe principalmente en términos geográficos. La cuestión ahora es: ¿Dónde están los pueblos no alcanzados?

Para responder a esta cuestión está en marcha una gran investigación. Por medio de ella, las averiguaciones que se están haciendo hablan de unos 5000 pueblos tribales, 4000 pueblos musulmanes, 3000 pueblos hindúes, 2000 pueblos Han en China, 1000 pueblos budistas, más otros 2000 pueblos aparte de estos grupos mayoritarios: unos 17000 pueblos no alcanzados (a veces denominados pueblos ocultos o pueblos fronterizos). Más de la mitad de la población del mundo vive en estos pueblos todavía sin alcanzar.[6]

¿Y qué hay del compromiso misionero hacia estos pueblos no alcanzados? Consideremos el siguiente cuadro de datos recogidos por Ralph Winter y Bruce Graham en 1985.

	ALCANZADOS	**SIN ALCANZAR**
Pueblos	7000 (29%)	17000 (71%)
Individuos	2295 millones (49%)	2433 millones (51%)
Número de misioneros protestantes norteamericanos sirviéndoles:	58900 (87%)	9080 (13%)

Bajo el título «¡Qué desequilibrio!», Winter comenta acerca del cuadro:

Fijémonos en que sólo 9080 obreros (como mucho) se concentran en los 17000 pueblos (2433 millones

> *de personas) [...] ¡Qué desequilibrio! Por cada persona que confiesa el nombre de Cristo, hay dos personas que nunca han escuchado el nombre de Cristo. ¡Por cada misionero que lleva el evangelio a estos pueblos no alcanzados, hay siete obreros cristianos evangelizando a individuos de grupos alcanzados!*[7]

Lo importante de todo esto es que la tarea de la misión fronteriza difícilmente se puede completar. La necesidad es grande. El mandamiento del Señor de hacer discípulos en estos grupos sigue vigente. Y lo que deseo conseguir en este capítulo es encender un deseo en tu corazón de formar parte del último capítulo de la mayor historia del mundo.

Convertirse en cristianos con visión mundial

Me gustaría creer que muchos de los que estáis leyendo este capítulo estáis a punto de iniciar un nuevo curso de compromiso con las misiones: unos comprometiéndose por vez primera a ir a un pueblo fronterizo, otros escogiendo un nuevo camino en sus estudios, otros planteándose una nueva forma de utilizar su vocación en una cultura menos saturada por la iglesia, otros adoptando un nuevo estilo de vida y una nueva costumbre de dar, orar y leer. Quiero impulsaros a los que estáis en la antesala de estas cosas. Me gustaría plantear la causa de las misiones de forma tan atractiva que no puedas seguir resistiéndote a su magnetismo.

No es que piense que todo el mundo debe ser misionero, ni siquiera uno. Pero oro para que cada lector de este libro pueda convertirse en lo que David Bryant denomina «cristiano mundial» que reorganice su vida alrededor de la causa global de Dios. En su libro inspirador ***In the Gap***, Bryant define a los cristianos mundiales como ese grupo de cristianos que dicen:

> *Queremos aceptar la responsabilidad personal de alcanzar a algunos de los no alcanzados de la tierra,*

> *especialmente de entre los miles de millones de la franja más amplia, aquellos que sólo pueden ser alcanzados por medio de nuevos y mayores esfuerzos del pueblo de Dios. En medio de todos los pueblos donde no hay comunidad cristiana evangelizadora debería haberla, tiene que haberla, la habrá. Juntos queremos ayudar a que esto ocurra.*[8]

El joven gobernador rico

La base bíblica para el compromiso misionero de un hedonista cristiano se encuentra en la historia del joven rico (Marcos 10:17-31).

> *Al salir él para seguir su camino, vino uno corriendo, e hincando la rodilla delante de él, le preguntó: Maestro bueno, ¿qué haré para heredar la vida eterna? Jesús le dijo: ¿Por qué me llamas bueno? Ninguno hay bueno, sino sólo uno, Dios. Los mandamientos sabes: No adulteres. No mates. No hurtes. No digas falso testimonio. No defraudes. Honra a tu padre y a tu madre. Él entonces, respondiendo, le dijo: Maestro, todo esto lo he guardado desde mi juventud. Entonces Jesús, mirándole, le amó, y le dijo: Una cosa te falta: anda, vende todo lo que tienes, y dalo a los pobres, y tendrás tesoro en el cielo; y ven, sígueme, tomando tu cruz. Pero él, afligido por esta palabra, se fue triste, porque tenía muchas posesiones. Entonces Jesús, mirando alrededor, dijo a sus discípulos: ¡Cuán difícilmente entrarán en el reino de Dios los que tienen riquezas! Los discípulos se asombraron de sus palabras; pero Jesús, respondiendo, volvió a decirles: Hijos, ¡cuán difícil les es entrar en el reino de Dios a los que confían en las riquezas! Más fácil es pasar un camello por el ojo de una aguja, que entrar un rico en el reino de Dios. Ellos se asombraban aun más, diciendo entre sí: ¿quién,*

> *pues, podrá ser salvo? Entonces Jesús, mirándolos, dijo: para los hombres es imposible, mas para Dios, no; porque todas las cosas son posibles para Dios. Entonces Pedro comenzó a decirle: he aquí, nosotros lo hemos dejado todo, y te hemos seguido. Respondió Jesús y dijo: de cierto os digo que no hay ninguno que haya dejado casa, o hermanos, o hermanas, o padre, o madre, o mujer, o hijos, o tierras, por causa de mí y del evangelio, que no reciba cien veces más ahora en este tiempo; casas, hermanos, hermanas, madres, hijos, y tierras, con persecuciones; y en el siglo venidero la vida eterna. Pero muchos primeros serán postreros, y los postreros, primeros.*

Esta historia contiene al menos dos grandes incentivos para dedicarse por completo a la causa de la misión fronteriza.

Para los hombres es imposible, mas para Dios no

En primer lugar, en Marcos 10:25-27, Jesús les dijo a sus discípulos:

> *Más fácil es pasar un camello por el ojo de una aguja, que entrar un rico en el reino de Dios. Ellos se asombraban aún más, diciendo entre sí: ¿Quién, pues, podrá ser salvo? Entonces Jesús, mirándolos, dijo: Para los hombres es imposible, mas para Dios no; porque todas las cosas son posibles para Dios.*

Ésta es una de las conversaciones misioneras más alentadoras de la Biblia. ¿Qué misionero no ha mirado su obra y ha dicho: es imposible? Jesús está de acuerdo: Sí, para los hombres es imposible. Ningún ser humano por sí sólo puede liberar a otro ser humano del poder para esclavizar que tiene el amor al dinero. El joven rico se fue con tristeza porque las ataduras de las cosas no puede romperlas el hombre. ¡Para los hombres es imposible! Y, por tanto, la obra misionera —que es simplemente liberar el corazón humano de las ataduras de lealtad a otra cosa que no sea Cristo— es imposible, ¡para los hombres!

Si Dios no se encargara de esta cuestión, haciendo lo que humanamente es imposible, no habría esperanza para la tarea del misionero. ¿Quién sino Dios puede resucitar a los que están muertos espiritualmente y hacer que presten atención al evangelio? *Aun estando nosotros muertos en pecados, nos dio vida juntamente con Cristo* (Efesios 2:5). La gran esperanza del misionero es que, cuando el evangelio es predicado con el poder del Espíritu Santo, Dios mismo hace lo que el hombre no puede hacer: crea la fe que salva.

La llamada de Dios consigue lo que la llamada del hombre no puede hacer. Resucita a los muertos. Crea vida espiritual. Es como la llamada de Jesús a Lázaro para que saliera de la tumba: *¡Sal fuera!* (Juan 11:43). Nosotros podemos despertar a alguien llamándolo, pero la llamada de Dios puede llamar a las cosas que no son como si fuesen (Romanos 4:17).

La llamada de Dios es irresistible en el sentido de que supera toda resistencia. No se puede evitar que sea efectiva de acuerdo con el propósito de Dios, hasta el punto que Pablo puede decir que a los que Dios llamó también justificó. En otras palabras, el llamamiento de Dios es tan efectivo que, de forma infalible, crea la fe a través de la cual una persona es justificada. **Todos** los llamados son justificados. Pero nadie se justifica sin fe. (Romanos 5:1). Así que el llamamiento de Dios no puede dejar de conseguir el efecto buscado. Asegura de forma irresistible la fe que justifica.

Esto es lo que el hombre no puede hacer. Es imposible. Sólo Dios puede quitar el corazón de piedra (Ezequiel 36:26). Sólo Dios puede llevar a las personas al Hijo (Juan 6:44, 65). Sólo Dios puede abrir el corazón para que preste atención al evangelio (Hechos 16:14). Sólo el Buen Pastor conoce a sus ovejas por nombre. Las llama y ellas le siguen. La gracia soberana de Dios haciendo lo humanamente imposible es la gran esperanza misionera.

También es la fuente de vida para el hedonista cristiano. Porque lo que más ama el hedonista cristiano es la experiencia de la gracia soberana de Dios llenándole y fluyendo para el bien de otros. Los misioneros hedonistas cristianos aman la experiencia de que *por la gracia de Dios soy lo que soy* (1 Corintios 15:10). Disfrutan de la verdad de que el fruto de su labor misionera sea completamente de Dios (1 Corintios 3:7; Romanos 11:36). Sienten satisfacción cuando el Maestro les dice: *Sin mí, nada podéis hacer* (Juan 15:5). Saltan como corderos ante la verdad de que Dios ha quitado de sus hombros la carga imposible de la nueva creación y la ha puesto sobre los suyos propios.

Sin envidia dicen: *No que seamos competentes por nosotros mismos para pensar algo como de nosotros mismos, sino que nuestra competencia proviene de Dios* (2 Corintios 3:5). Cuando vuelven a casa para un período de descanso, nada les proporciona más gozo que decir a las iglesias: *No osaría hablar sino de lo que* **Cristo** *ha hecho por medio de mí para la obediencia de los gentiles* (Romanos 15:18*). Todas las cosas son posibles para Dios,* palabras que a primera vista proporcionan esperanza, pero que también nos llevan a la humildad. Son el antídoto para la desesperación y el orgullo: la medicina perfecta para el misionero.

Esta gran confianza de la empresa misionera la proporciona de nuevo Jesús en Juan 10:16 con palabras distintas:

> *También tengo otras ovejas que no son de este redil; aquellas también debo traer, y oirán mi voz; y habrá un rebaño, y un pastor.*

Advirtamos en este texto tres cosas que son de poderoso ánimo para los misioneros que van más allá de sus fronteras:

1. **¡Cristo tiene otras ovejas que están fuera del redil actual!** Han sido *redimidas para Dios de todo linaje y lengua y pueblo y nación* (Apocalipsis 5:9). Los hijos de Dios son

congregados desde donde estaban dispersos (Juan 11:52). No hay ningún misionero que alcance a un grupo fronterizo y pueda decir que Dios no tiene pueblo allí.

Así es precisamente como el Señor animó a Pablo cuando estaba abatido en Corinto y se enfrentaba a la «imposibilidad» de establecer una iglesia en aquel terreno pedregoso.

> *Entonces el Señor dijo a Pablo en visión de noche: No temas, sino habla, y no calles; porque yo estoy contigo, y ninguno pondrá sobre ti la mano para hacerte mal, porque yo tengo mucho pueblo en esta ciudad* (Hechos 18:9-10).

En otras palabras, ¡ánimo! Puede parecer imposible, pero Dios tiene un pueblo escogido (las «otras ovejas» de Juan 10:16) y el Buen Pastor conoce a los suyos y los llamará por nombre cuando les prediques el evangelio con fe.

2. Esto nos lleva a la segunda cosa que nos anima a las misiones en Juan 10:16, es decir, a las palabras: *aquellas también debo traer.* **Cristo tiene la necesidad divina de reunir a su rebaño.** Tiene que hacerlo. **Debe** hacerlo. Pero, por supuesto, esto no conduce a la idea hipercalvinista[9] de que lo hará sin utilizarnos a nosotros como medio. William Carey, «padre de las misiones modernas», hizo un gran servicio a la causa de la misión fronteriza cuando publicó en 1792 su pequeño libro titulado: ***An Enquiry into the Obligation of Christians to Use Means for the Conversion of the Heathens*** [Informe sobre la obligación que tienen los cristianos de buscar medios para la conversión de los paganos].

Dios siempre utilizará intermediarios. Jesús lo deja claro cuando dice: *Mas no ruego solamente por éstos, sino también por los que han de creer en mí* ***por la palabra de ellos*** (Juan 17:20). No obstante, Carey creía, como enseñó el Señor, que él era incapaz y que es verdaderamente Cristo quien llama, salva y obra en nosotros lo que es agradable a su vista (Hebreos

13:21). Después de cuarenta años de logros espectaculares por su parte (por ejemplo, tradujo toda la Biblia al bengalí, oriya, marati, hindi, asamés y sánscrito, y partes de la misma a otras 29 lenguas), William Carey murió; sin embargo, la sencilla lápida de su tumba reza, por petición suya:

WILLIAM CAREY
Nació el 17 de agosto de 1761
Murió en junio de 1834
Un miserable, pobre e inútil gusano,
en tus bondadosos brazos caigo.

Lo que es de mayor ánimo en Juan 10:16 es que el Señor mismo hará lo que nos resulta imposible a unos «pobres gusanos inútiles» como nosotros. *También tengo otras ovejas que no son de este redil; aquellas también debo traer.*

3. La tercera cosa que nos da ánimo en este versículo es que las ovejas a las que él llama seguro que acudirán. *Aquellas también debo traer,* ***y oirán mi voz***. ¡Lo que es imposible para los hombres es posible para Dios! Cuando Pablo estaba terminando de predicar en la ciudad de Antioquía, Lucas describe el resultado de la forma siguiente: *y creyeron todos los que estaban ordenados para vida eterna* (Hechos 13:48). Dios tiene un pueblo dentro de cada población. Los llamará con el poder del creador. ¡Y creerán!

¡Qué poder hay en estas palabras para superar el desánimo en los lugares difíciles! La historia de Peter Cameron Scott es una buena ilustración del poder de Juan 10:16.

Nació en Glasgow en 1867 y llegó a ser el fundador de la Misión Interior Africana. Pero sus comienzos en África no fueron nada favorables. Su primer viaje a África terminó con un fuerte ataque de malaria que lo envió de vuelta a casa. Decidió regresar tras su recuperación.

Este retorno fue especialmente gratificante para Scott, porque esta vez su hermano John se unió a él. Pero cuando no había pasado mucho tiempo John murió de fiebres. Totalmente solo, Peter enterró a su hermano, y en la agonía de aquellos días volvió a comprometerse a predicar el evangelio en África. Pero de nuevo su salud se resintió y tuvo que volver a Inglaterra.

¿Cómo pudo salir de la desolación y la depresión de aquellos días? Se había encomendado a Dios. Pero, ¿dónde podía encontrar fuerzas para volver a África? ¡Para el hombre era imposible!

Encontró las fuerzas en la abadía de Westminster. Allí está la tumba de David Livingstone. Scott entró en silencio, buscó la tumba y se arrodilló en frente de ella para orar. La inscripción reza:

TAMBIÉN TENGO OTRAS OVEJAS
QUE NO SON DE ESTE REDIL;
AQUELLAS TAMBIÉN DEBO TRAER.

Se levantó de sus rodillas con una esperanza renovada y regresó a África. Y la misión que fundó es una fuerza creciente y llena de vitalidad para el evangelio hoy en África.

Si nuestro mayor gozo es experimentar la gracia de Dios fluyendo de ti para el bien de otros, entonces las mejores noticias del mundo son que Dios hará lo imposible a través de ti para la salvación de los pueblos no alcanzados. *Para los hombres es imposible, mas para Dios no; porque todas las cosas son posibles para Dios.*

Recibirás cien veces más

El segundo gran incentivo en Marcos 10:17-31 para dedicarse a la causa de la Misíon fronteriza se encuentra en los versículos 28-30:

> *Entonces Pedro comenzó a decirle* [a Jesús]*: he aquí, nosotros lo hemos dejado todo, y te hemos seguido. Respondió Jesús y dijo: de cierto os digo que no hay ninguno que haya dejado casa, o hermanos, o*

hermanas, o padre, o madre, o mujer, o hijos, o tierras, por causa de mí y del evangelio, que no reciba cien veces más ahora en este tiempo; casas, hermanos, hermanas, madres, hijos, y tierras, con persecuciones; y en el siglo venidero la vida eterna.

Este texto no significa que uno se vuelve materialmente rico haciéndose misionero, al menos no en el sentido de que se incrementen las posesiones personales. Si sirves de forma voluntaria en una misión con esa idea, el Señor te exhortará con estas palabras: *Las zorras tienen guaridas, y las aves de los cielos nidos; mas el Hijo del Hombre no tiene donde recostar la cabeza* (Lucas 9:58).

En vez de eso parece querer decir que, si te ves privado de tu familia terrenal en el servicio a Cristo, ésta se verá suplida cien veces por la familia espiritual, la iglesia. Pero hasta esto puede ser demasiado limitado. ¿Qué pasa con los misioneros que están solos y que trabajan durante años sin estar rodeados de cientos de hermanas, hermanos, madres e hijos en la fe? ¿Es que la promesa no es cierta para ellos?

Claro que lo es. Lo que Cristo quiere decir es que él mismo compensa todo sacrificio. Si abandonas el amor cercano y la preocupación de una madre, recibirás cien veces el amor y la preocupación del siempre cercano Cristo. Si abandonas la amistad cálida de un hermano, recibirás cien veces el calor y la amistad de Cristo. Si abandonas el sentimiento de hogar que tenías en tu casa, recibirás cien veces la tranquilidad y seguridad de conocer que tu Señor es dueño de todas las casas, tierras, ríos y árboles de la tierra. A los futuros misioneros les dice Jesús: Te prometo **obrar** y **ser** mucho más para ti, de manera que no puedas decir que has sacrificado nada.

¿Cuál fue la actitud de Jesús hacia el espíritu «de sacrificio» de Pedro? Pedro dijo: *Nosotros lo hemos dejado todo, y te hemos seguido.* ¿Ordena Jesús este espíritu de «negación a uno mismo»? No, lo rechaza. Jesús dice: Nadie sacrifica nada por mí que yo no vaya a devolver multiplicado por cien; sí, en un sentido aun en esta vida, por no mencionar la vida eterna en el siglo venidero. ¿Por qué rechaza Jesús a Pedro por pensar en términos de sacrificio? Jesús mismo había ordenado negarse a sí mismo (Marcos 8:34). La razón parece ser que Pedro todavía no pensaba en el sacrificio de la forma en que se supone que debe hacerlo un hedonista cristiano.

¿Cuál es dicha forma?

La respuesta de Jesús indica que la negación de uno mismo se ha de interpretar como negarse un bien menor sólo para obtener un bien mayor. Te niegas una madre para conseguir cien madres. En otras palabras, Jesús desea que pienses en el sacrificio de tal forma que excluya toda lástima de ti mismo. Esto es, de hecho, exactamente lo que enseñan los textos sobre la negación de uno mismo.

> *Si alguno quiere venir en pos de mí, niéguese a sí mismo, y tome su cruz, y sígame. Porque todo el que quiera salvar su vida, la perderá; y todo el que pierda su vida por causa de mí y del evangelio, la salvará* (Marcos 8:34-35)[10].

El argumento es ineludiblemente hedonista. San Agustín captó la paradoja en estas palabras:

> *Si amas tu alma, hay peligro de que sea destruida. Por tanto, es mejor no amarla, puesto que no deseas que sea destruida. Pero, al no desear que sea destruida, la amas.*[11]

Jesús lo sabía. Era la base de su argumento. No nos pide que nos de igual ser o no destruidos. Al contrario, da por hecho que el sincero anhelo de vida verdadera (1 Pedro 3:10) nos llevará a negarnos a nosotros mismos todos los placeres y comodidades menores de la vida. Si somos indiferentes al valor del don de la vida que Dios nos da, lo deshonramos. La forma de medir nuestro anhelo de vida es la cantidad de comodidad que estamos dispuestos a abandonar para conseguirla.

Ensalzamos el don de la vida eterna en la presencia de Dios si estamos dispuestos a aborrecer nuestras vidas en este mundo para conseguirlo (Juan 12:25). En eso consiste el valor de la negación de uno mismo centrada en Dios.

Cuando Pedro dijo que lo había sacrificado todo, no había pensado tan profundamente como David Brainerd y David Livingstone. Cuando era un joven misionero entre los indios de Nueva Inglaterra, Brainerd luchó con la cuestión del amor a uno mismo y la negación de uno mismo. El 24 de enero de 1744 escribió en su diario:

> *Por la tarde fui visitado de forma inesperada por una cantidad considerable de personas con quienes pude conversar provechosamente acerca de cosas divinas. Pusimos especial cuidado en describir la diferencia entre el amor a uno mismo apropiado e inapropiado; el primero consistía en un amor supremo a Dios, pero el otro no; el primero unía la gloria de Dios y la felicidad del alma tratando de llegar a tener un interés común, pero el segundo desunía y separaba la gloria de Dios y la felicidad del hombre, pretendiendo esto último pasando por alto aquélla. Esto se ilustra con el amor genuino que se da entre sexos opuestos, que es diferente del que se da hacia una persona sólo por medio de un argumento racional, esperanza o interés personal.*[12]

Brainerd sabía dentro de su alma que, al buscar vivir para la gloria de Dios, se estaba amando a sí mismo. Sabía que no estaba haciendo un sacrificio supremo, aunque se estaba muriendo de tuberculosis. Pero sabía que Jesús condenaba cierta forma de amarse a uno mismo y ordenaba cierta forma de negarse a uno mismo. Por tanto, estableció una diferenciación entre el amor a uno mismo que separa nuestro propósito de felicidad de nuestro propósito de la gloria de Dios, y el amor a uno mismo que combina estos dos propósitos en «un interés común». En otras palabras, no cometió el error de Pedro de pensar que su sufrimiento por Cristo era un sacrificio supremo. Como consecuencia de todo lo que abandonó, recibió nuevas experiencias de la gloria de Dios. ¡Multiplicadas por cien!

El 4 de diciembre de 1857, David Livingstone, el gran misionero pionero en África, hizo un emotivo llamamiento a los estudiantes de la universidad de Cambridge, mostrando que había aprendido con el paso de los años de experiencia lo que Jesús trataba de enseñar a Pedro:

> *Por mi parte, nunca he dejado de gozarme de que Dios me haya llamado para este oficio. Las personas hablan del sacrificio que he hecho invirtiendo una gran parte de mi vida en África. ¿Puede eso denominarse sacrificio cuando se trata de devolver una pequeña parte de la gran deuda que tenemos con nuestro Dios, la cual nunca podremos pagar? ¿Se trata de un sacrificio cuando conlleva su propia recompensa de la bendición que es esa actividad con salud, la conciencia de hacer el bien, la paz de espíritu y una brillante esperanza de un destino glorioso en el futuro? ¡Acabemos con esa forma de entender la palabra y con esa forma de pensar! Hay que insistir en que eso no es un sacrificio. Más bien diríamos que es un privilegio. La ansiedad, la enfermedad, el sufrimiento o el peligro, ahora y entonces, cuando anteriormente hemos vivido las comodidades normales y los beneficios de esta vida, pueden hacer que nos paremos y que el espíritu vacile y el alma se ahogue, pero que sólo sea por un momento. Todo esto no es nada si se compara con la gloria que se revelará en y para nosotros. Nunca he hecho ningún sacrificio.*[13]

Hay una frase de esta cita que es, en mi opinión, inconsecuente y de poca ayuda: *¿Puede eso denominarse sacrificio cuando se trata de devolver una pequeña parte de la gran deuda que tenemos con nuestro Dios, la cual nunca podremos pagar?* No creo que nos ayude mucho describir nuestra obediencia como un intento (aunque imposible) de devolverle a Dios el pago por su gracia. Pensar de esa manera es contradecir la pura gracia. No sólo nos ayuda poco, sino que es inconsecuente con el resto de lo que el mismo Livingstone añade. Dice que su obediencia en realidad le hace recibir salud, paz, esperanza. Se honra más la gracia y la valía de Dios apartando la idea de pagarle una parte. No estamos inmersos en un negocio o en una compra. Hemos recibido un regalo. Pero, hecha esta puntualización, la última línea es magnífica: *Nunca he hecho ningún sacrificio.*

Ésta es la supuesta enseñanza que se deduce del rechazo de Jesús al espíritu de sacrificio (¡lleno de lástima hacia sí mismo!) de Pedro. Nuestro gran incentivo para dedicar nuestras vidas a la causa de la misión fronteriza es la ganancia de un 10 000 por ciento por nuestra inversión. Los misioneros han dado testimonio de esto desde el principio, desde el apóstol Pablo.

Pablo se atrevió a decir que todo lo consideraba basura comparado con el conocimiento y el sufrimiento de Jesús:

> *Pero cuantas cosas eran para mí ganancia, las he estimado como pérdida por amor de Cristo. Y ciertamente, aun estimo todas las cosas como pérdida por la excelencia del conocimiento de Cristo Jesús, mi Señor, por amor del cual lo he perdido todo, y lo tengo por basura, para ganar a Cristo [...] a fin de conocerle, y el poder de su resurrección, y la participación de sus padecimientos, llegando a ser semejante a él en su muerte* (Filipenses 3:7-10).
>
> *Porque esta leve tribulación momentánea produce en nosotros un cada vez más excelente y eterno peso de gloria* (2 Corintios 4:17).
>
> *Pues tengo por cierto que las aflicciones del tiempo presente no son comparables con la gloria venidera que en nosotros ha de manifestarse* (Romanos 8:18).
>
> *Y esto hago por causa del evangelio, para hacerme copartícipe de él* (1 Corintios 9:23).[14]

Es sencillamente sorprendente lo consecuentes que son los testimonios de los misioneros que han sufrido por el evangelio. Prácticamente todos ellos hablan del abundante gozo y la gran compensación (¡multiplicada por cien!).

Colin Grant describe cómo los Hermanos Moravos enviaron misioneros desde las montañas de Sajonia en Europa Central sesenta años antes de que William Carey fuera a la India. Con terribles renuncias alcanzaron las Indias Occidentales, Surinam, Norteamérica, Groenlandia, Sudáfrica, China y Persia entre 1732 y 1742; *un récord sin paralelos en la era posterior al Nuevo Testamento de evangelización del mundo.* Al recoger las principales características de este movimiento, Grant coloca la «obediencia alegre» al principio de la lista. *En primer lugar, la obediencia misionera de los Hermanos Moravos era esencialmente alegre y espontánea, «la respuesta de una organización saludable a su ley de vida».*[15]

Andrew Murray hace referencia a esta «ley de vida» en su clásico sobre misiones ***Key to the Missionary Problem*** *[Claves del problema misionero].* La naturaleza nos enseña que todo creyente ha de ser un ganador de almas: *Forma parte esencial de la nueva naturaleza. Lo vemos en todo niño, que ama contar su felicidad y llevarla a otros para compartir su alegría.*[16] La misión es el resultado automático y el flujo del amor a Cristo. Nos deleitamos en extender nuestro gozo en él llevándolo a otros. Como dijo Lottie Moon: *Seguro que no puede haber mayor gozo que el de salvar almas.*[17]

Lo que hizo Lottie Moon al promover la causa de las misiones extranjeras entre las mujeres bautistas del sur de los Estados Unidos, lo hizo Ami Carmichael entre las mujeres cristianas de todas las denominaciones en el Reino Unido. Escribió treinta y cinco libros describiendo en detalle sus cincuenta y cinco años en la India. Sherwood Eddy, un estadista misionero y autor que la conocía bien, dijo: *Amy Wilson Carmichael fue la persona de carácter más cristiano que he conocido nunca, y [...] su vida fue la más dulce, la más sacrificada pero llena de alegría con la que me he topado.*[18] «¡Sacrificio lleno de alegría!» Eso es lo que Jesús fue después de rechazar el espíritu de sacrificio de Pedro en Marcos 10:29-30.

John Hyde, conocido como «el apóstol de oración», llevó una vida de increíble intensidad de oración como misionero en la India a principios del siglo XX. Algunos pensaban que era taciturno. Pero se cuenta algo acerca de él que revela el verdadero espíritu que había detrás de su vida de oración sacrificada.

Una mujer del mundo pensó en cierta ocasión en divertirse a costa de Mr. Hyde. Así que le preguntó: «¿No cree, Mr. Hyde, que una chica que baila pueda ir al cielo?» Él la miró con una sonrisa y dijo tranquilamente: «No veo cómo una chica puede ir al cielo **a menos que** baile». Entonces le explicó ampliamente el gozo del perdón de los pecados.[19]

Samuel Zwemer, famoso por su obra misionera entre los musulmanes, ofrece un conmovedor testimonio del gozo del sacrificio. En 1897, él y su esposa con sus dos hijas navegaron al Golfo Pérsico para trabajar entre los musulmanes de Bahrein. Su evangelización no produjo fruto durante largo tiempo. Las temperaturas alcanzaban de forma regular los 42 grados *en la parte más fresca de la terraza.* En julio de 1904 sus dos hijas, de cuatro y siete años, murieron en el plazo de una semana. No obstante, cincuenta años más tarde, Zwemer miraba atrás a aquel período y escribía: *Recuerdo el profundo gozo en medio de todo aquello. Con alegría volvería a pasar por aquello.* [20]

Al final, la razón por la que Jesús nos reprende por un espíritu de sacrificio lleno de lástima hacia nosotros mismos es que él desea ser glorificado en la gran empresa misionera. Y la forma en que quiere ser glorificado es manteniéndose en el papel de benefactor y manteniéndonos a nosotros en el de beneficiarios. Nunca piensa en revertir las funciones de paciente y médico. Aun si somos llamados a ser misioneros, seguimos siendo inválidos en el sanatorio de Cristo. Aún tenemos necesidad de un buen médico. Aún dependemos de él para hacer lo humanamente imposible en nosotros y a través de nosotros. Puede que sacrifiquemos otras cosas para entrar en el hospital de Cristo, pero estamos allí para nuestra salud espiritual, ¡no para pagarle una deuda al doctor!

Daniel Fuller utiliza este cuadro del paciente y el médico para mostrar cómo el misionero eficaz evita la presunción de pretender ayudar a Dios:

> *Una analogía para comprender cómo vivir la vida cristiana sin ser legalista es pensar en nosotros mismos como enfermos y necesitados de la ayuda del médico para ponernos bien. Los hombres comienzan su vida con una disposición tan inclinada al mal que Jesús los denomina* ***hijos del infierno*** *(Mateo 23:15). [...] En Marcos 2:17 y en otras partes, Jesús se comparó con un médico con la tarea de sanar los pecados del hombre; recibió el nombre de Jesús porque su misión era salvar a su pueblo de sus pecados (Mateo 1:21). En el momento en que nos volvemos de amar las cosas de este mundo para poner nuestra esperanza en Dios y en sus promesas resumidas en Jesucristo, Jesús nos lleva, por así decirlo, a su clínica para sanarnos de nuestras inclinaciones infernales. [...] La fe verdadera significa no sólo confiar en que los pecados son perdonados, sino también creer las promesas de Dios de que tendremos un futuro feliz por toda la eternidad. O, dando la vuelta a la metáfora de la medicina y la clínica, debemos poner nuestras personas enfermas en manos de Cristo como el Gran Médico, con confianza en que él trabajará hasta que nuestra inclinación infernal se transforme en inclinación a lo divino.*
>
> *[Un] resultado que se extrae de la analogía del doctor es que, a la vez que prescribe determinadas instrucciones generales para que sigan todos sus pacientes, también establecerá regímenes saludables individuales para las necesidades concretas de cada uno de ellos. Por ejemplo, puede que dirija a algunos a abandonar su patria para ir a proclamar el evangelio en un país extranjero. Las personas tienen la gran tentación en determinadas circunstancias de caer en*

> *el legalismo de pensar que son héroes ante Dios por haber abandonado su país de origen para soportar los rigores de vivir en un país extranjero [éste era el problema de Pedro]. Aquellos que son encaminados a llevar a cabo trabajos duros para Dios deben recordarse a sí mismos que estas dificultades son sencillamente para su salud. Puesto que estas dificultades les ayudarán a ser más parecidos a Cristo, cantarán un canto de alabanza a Dios y, como resultado, «verán esto muchos, y temerán, y confiarán en Yahvéh» (Salmo 40:3). Aquellos que se consideran inválidos más que héroes serán misioneros excelentes.*[21]

Por muy extraño que esto pueda parecer a la gente secular, con tan gran confianza en sí mismos y elevada autoestima, es en realidad la forma en que muchos misioneros conciben su labor. Francisco Javier (1506-1552), quien fundó el movimiento misionero jesuita y sirvió en la India y en Japón, estaba siempre buscando profundizar en su vida con Dios. Murió a los 46 años esperando poder pasar a la gran China prohibida. Ten en mente la analogía del doctor-paciente al leer una de sus últimas cartas acerca de su deseo de entrar en China.

> *El peligro de todos los peligros sería perder la fe y la confianza en la misericordia de Dios para cuyo amor y servicio vinimos a manifestar la ley de Jesucristo, su Hijo, nuestro Redentor y Señor, como él bien sabe. [...] Dejar de confiar en él sería mucho más terrible que cualquier mal físico que todos los enemigos de Dios pudieran reunir para infligirnos; porque, sin el permiso de Dios, ni el diablo ni ninguno de sus ministros humanos pueden atacarnos ni lo más mínimo. [...] Por tanto, estamos decididos a continuar nuestro camino hacia China a cualquier precio, y* ***espero en Dios para que el resultado de nuestro viaje sea el incremento de nuestra fe santa,*** *por*

> *mucho que el diablo y sus ministros puedan parecer perseguirnos. Si Dios es por nosotros, ¿quién contra nosotros?*[22]

William Carey, a primera vista, puede parecer una excepción de la idea de que los misioneros deben ver su ministerio como el tratamiento de Dios para su enfermedad espiritual del pecado. El miércoles 31 de mayo de 1792 predicó su famoso sermón de Isaías 54:2-3 *(Ensancha el sitio de tu tienda...)*, en el que pronunció su frase más famosa: *Espero grandes cosas de Dios; intento grandes cosas para Dios.* ¿Es ésta la forma de hablar de un inválido acerca de su relación con su médico?

¡Sí! ¡Definitivamente, sí! Si un médico le dice a un paralítico parcial que se agarre a él y se levante de la silla, el invalido debe primero confiar en el médico y «esperar gran ayuda». La interpretación de Mary Drewery del lema de Carey seguramente está de acuerdo con su intención:

> *Una vez convencido de su llamamiento misionero, Carey puso su fe completamente en que Dios le guiaría y proveería para todas sus necesidades. «Esperar grandes cosas de Dios» ha sido la primera parte de su mandamiento en el encuentro de la Asociación en Nottingham, en 1792. Aunque las expectativas no se cumplieron siempre de la forma y en el momento que Carey anunció, no obstante, habría afirmado que la ayuda siempre llegó y cada vez de forma creciente. Así que pudo «conseguir grandes cosas para Dios». Las bendiciones no fueron una recompensa por el trabajo llevado a cabo; fueron un pre-requisito para llevar a cabo la obra.*[23]

Se encuentra confirmación de esta interpretación de Carey mismo en las palabras que pidió que pusieran en su tumba: *Un miserable, pobre e inútil gusano, en tus bondadosos brazos caigo.* Se trata de una perfecta descripción de un inválido y de su médico bondadoso y lleno de amor hacia él. Fue cierto en su vida (*espero grandes cosas de Dios*) y fue cierto en su muerte (*en tus bondadosos brazos caigo*).

Lo mismo fue cierto de Hudson Taylor, fundador de la Misión al Interior de China. Su hijo compiló una breve obra en 1932 titulada ***El secreto espiritual de Hudson Taylor***. El secreto es sencillamente que Hudson Taylor aprendió a ser un paciente feliz en la clínica de la vida del Salvador.

> *Con frecuencia, los que estaban despiertos en la casita de Chinkiang a las dos o las tres de la madrugada, podían oír el suave coro del himno favorito del señor Taylor [Descanso, descanso, oh Jesús, en el gozo de tu ser…]. Había aprendido que para él sólo era posible una vida: esa vida bendita de descansar y regocijarse en el Señor en toda circunstancia, mientras se enfrentaba a las dificultades internas y externas, grandes y pequeñas.* [24]

Pero hay que decir que toda terapia es dolorosa. *Es necesario que a través de muchas tribulaciones entremos en el reino de Dios* (Hechos 14:22). A eso es a lo que Jesús se refería cuando dijo que nuestro beneficio en la terapia misionera multiplicado por cien iría acompañado de persecuciones (Marcos 10:30). No seamos ingenuos. Para algunos, la terapia incluye también la muerte, porque la clínica hace de puente entre el cielo y la tierra: *Os echarán mano, y os perseguirán […] y matarán a alguno de vosotros […] Pero ni un cabello de vuestra cabeza perecerá. Con vuestra paciencia ganaréis vuestras almas* (Lucas 21:12, 16, 18-19).

Por eso, los misioneros mártires a menudo denominan a la muerte con nombres dulces. *Aunque hayamos tenido un mal desayuno, tendremos una buena cena y estaremos muy pronto en el cielo.*[25] Al inválido misionero fiel se le promete una mejoría multiplicada por cien en esta vida, con persecuciones, y la vida eterna en la era venidera.

Los misioneros no son héroes que pueden presumir de su gran sacrificio por Dios. Son los verdaderos hedonistas cristianos. Saben que la consigna del hedonista cristiano es la misión. Han descubierto cien veces más gozo y satisfacción en una vida entregada a Cristo y al evangelio que en una vida entregada a la frivolidad de las comodidades, los placeres y los avances del mundo. Y se han tomado en serio la reprensión de Jesús: ¡Ojo con tener un espíritu de sacrificio lleno de lástima de ti mismo! ¡La ganancia se multiplica por cien!

Resumen y exhortación

Por tanto, éstos son dos grandes incentivos de Jesús para convertirte en un cristiano mundial y dedicarte a la causa de las misiones fronterizas a comienzos del nuevo siglo.

Lo que es imposible para los hombres es posible para Dios (Marcos 10:27). La conversión de los pecadores endurecidos será obra de Dios y acorde con su plan soberano. No debemos temer o inquietarnos por nuestra debilidad. La batalla es del Señor y él nos dará la victoria.

Cristo promete trabajar a nuestro favor y estar con nosotros, de manera que, cuando nuestra vida misionera acabe, no podamos decir que hemos sacrificado algo (Marcos 10:29-30). Cuando seguimos su prescripción misionera, descubrimos que incluso los dolorosos efectos colaterales obran para mejorar nuestra condición. Nuestra salud espiritual y nuestro gozo se incrementan cien veces. Y cuando morimos no morimos. Obtenemos la vida eterna.

No te estoy pidiendo que no seas valiente o que no te sacrifiques por Cristo. Te pido que renuncies a todo lo que tienes para obtener la vida que satisface tus anhelos más profundos. Te pido que consideres todas las cosas como basura por el valor de estar al servicio del Rey de reyes. Te pido que te quites tus harapos de las rebajas y te pongas los vestidos de los embajadores de Dios. Te prometo persecuciones y privaciones, pero ¡recuerda el gozo! *Bienaventurados los que padecen persecución por causa de la justicia, porque de ellos es el reino de los cielos* (Mateo 5:10).

El 8 de enero de 1956, cinco indios Aucas del Ecuador mataron a Jim Elliot y a sus cuatro compañeros misioneros cuando trataban de llevar el evangelio a las sesenta personas de la tribu de los aucas. Cuatro mujeres jóvenes perdieron a sus maridos y nueve niños perdieron a sus padres. Elisabeth Elliot escribió que el mundo lo denominaba trágica pesadilla. Después añadió: *El mundo no reconoció la verdad de la segunda frase del credo de Jim Elliot:*

> *No es necio quien da lo que no puede guardar*
> *para obtener lo que no puede perder.*[26]

Notas del capítulo 9

1. Ralph Winter: «The Retirement Booby Trap», ***Mission Frontiers*** *7* (Julio 1985): 25.

2. «The Retirement Booby Trap», p. 25.

3. ***Time*** (27 de diciembre 1982), p. 52.

4. ***Time*** (27 de diciembre 1982), p. 56.

5. La *Sección de Ministerios Extranjeros del Consejo Mundial de Iglesias* (DOM) tiene una membresía de 32 misiones con 5000 misioneros. Los ingresos son de cerca de 200 millones de dólares al año. La *Asociación Misionera Extranjera Internacional* (IFMA) representa noventa misiones interdenominacionales con aproximadamente 10700 misioneros y unos ingresos de 150 millones de dólares. La *Asociación de Misiones Evangélicas Extranjeras* (EFMA) tiene una membresía de 82 agencias misioneras que representan a más de 1000 misioneros y con unos ingresos de 350 millones de dólares.

   > *Durante la década setenta, DOM (el grupo más liberal) perdió 3462 misioneros, mientras que IFMA y EFMA (los grupos más evangélicos) ganaron 3785. En cuanto a los ingresos, DOM los incrementó en 28 millones de dólares, el 24 %, mientras que IFMA/EFMA los incrementaron en 285 millones de dólares, el 293 %.*

   Peter Wagner: ***On the Crest of the Wave*** (Ventura: Regal Books, 1983, pp. 77-78)

6. Ralph Winter ofrece una excelente discusión acerca de la definición de «pueblos no alcanzados» y el problema de enumerarlos y localizarlos en «Unreached Peoples: The Development of the Concept», ***International Journal of Frontier Missions***, 1 (1984): 129-161.

7. Ralph Winter: «The Task Remaining: All Humanity in Mission Perspective», en ***Perspectives on the World Christian Movement*** (Pasadena: William Carey Library, 1983), p.324. Me he tomado la libertad de cambiar el número total de poblaciones de 16 750 a 17 000 porque en un artículo posterior Winter dice:

   > *Solía utilizar la cifra de 16750, que era la suma de una serie de estimaciones aproximadas hechas a conciencia. Pero veo que una cifra tan exacta daba a la gente la (falsa) impresión*

> *de que los totales parciales eran cifras exactas. Por esa razón, ahora utilizo el total de 17000 poblaciones no alcanzadas en el mundo... Se supone que esos tres ceros anuncian a todos que se trata de estimaciones aproximadas, hechas con cuidado pero no obstante aproximadas.*

8. David Bryant: ***In the Gap*** (Madison: Inter Varsity Press, 1981), p. 62.

9. Iain Murray escribe en ***The Forgotten Spurgeon*** (Edinburgh: Banner of Truth, 1973), p. 47:

   > *El hipercalvinismo, en su intento de hacer cuadrar toda la verdad con el propósito de Dios para los elegidos, niega que haya un mandamiento universal de arrepentirse y creer, y afirma que tenemos sólo justificación para invitar a Cristo a aquellos que son* ***conscientes*** *de un sentimiento de pecado y necesidad. En otras palabras, son aquellos que han sido impulsados espiritualmente a buscar un Salvador y no aquellos que están en la muerte de la incredulidad y la indiferencia, a quienes hay que dirigir las exhortaciones del evangelio. De esta forma, idea una combinación para restringir el evangelio a aquellos a los que razonablemente se supone elegidos.*

   Éste es un libro excelente para mostrar cómo Charles Spurgeon, el pastor bautista de Londres en la última mitad del siglo XIX, conjugaba fuertes opiniones (calvinistas) acerca de la soberanía de Dios con un poderoso y fructífero ministerio ganador de almas. Luchó contra los hipercalvinistas por una parte y contra los arminianos por otra, de una forma que considero ejemplar.

10. Véase también Mateo 10:39 y 16:24-26, Lucas 9:24-25 y 17:33, Juan 12:25 y Apocalipsis 12:11.

11. Sermón 368: Migne Patrologia Latina 39, 1652.

12. Jonathan Edwards: ed., ***The Life and Diary of David Brainerd*** (Chicago: Moody Press, 1949, original, 1749), p. 149. Por «interés personal» Brainerd se refiere a mundanalidad, interés personal que no convierte la gloria de Dios en su placer. Continua diciendo que el amor es una pasión agradable; proporciona placer a la mente allí donde se dé. Pero el objeto de amor nunca es ese placer. El objeto es Dios y el amor es agradable. Por eso a veces hay confusión cuando hablamos de buscar placer. Suena como si el placer hubiera ocupado el lugar de Dios. Pero no es así. Como dice Brainerd, la gloria de Dios y nuestra felicidad se convierten en un interés único. Buscamos placer en Dios. No de Dios.

13. Citado en Samuel Zwemer: «The Glory of the Impossible» en ***Perspectives on the World Christian Movement,*** Ralph Winter and Stephen Hawthorne, eds. (Pasadena: William Carey Library, 1981), p. 259.

14. En cuanto a este último texto, Adolf Schlatter comenta enfáticamente: *Pablo no puede considerar su situación como la de un cristiano aislado, separado de su obra al servicio de Jesús, como si la forma de llevar a cabo su ministerio no tuviera conexión significativa con su salvación. Puesto que fue el Señor quien le dio su ministerio, Pablo permanece ligado a él sólo si lo lleva a cabo con fidelidad. Y el evangelio ya no sería válido en su propia vida si abandonaba su ministerio. Eso le otorga al amor de Pablo su pureza. Entra en comunión con todos para poder ganarlos. Pero su voluntad queda libre de la presunción que dice a los demás que sólo ellos están en peligro y necesitan la salvación. Más bien, la cuestión de la salvación mantiene para él, y también para ellos, toda su seriedad. Sufre para salvar a otros y por su propia salvación.* Volumen 6 de ***Die Korintherbriefe, Erlaeuteerungen zum Neuen Testament*** (Stuttgart: Calwer Verlag, 1974), p. 118.

15. Colin Grant: «Europe's Moravians: A Pioneer Missionary Church» en ***Perspectives in the World Christian Movement***, p. 206.

16. Andrew Murray: ***Key to the Missionary Problem*** (Fort Washington: Christian Literature Crusade, 1979, original 1905), p. 127.

17. Citado en Ruth Tucker: ***From Jerusalem to Irian Jaya*** (Grand Rapids: Aondervan, 1983), p. 237. Charlotte Diggs (Lottie) Moon nació en 1840 en Virginia y navegó a China como misionera bautista en 1873. Es conocida no sólo por su obra pionera en China, sino también por movilizar a las mujeres de la Iglesia Bautisa del Sur para la causa misionera.

18. Citado en ***From Jerusalem to Irian Jaya***, p. 239.

19. E.G. Carre: ***Praying Hyde*** (South Plainfield: Bridge Publishing Co., n.d.), p. 66.

20. Citado en ***From Jerusalem to Irian Jaya***, p. 277.

21. Daniel Fuller: ***Gospel and Law: Contrast or Continuum?*** (Grand Rapids: Eerdmans, 1980), pp. 117-19.

22. De una carta al Padre Pérez en Francis M. DuBose, ed., ***Classics of Christian Missions*** (Nashville: Broadman Press, 1979), p. 221ss.

23. Mary Drewery: ***William Carey, A Biography*** (Grand Rapids: Zondervan, 1978), p. 157.

24. Dr. y Sra. Taylor: ***El secreto espiritual de Hudson Taylor*** (Ed. VIDA, 1987 (Original: Chicago: Moody Press, n.d.., 1932) p. 203. De forma consecuente, en cierta ocasión respondió a la alabanza de un admirador con estas palabras: *A menudo pienso que el Señor debía de estar buscando a alguien que fuera lo suficientemente pequeño y débil para utilizarlo... y me encontró a mí* (p. 195). Su hijo comenta que habría estado plenamente de acuerdo con Andrew Murray, quien escribió: *Toma tiempo para leer su Palabra como si estuvieras en su presencia, a fin de que a través de ella puedas saber lo que él te pide y lo que te promete. Permite que la Palabra cree a tu alrededor y dentro de ti una atmósfera de santidad, una luz santa y celestial en la que tu alma sea renovada y fortalecida para el trabajo de la vida diaria* (p. 230).

25. Jeremiah Burroughs: ***The Rare Jewel of Christian Contenment*** (Edimburgo: Banner of Truth, 1964, original en 1648), p. 83.

26. Eisabeth Elliot: ***Shadow of the Almighty: The Life and Testament of Jim Elliot*** (Nueva York: Harper and Brothers, 1958), p. 19.

Epílogo

SIETE RAZONES PARA ESCRIBIR ESTE LIBRO

Razón primera: ¡Para mí es un placer!

> *Y esto mismo os escribí, para que cuando llegue no tenga tristeza de parte de aquellos en quienes me debiera gozar; confiando en vosotros todos que mi gozo es el de todos vosotros* (2 Corintios 2:3).

> *Estas cosas os escribimos, para que vuestro gozo sea cumplido* (1 Juan 1:4).

Cuando te estás muriendo de hambre y estás en medio de un pueblo que se muere de hambre, si descubres un banquete en el desierto te conviertes en deudor de todos. Y el pago de esa deuda es maravilloso en proporción con lo magnífico que es el banquete.

Me he llegado a sentir como los leprosos de Samaria. Los sirios rodeaban la capital de Israel. Dentro de la ciudad sitiada, la cuarta parte de un cab de estiércol de palomas se vendía por cinco piezas de plata, y las mujeres cocían a sus hijos para tener comida. Pero fuera de la ciudad, sin que lo supiera la gente que estaba dentro, el Señor había hecho huir a los sirios. Y allá, en el desierto, había un banquete de salvación.

Los leprosos se dieron cuenta de que no tenían nada que perder. Así que se aventuraron a ir al campo del enemigo y descubrieron que éste se había ido, abandonando todas sus provisiones. Al principio pensaron quedarse con los tesoros ellos mismos. Pero entonces los primeros rayos de hedonismo cristiano comenzaron a caer sobre ellos:

> *No estamos haciendo bien. Hoy es día de buena nueva, y nosotros callamos; y si esperamos hasta el amanecer, nos alcanzará nuestra maldad. Vamos, pues, ahora, entremos y demos la nueva en casa del rey* (2 Reyes 7:9).

Éste es el texto del que predicó Daniel Fuller en el culto de mi ordenación en 1975. Fue profético. Porque he sido un leproso tropezando una y otra vez con el banquete de Dios en el desierto de este mundo. Y yo he descubierto que el banquete sabe mucho mejor cuando lo como con las viudas de Samaria que cuando lo amontono en el desierto.

Estoy radicalmente entregado a la búsqueda de un gozo pleno y eterno. Y por tanto mi oído no se ha cerrado a la sabiduría de palabras como estas de Karl Barth:

> *Hay que decir que sólo podremos tener gozo cuando se lo ofrezcamos a otros...Puede haber casos en que un hombre pueda ser feliz en soledad. Pero son excepcionales y peligrosos... Ciertamente tenemos base para sospechar de la naturaleza de su gozo si no desea —«gozaos conmigo»— que al menos una persona o muchas otras, como representantes del resto, compartan este gozo... Puede que queramos gozarnos exclusivamente nosotros, pero tenemos que darnos cuenta de que, en ese caso, a menos que ocurra un milagro (y es difícil imaginar milagros con ese propósito), ese gozo no será verídico, radiante y sincero.*[1]

El motivo de escribir este libro es el deseo de duplicar mi gozo en el banquete de gracia de Dios compartiéndolo con tantas personas como pueda. Te escribo esto para que mi gozo sea pleno.

Razón segunda: ¡Dios corta la respiración!

> *Una cosa he demandado a Yahvéh, ésta buscaré; que esté yo en la casa de Yahvéh todos los días de mi vida, para contemplar la hermosura de Yahvéh, y para inquirir en su templo* (Salmo 27:4).
>
> *Vi yo al Señor sentado sobre un trono alto y sublime, y sus faldas llenaban el templo. Por encima de él había serafines; cada uno tenía seis alas; con dos cubrían sus rostros, con dos cubrían sus pies, y con dos volaban. Y el uno al otro daba voces, diciendo: Santo, santo, santo. Yahvéh de los ejércitos; toda la tierra está llena de su gloria* (Isaías 6:1-3).

Si eres el guía de un viaje turístico, sabes que las personas están anhelando disfrutar de la belleza y llegas a un barranco que corta la respiración, seguramente se lo mostrarás y les animarás a disfrutarlo. Bien, la raza humana de hecho ansía la experiencia de reverenciar y maravillarse. Y no existe realidad alguna que corte más la respiración que Dios.

Dijo el Predicador:

> *Todo lo hizo hermoso en su tiempo; y ha puesto eternidad en el corazón de ellos, sin que alcance el hombre a entender la obra que ha hecho Dios desde el principio hasta el fin* (Eclesiastés 3:11).

La eternidad está en el corazón del hombre, llenándole de anhelo. Pero no conocemos lo que anhelamos hasta que vemos al Dios sobrecogedor. Ésta es la causa del desasosiego universal.

> *Nos hiciste para ti, y nuestro corazón no descansará hasta que repose en ti* (San Agustín).

> *Cuando Dios creó al hombre al principio, con la promesa de innumerables bendiciones dijo: vertamos sobre él todo lo que nos sea posible; que las riquezas del mundo que dispersan la mentira queden limitadas.*
>
> *Así que la fuerza abrió camino; después fluyeron la belleza, la sabiduría, el honor, el placer. Cuando casi todo estaba fuera, Dios se detuvo y vio que, de todo su tesoro, sólo quedaba en el fondo el reposo.*
>
> *Y dijo: Si le concediera también esta joya a mi criatura, adoraría mis dones en vez de adorarme a mí, y descansaría en la naturaleza y no en el Dios de la misma: y ambos saldrían perdiendo.*
>
> *Así que permitámosle que guarde reposo, pero mantengámoslo con un desasosiego que le haga quejarse; hagámosle rico pero fatigado, para que, si no la bondad, al menos la fatiga pueda hacer que se eche sobre mi pecho.*
>
> George Herbert: «La polea»

El mundo tiene un anhelo inconsolable. Trata de satisfacer dicho anhelo con vacaciones turísticas, hazañas creativas, producciones cinematográficas estupendas, proezas sexuales, extravagancias deportivas, drogas medio alucinógenas, rigores ascéticos, excelencia administrativa, etcétera, etcétera. Pero el anhelo persiste. ¿Qué significa esto?

> *Si encuentro en mí un deseo que ninguna experiencia de este mundo puede satisfacer, la explicación más probable es que fui creado para otro mundo.*[2]
>
> *Cuando era feliz es cuando más anhelo tenía.... Lo más dulce de mi vida es el anhelo [...] de encontrar el lugar de donde procede toda la belleza.*[3]

La tragedia del mundo es que el eco se confunde con el original. Cuando le damos la espalda a la sobrecogedora belleza de Dios, originamos una sombra en la tierra y nos enamoramos de ella. Pero no nos satisface.

> *Los libros o la música en donde pensamos que se encuentra la belleza nos fallarán si confiamos en ellos; ella no está en ellos, sólo viene a través de ellos, y lo que nos produce es un anhelo. Estas cosas —la belleza, el recuerdo de nuestro pasado— son buenas imágenes de lo que verdaderamente deseamos; pero, si se confunden con la cosa misma, se convierten en ídolos mudos que rompen los corazones de los que los adoran. Porque ellos no son la cosa misma; son sólo el aroma de una flor que no hemos encontrado, el eco de una melodía que no hemos escuchado, noticias de un país que aún no hemos visitado.*[4]

He escrito este libro porque nos ha visitado la mayor de las bellezas. *Y aquel Verbo fue hecho carne, y habitó entre nosotros, (y vimos su gloria* [su belleza], *gloria como del unigénito del Padre), lleno de gracia y de verdad* (Juan 1:14). ¡Cómo no vamos a gritar: Mira a tu alrededor!

Razón tercera: La Palabra de Dios nos ordena buscar nuestro gozo.

> *Deléitate asimismo en Yahvéh (Salmo 37:4).*
> *Regocijaos en el Señor siempre. Otra vez digo: ¡Regocijaos!* (Filipenses 4:4).

Y la Palabra de Dios anuncia cosas terribles si no somos felices:

> *Por cuanto no serviste a Yahvéh tu Dios con alegría y con gozo de corazón, por la abundancia de*

> *todas las cosas, servirás, por tanto, a tus enemigos que enviare Yahvéh contra ti…* (Deuteronomio 28:47-48).

Pero hay numerosas objeciones que se pueden plantear al hedonismo cristiano en cuanto a este punto.

Primera objeción

Alguien podría objetar: «No, no debes buscar tu gozo. Debes buscar el de Dios». Esta objeción nos sirve de ayuda. Nos obliga a hacer varias clarificaciones necesarias.

El objetor está completamente en lo cierto en cuanto a que, si centramos nuestra atención en nuestra propia experiencia subjetiva de gozo, lo más seguro es que se frustre y que no honremos a Dios. Cuando vas a un museo de arte, es mejor atender a los cuadros que a tu pulso. De otra manera no te deleitarás en la belleza del arte.

Pero ojo con sacar la conclusión de que ya no debemos decir: «Ven y deléitate con estos cuadros». No saques la conclusión de que el mandamiento de buscar gozo es erróneo mientras que el de mirar a los cuadros no.

¿Qué es lo que dirías que no funciona en la persona que va al museo de arte buscando un cuadro concreto porque sabe que puede obtener un gran beneficio si lo compra y vuelve a venderlo? Va de habitación en habitación mirando con cuidado cada cuadro. No le preocupa en absoluto su experiencia estética subjetiva. ¿Qué es lo que falla?

Es un mercenario. Su razón para observar el cuadro no es la razón por la que éste fue creado. Como ves, no basta con decir que tenemos que limitarnos a buscar cuadros, porque hay formas de buscar cuadros que no son apropiadas.

Una forma común de guardarnos de este espíritu mercenario es decir que nos gusta el arte por el arte. Pero, ¿qué significa eso? Significa, en mi opinión, mirar el arte de una forma que honre el arte y no el dinero. Pero, ¿cómo se honra el arte? Respondería diciendo: Principalmente experimentando una emoción apropiada cuando se observa.

Sabemos que perderemos esta emoción si nuestra mente está puesta en nosotros mismos mientras contemplamos el cuadro. También sabemos que la perderemos si tenemos nuestra mente puesta en el dinero, la fama o el poder cuando miramos el cuadro. Me parece, por tanto, que un buen consejo para los visitantes que vayan al museo de arte es decir: «¡Deléitate en los cuadros!»

La palabra «deléitate» los guarda de pensar que deben buscar dinero, fama o poder en los cuadros. Y la frase «en los cuadros» los protege de pensar que la emoción que honra los cuadros se puede experimentar de otra forma que no sea poniendo la vista en ellos.

Eso es lo que ocurre con Dios. Se nos ordena por medio de la Palabra de Dios: *Deléitate asimismo en Yahvéh.* Eso significa: Gózate en Dios. La palabra «gózate» o «deléitate» nos protege de una búsqueda mercenaria de Dios. Y la frase «en Dios» nos protege de pensar que se puede experimentar el gozo de alguna manera separada de nuestra experiencia de Dios mismo.

Segunda objeción

La objeción más común al mandamiento de buscar el gozo es que Jesús ordenó exactamente lo contrario cuando nos dijo que nos negáramos a nosotros mismos: *Porque todo el que quiera salvar su vida, la perderá; y todo el que pierda su vida por causa de mí y del evangelio, la salvará* (Marcos 8:35). Ya hemos tratado este asunto en el capítulo anterior, pero puede ser de ayuda reflexionar sobre otro texto para ilustrar que la **negación de uno mismo** bíblica significa «negaos a vosotros mismos gozos menores para no perderos los mayores». Que es lo mismo que decir: ¡Buscad el **verdadero** el gozo! No aceptéis nada que no sea el gozo pleno y eterno.

Consideremos Hebreos 12:15-17 como ejemplo de cómo una persona practica mal la negación de uno mismo hasta su propia destrucción.

Mirad bien, no sea que alguno deje de alcanzar la gracia de Dios; que brotando alguna raíz de amargura, os estorbe, y por ella muchos sean contaminados; no sea que haya algún fornicario, o profano, como Esaú, que por una sola comida vendió su primogenitura. Porque ya sabéis que aun después, deseando heredar la bendición, fue desechado, y no hubo oportunidad para el arrepentimiento, aunque lo procuró con lágrimas.

Esaú perdió su vida porque prefirió el placer de una simple comida a las bendiciones de sus derechos de nacimiento en la familia escogida. Esto es un cuadro de todas las personas que rehusan negarse a sí mismas los *deleites temporales del pecado* (Hebreos 11:25). ¡Pero fijémonos bien! El principal error no es escoger una comida, sino despreciar su primogenitura. Negarse a sí mismo nunca es una virtud en sí. Tiene valor precisamente en relación con la superioridad de la realidad que se abraza sobre la que se niega. La negación de uno mismo que no se basa en el deseo de una meta superior se convertirá en terreno abonado para el orgullo.

Tercera objeción

La tercera objeción al mandamiento de buscar nuestro gozo puede plantearse como sigue: «Has defendido que la búsqueda de placer es una parte necesaria de toda adoración y virtud. Dijiste que si abandonamos esta búsqueda no podremos honrar a Dios o amar a las personas. ¿Pero puedes hacer que eso cuadre con Romanos 9:3 y Éxodo 32:32? Parece que Pablo y Moisés abandonaron la búsqueda de su propio placer cuando expresaron su voluntad de sufrir por la salvación de Israel».

¡Se trata de unos versículos sorprendentes!

En Romanos 9:3, Pablo expresa su dolor de corazón por la condición de anatema de la mayoría de sus parientes judíos: *Porque deseara yo mismo ser anatema, separado de Cristo, por amor a mis hermanos, los que son mis parientes según la carne.*

En Éxodo 32, el pueblo de Israel ha cometido idolatría. La ira de Dios se enciende contra ellos. Moisés ejerce el papel de mediador para proteger al pueblo. Ora diciendo: *Te ruego, pues este pueblo ha cometido un gran pecado, porque se hicieron dioses de oro, que perdones ahora su pecado, y si no, ráeme ahora de tu libro que has escrito.*

Primero debemos darnos cuenta de que estos dos ejemplos no nos presentan un mismo problema. La oración de Moisés no necesariamente incluye una referencia a la condenación eterna como en el caso de la de Pablo. No tenemos que suponer que el «libro» al que hace referencia aquí conlleva el mismo significado eterno que el «libro de la vida» de Filipenses 4:3 y Apocalipsis 13:8, 17:8, 20:15 y 21:27.

George Bush argumenta que ser raído del libro en Éxodo 32:32...

> *...es equivalente a ser arrancado de la vida mientras otros sobreviven. No existe intimidación en estas palabras, no amenazan con un libro secreto de los decretos divinos ni hacen referencia a la cuestión de la salvación o la perdición final de Moisés. Simplemente expresa el deseo morir antes que ser testigo de la destrucción de su pueblo. La frase es una alusión, probablemente, a la costumbre de tener los nombres de la comunidad en un registro y de borrar el nombre de aquel que moría.*[5]

La disposición de una persona a morir no necesariamente está reñida con el hedonismo cristiano. Hebreos 11:26 dice que Moisés tuvo *por mayores riquezas el vituperio de Cristo que los tesoros de los egipcios; porque tenía puesta la mirada en el galardón.* No hay razón para pensar que Moisés dejó de mirar el galardón que todo lo compensaba cuando se enfrentó al pecado de Israel.

Pero esto, por supuesto, no acaba con el problema principal, que es Romanos 9:3. Pablo había escrito: *Porque deseara yo mismo ser anatema, separado de Cristo, por amor a mis hermanos.* Esto parece una disposición a abandonar la búsqueda de la felicidad. ¿Entonces Pablo cesó de ser un hedonista cristiano al expresar esta clase de amor por los perdidos?

Fijémonos en que dice: *Porque* ***deseara*** *yo mismo ser anatema...*La razón para traducir el verbo así es que el tiempo imperfecto del griego se utiliza para suavizar la expresión y mostrar que no puede ser. Henry Alford dice: *El sentido del imperfecto en estas expresiones es el adecuado y estricto...: el acto está inconcluso porque interviene un obstáculo.*

El obstáculo es la promesa inmediatamente precedente de Romanos 8:38-39: *Por lo cual estoy seguro de que ni la muerte, ni la vida, ni ángeles, ni principados, ni potestades, ni lo presente, ni lo por venir, ni lo alto, ni lo profundo, ni ninguna otra cosa creada nos podrá separar del amor de Dios, que es en Cristo Jesús Señor nuestro.* Pablo sabe que es imposible ocupar el lugar de sus parientes en el infierno.

Pero dice que estaría dispuesto a ello. Éste es el problema que se le plantea al hedonismo cristiano. Simplemente debemos tomarnos esto en serio. Pablo valora la hipotética posibilidad de un mundo en el que pudiera ocurrir algo así. Supongamos que hubiera un mundo en el cual fuera posible eso. Supongamos que hubiera un mundo en el que un pecador no convertido y un hombre de fe pudieran estar ante el tribunal de Dios para ser juzgados. Y supongamos que, si el santo estuviera dispuesto, Dios podría revertir sus destinos. Si el santo estuviera dispuesto, Dios traspasaría su gracia salvadora quitándosela al santo, que iría al infierno en incredulidad y rebeldía, y dándole al incrédulo la gracia necesaria para que se convirtiera, de manera que confiara en Cristo y pudiera ir al cielo.

En un mundo así, ¿qué requeriría el amor? Requeriría el sacrificio personal total. Y el principio del hedonismo cristiano cesaría de aplicarse. ¡Pero atendamos bien: Este mundo hipotético no existe! Dios no creó un mundo en el que una persona puede ser condenada eternamente por un acto de amor.

En el mundo real que Dios creó, nunca se nos pide que hagamos una elección semejante: ¿Estás dispuesto a condenarte por la salvación de otros? Al contrario, se nos dice constantemente que hacer el bien a los demás nos proporcionará una gran recompensa y que debemos buscar esa recompensa.

Paradójicamente, la disposición de Pablo a aspirar a un hipotético sacrificio final es una forma dramática y profunda de demostrar con tanta fuerza como sabe hasta qué punto se deleita en la esperanza de la salvación de Israel. Pero inmediatamente vemos la imposibilidad de llevar a cabo ese deseo: Si su salvación fuera tan gran deleite para él, ¿sería el infierno verdaderamente el infierno? ¿Podríamos hablar verdaderamente del infierno como el lugar donde Pablo conseguiría su más profundo y noble deseo de amor? Ésta es la clase de incongruencia en la que se cae con mundos hipotéticos que no existen.

La felicidad sería imposible en cualquier caso en un mundo así. Porque si Dios le diera a un santo la opción de condenarse para salvar a otro, ese santo nunca podría vivir consigo mismo si dijera que no. Y sufriría para siempre en el infierno si dijera que sí. En ambos casos saldría perdiendo.

Pero el hedonismo cristiano no es una filosofía para mundos hipotéticos. Se basa en el mundo real que Dios ha establecido y regulado en las Santas Escrituras. En este mundo real nunca se nos anima o se nos pide que nos convirtamos en malos para que lo bueno pueda abundar. Siempre se nos pide que nos convirtamos en buenos. Esto quiere decir que nos convirtamos en la clase de personas que se deleitan en lo bueno, no sólo que lo hacen por obligación. La Palabra de Dios nos ordena que nos gocemos.

Razón cuarta: Los sentimientos son esenciales para la vida cristiana, no opcionales.

Me resulta sorprendente que tantas personas traten de definir el verdadero cristianismo en términos de decisiones y no de sentimientos. No es que las decisiones no sean esenciales; el problema es que requieren poca transformación.

Son evidencia de que no hay una verdadera obra de gracia en el corazón. La gente puede tomar «decisiones» acerca de la verdad de Dios mientras que sus corazones están lejos de él.

Nos hemos apartado mucho del cristianismo de Jonathan Edwards. Edwards señalaba 1 Pedro 1:8 y defendía que *la verdadera religión, en gran parte, consiste en los sentimientos.*

> *A quien amáis sin haberle visto, en quien creyendo, aunque ahora no lo veáis, os alegráis con gozo inefable y glorioso* (1 Pedro 1:8).

Señala que la «verdadera religión» produce dos efectos en el alma de los santos, según este texto: amor a Cristo (*a quien amáis sin haberle visto*) y gozo en Cristo (*en quien [...] os alegráis con gozo inefable y glorioso*). Ambos efectos en el alma son sentimientos, no meramente decisiones. El concepto de Edwards de verdadero cristianismo era que el nuevo nacimiento verdaderamente hacía nacer una nueva naturaleza que incluía nuevos sentimientos.[6]

Encuentro que esto tiene apoyo en la Escritura. Se nos ordena sentir, no sólo pensar o decidir. Se nos ordena experimentar decenas de emociones, no sólo llevar a cabo actos de fuerza de voluntad.

Por ejemplo, se nos ordena no codiciar (Éxodo 20:17), y es obvio que todo mandamiento de no tener determinado sentimiento es también un mandamiento a sentir de una determinada manera. Lo contrario de codiciar es contentarse con lo que tenemos, y eso es exactamente lo que se nos ordena experimentar en Hebreos 13:5 (*contentaos con lo que tenéis*).

Se nos ordena no guardar rencor (Levítico 19:18), sino perdonar de corazón. Nota: la ley no dice: tomad la decisión de olvidar el asunto. Más bien dice: experimentad algo profundo en el corazón (Mateo 18:35). De forma similar, se ordenan sentimientos intensos en 1 Pedro 1:2 (*amaos unos a otros* ***entrañablemente****, de corazón puro*) y en Romanos 12:10 (*amaos los unos a los otros con amor* ***fraternal***).

Entre otros ejemplos de emociones que las Escrituras ordenan están los siguientes:

Gozo:	Salmo 100:2; Filipenses 4:4; 1 Tesalonicenses 5:16; Romanos 12:8,12,15.
Esperanza:	Salmo 42:5; 1 Pedro 1:13.
Temor:	Lucas 12:5; Romanos 11:20; 1 Pedro 1:17.
Paz:	Romanos 5:1; Colosenses 3:15.
Fervor:	Romanos 12:11.
Tristeza:	Romanos 12:15; Santiago 4:9.
Deseo:	1 Pedro 2:2
Misericordia:	Efesios 4:32
Contricción y humillación:	Salmo 51:17.
Gratitud:	Efesios 5:20; Colosenses 3:17.
Humildad:	Filipenses 2:3.

No creo que sea posible decir que Escrituras como éstas se refieren todas a una guinda opcional que corona la tarta de la decisión. Son ordenadas por el Señor, quien dijo: *¿Por qué me llamáis Señor, Señor, y no hacéis lo que yo os digo?* (Lucas 6:46).

Es cierto que nuestros corazones frecuentemente son perezosos. Nuestros sentimientos hacia Dios o su causa carecen de la profundidad o la intensidad que deberían tener.

Es cierto que en esos momentos tenemos, puesto que forma parte de nosotros, que ejercitar nuestras voluntades y tomar decisiones que esperamos reaviven nuestro gozo. Aunque el amor sin gozo no es nuestra meta (*Dios ama al dador alegre*), no obstante es mejor cumplir una obligación sin gozo que no cumplirla, siempre que haya un espíritu de arrepentimiento por la ausencia de vida en nuestros corazones.

A menudo se me pregunta qué debe hacer el cristiano si no siente la alegría de la obediencia. Es una buena pregunta. Mi respuesta no es simplemente que cumpla con su obligación, dado que los sentimientos carecen de importancia. Mi respuesta incluye tres pasos. En primer lugar, confiesa tu pecado de falta de gozo. Reconoce tu culpa por la frialdad de tu corazón. No digas que da igual cómo te sientes. En segundo lugar, ora de corazón para que Dios restaure en ti el gozo de la obediencia. En tercer lugar, sigue adelante y lleva a cabo la dimensión externa de tu tarea con la esperanza de que ello reavive el deleite.

Esto es muy distinto de decir: Dedícate a tu tarea, porque los sentimientos no cuentan. Estos pasos se basan en la suposición de que existe algo llamado hipocresía. Se basan en la creencia de que nuestra meta es la reunión de placer y deber, y de que justificar su separación es justificar el pecado. John Murray lo expresa de la siguiente manera:

> *No existe conflicto entre la gratificación del deseo y el incremento del placer del hombre, por un lado, y el cumplimiento del mandato de Dios por otro [...] La tensión que a menudo existe dentro de nosotros entre la sensación de deber y la espontaneidad entusiasta es una tensión que surge del pecado y de una voluntad desobediente. Ninguna tensión semejante habría invadido el corazón del hombre no caído. Y las operaciones de la gracia salvadora van dirigidas al fin de quitar la tensión para que pueda haber, como en los inicios del hombre, una perfecta complementariedad entre el deber y el placer, entre el mandamiento y el amor.*[7]

Ésta es la meta de la gracia salvadora y la meta del presente libro.

Razón quinta: El hedonismo cristiano combate el orgullo y la lástima de uno mismo.

Dios hace todo lo que hace para exaltar su misericordia y humillar el orgullo del hombre:

> *Para mostrar en los siglos venideros las abundantes riquezas de su gracia [...] para que nadie se gloríe* (Efesios 2:7, 9).
>
> *En amor habiéndonos predestinado para ser adoptados hijos suyos por medio de Jesucristo [...] para alabanza de la gloria de su gracia* (Efesios 1:5-6).
>
> *Y lo vil del mundo y lo menospreciado escogió Dios [...] a fin de que nadie se jacte en su presencia* (1 Corintios 1:28-29).

El hedonismo cristiano combate el orgullo porque coloca al hombre en la situación de una vasija vacía dentro de la fuente de Dios. Nos guarda de la presunción de tratar de ser benefactores de Dios. Los filántropos pueden presumir. Los que reciben asistencia no. La experiencia principal del hedonista cristiano es la **necesidad.** Cuando un niño pequeño y desamparado es arrastrado por las olas en la playa y su padre le sujeta justo a tiempo, el niño no presume, se aferra a él.

La naturaleza y profundidad del orgullo humano salen a la luz al comparar la jactancia con la autocompasión. Ambas cosas son manifestaciones del orgullo. La jactancia es la respuesta del orgullo al éxito. La autocompasión es la respuesta del orgullo al sufrimiento. La jactancia dice: «merezco admiración porque he conseguido mucho». La autocompasión dice: «merezco admiración porque he sacrificado mucho». La jactancia es la voz del orgullo en el corazón del fuerte. La autocompasión es la voz del orgullo en el corazón del débil.

La jactancia suena autosuficiente. La autocompasión suena a sacrificio personal.

La razón por la que la autocompasión no parece orgullo es que aparenta estar necesitada. Pero la necesidad surge de un ego herido, y el deseo de compadecerse de sí mismo no va realmente encaminado hacia los demás, a quienes no ve como necesitados, sino como héroes. La necesidad que siente la autocompasión no procede de un sentimiento de indignidad, sino de un sentimiento de dignidad no reconocida. Es la respuesta del orgullo no aplaudido.

El hedonismo cristiano corta de raíz la autocompasión. La gente no experimenta autocompasión cuando acepta el sufrimiento con el fin de encontrar gozo.

> *Bienaventurados sois cuando por mi causa os vituperen y os persigan, y digan toda clase de mal contra vosotros, mintiendo.* ***Gozaos y alegraos****, porque vuestro galardón es grande en los cielos; porque así persiguieron a los profetas que fueron antes de vosotros* (Mateo 5:11-12).

Éste es el hacha dirigida hacia la raíz de la autocompasión. Cuando tenemos que sufrir por causa de Cristo, no hacemos recuento de nuestros recursos como si fuéramos héroes. Más bien nos convertimos en niños pequeños que confían en la fuerza de su padre y que desean la alegría de su recompensa. Como vimos en el último capítulo, los que más sufren por Cristo siempre rechazan la alabanza y la lástima de otros dando testimonio de su hedonismo cristiano.

> *Nunca he hecho ningún sacrificio, dijo Hudson Taylor en años posteriores al reflexionar sobre una vida en la que dicho elemento no había faltado. Pero lo que expresaba era cierto. Tuvo compensaciones tan reales y duraderas que comprendió que renunciar supone recibir si uno está tratando sinceramente con*

> *Dios [...] El sacrificio fue grande; pero la recompensa fue mucho mayor.*
>
> *«Un gozo indescriptible durante todo el día, y jornada tras jornada, fue mi feliz experiencia [nos dice]. Dios, mi Dios, era una realidad viva y brillante para mí, y todo lo que tenía que hacer era un servicio gozoso»*[8].

Renunciar supone recibir. Ése es el lema del hedonismo cristiano y la muerte de la autocompasión. Puedes ver este principio en los piadosos una y otra vez. Por ejemplo, conocí a un profesor del seminario que también servía como portero en los locales de una gran iglesia. En cierta ocasión, cuando tenía que participar en un culto, el pastor lo ensalzó por su disposición a servir en esta función nada atractiva aunque tuviera un doctorado en teología. El profesor, humildemente, rechazó la alabanza citando el Salmo 84:10:

> *Porque mejor es un día en tus atrios que mil fuera de ellos. Escogería antes estar a la puerta de la casa de mi Dios, que habitar en las moradas de maldad.*

En otras palabras, no penséis que soy un héroe que supera el obstáculo de una gran aversión a estar en la puerta del santuario. ¡La Palabra de Dios dice que eso me proporcionará gran bendición!

La mayoría de las personas piensan que hacer algo por el gozo que produce hacerlo es una experiencia de humildad. Cuando un hombre lleva a sus amigos a cenar y saca la cartera, puede que sus amigos comiencen a decir lo bueno que es por pagarles la cena. Pero él sencillamente levantará la mano en señal de silencio y dirá: Es un placer. En otras palabras, si hago una buena obra por el gozo que me produce, se destruye el impulso del orgullo.

La voluntad de Dios es destruir ese impulso, y ésta es también una de las razones por las que he escrito este libro.

Razón sexta: el hedonismo cristiano promueve el amor genuino a los demás.

Nadie se ha sentido nunca no amado porque se le dijera que su gozo hace feliz a otra persona. Nunca he sido acusado de egoísmo al justificar un acto de bondad sobre la base de que me encanta hacerlo. Al contrario, los actos de amor son genuinos en la medida en que no son llevados a cabo de mala gana. Y la mejor alternativa a la desgana no es la indiferencia o el sentido de obligación, sino estar contentos. El corazón con amor auténtico ama la misericordia (Miqueas 6:8), no sólo hace misericordia. El hedonismo cristiano obliga a tener en cuenta esta verdad.

> *(2) En esto conocemos que amamos a los hijos de Dios, cuando amamos a Dios, y guardamos sus mandamientos. (3) Pues éste es el amor a Dios, que guardemos sus mandamientos, y sus mandamientos no son gravosos. Porque todo lo que es nacido de Dios vence al mundo; y ésta es la victoria que ha vencido al mundo, nuestra fe* (1 Juan 5:2-4).

Leamos esta frase en sentido contrario y veamos su lógica. En primer lugar, ser nacido de Dios proporciona un poder que conquista el mundo. Se da como fundamento o base («pues») para la afirmación de que los mandamientos de Dios no son gravosos. Así que ser nacido de Dios proporciona un poder que conquista nuestra aversión mundana a la voluntad de Dios. Ahora sus mandamientos no son «gravosos», sino que son el deseo y el deleite de nuestro corazón. Éste es el amor a Dios: no sólo que guardemos sus mandamientos, sino también que no sean gravosos.

Después, en el versículo 2, dice que la evidencia de la autenticidad de nuestro amor a los hijos de Dios es el amor a Dios. ¿Qué nos enseña esto acerca de nuestro amor a los hijos de Dios? Puesto que amar a Dios es hacer su voluntad contentos, y no tanto por un sentido de carga; y puesto que el amor a Dios es la medida de la autenticidad de nuestro amor a los hijos de Dios, nuestro amor a los hijos de Dios tiene que caracterizarse también por la alegría más que por la mala gana. El hedonismo cristiano encaja con el servicio de amor porque nos conduce a una obediencia alegre.

Para Jesús era importante dar limosna. ¿Cómo motivó a dar limosna? Dijo: *Vended lo que poseéis, y dad limosna; haceos bolsas que no se envejezcan, tesoro en los cielos que no se agote, donde ladrón no llega, ni polilla destruye* (Lucas 12:33) En otras palabras, ¡deja de anhelar las posesiones terrenales de poco valor cuando puedes gozar de tesoros eternos en el cielo dando limosnas! (Recordemos lo que decía Hudson Taylor: *Renunciar supone recibir*).

También dijo otra cosa que es básicamente lo mismo: *Mas cuando tú des limosna, no sepa tu izquierda lo que hace tu derecha, para que sea tu limosna en secreto; y tu Padre que ve en lo secreto te recompensará en público* (Mateo 6:3-4). En otras palabras, que tu motivación para amar no sea recibir la alabanza de los hombres y sí pensar en la recompensa de Dios.

Sí, es muestra de un amor verdadero el que tus limosnas estén motivadas por el tesoro celestial. No es explotación, porque el que da con amor tiene el propósito con sus limosnas de rescatar al mendigo para esa misma recompensa. El hedonista cristiano siempre es consciente de que su propio disfrute de la recompensa del Padre será aun mayor cuando la comparta con aquellos a los que ha conducido a la comunión celestial.

Lo que quiero resaltar es lo siguiente: Si Jesús pensaba que es sabio motivar actos de amor con promesas de recompensa (Mateo 6:4) y tesoros en el cielo (Lucas 12:33), está de acuerdo con su enseñanza decir que el hedonismo cristiano promueve el amor genuino hacia las personas.

Consideremos otra ilustración. Hebreos 13:17 da el consejo siguiente a toda iglesia local:

> *Obedeced a vuestros pastores, y sujetaos a ellos; porque ellos velan por vuestras almas, como quienes*

han de dar cuenta; para que lo hagan con alegría, y no quejándose, porque esto no es provechoso.

Ahora bien, si no es provechoso para los pastores que hagan su labor con tristeza en vez de con alegría, entonces un pastor que no intenta trabajar con alegría no cuida de su rebaño. No buscar el gozo en el ministerio es no buscar el provecho para nuestro pueblo.

Por eso es por lo que Pablo exhortó a aquellos que llevan a cabo actos de misericordia para que lo hagan *con alegría* (Romanos 12:8), y por lo que Dios ama al *dador alegre* (2 Corintios 9:7). El servicio de mala gana no es amor. Buscar el gozo por medio de la misericordia es lo que hace que el amor sea real. Y ésa es una de las razones por las que he escrito ese libro.

Razón séptima: El hedonismo cristiano glorifica a Dios.

Hemos regresado a donde comenzamos. Y así es como debe ser. *Porque de él, y por él, y para él, son todas las cosas* (Romanos 11:36).

¿Pone el hedonismo cristiano el placer del hombre por encima de la gloria de Dios? No. Pone el placer del hombre **en** la gloria de Dios. Lo que buscamos no es el gozo en sí, sino el gozo **en** Dios. Y no hay forma de que una criatura manifieste conscientemente el valor infinito y la belleza de Dios sin deleitarse en él. Es mejor decir que buscamos nuestro gozo **en** Dios que simplemente decir que buscamos a Dios. Porque se puede buscar a Dios de maneras que no le honran.

> *¿Para qué me sirve, dice Yahvéh, la multitud de vuestros sacrificios? Hastiado estoy de holocaustos de carneros y de sebo de animales gordos* (Isaías 1:11).

Nuestras asambleas solemnes pueden ser un hedor para el olfato de Dios (Amós 5:21-24). Es posible buscar a Dios sin glorificarle. Si queremos que nuestra búsqueda honre a Dios, tenemos que aspirar al gozo en comunión con él.

Consideremos el día de reposo como una ilustración de esto. El Señor reprende a su pueblo por buscar su propio placer en este día santo. Pero, ¿a qué se refiere? Quiere decir que se deleitan en sus negocios y no en la belleza de su Dios. No rechaza su hedonismo, rechaza lo débil que es éste, porque ellos defienden sus intereses personales, y a ellos honran y no al Señor.

> *Si retrajeres del día de reposo tu pie, de hacer tu voluntad en mi día santo,* ***y lo llamares delicia, santo, glorioso de Yahvéh****; y lo venerares, no andando en tus propios caminos, ni buscando tu voluntad, ni hablando tus propias palabras, entonces* ***te deleitarás en Yahvéh****; y yo te haré subir sobre las alturas de la tierra, y te daré a comer la heredad de Jacob tu padre; porque la boca de Yahvéh lo ha hablado* (Isaías 58:13-14).

Advirtamos que decir que el día de reposo es **delicia** es paralelo a decir que el día santo del Señor es **glorioso**. Esto significa sencillamente que glorificas aquello en lo que te deleitas. Que honras aquello que disfrutas.

El gozo de Dios y glorificar a Dios son una misma cosa. Su propósito eterno y nuestro placer eterno van unidos. Magnificar su nombre y multiplicar nuestro gozo es la razón por la que he escrito este libro, porque:

El principal propósito del hombre es glorificar a Dios
por medio de
disfrutar de él eternamente.

Notas del Epílogo

1. *Church Dogmatics*, III, 4 (Edinburgh: T. and T. Clark, 1961), pp. 379-80.
2. C.S. Lewis: *A Mind Awake: An Anthology of C.S. Lewis*, ed. Clyde Kilby (Nueva York; Harcourt Brace and World, 1968), p. 22.
3. *A Mind Awake*, p. 25.
4. *A Mind Awake*, pp. 22-23.
5. George Bush: *Notes on Exodus*, vol. 2 (Minneapolis: James and Klock, 1976, original 1852), p. 225.
6. El *Treatise Concerning the Religious Affections*, en *The Works of Jonathan Edwards* (Edinburgh: Banner of Truth Trust, 1974), p. 236. Véase la discusión acerca del significado de los sentimientos en el capítulo tres, nota 1.
7. John Murray: *Principles of Conduct* (Grand Rapids: Eerdmans, 1957), pp. 38-39.
8. Howard and Geraldine Taylor: *El secreto espiritual de Hudson Taylor* (Editorial Vida, 1987; original por Moody Press, 1932), p. 25.

Apéndice 1

EL PROPÓSITO DE DIOS EN LA HISTORIA DE LA REDENCIÓN

En el capítulo 1 dije que el propósito final de Dios en todo lo que hace es preservar y revelar su gloria. Deduje de esto que es lo que ocupa el primer lugar en sus propios sentimientos. Valora su propia gloria y se deleita en ella sobre todas las cosas. Este apéndice presenta la evidencia bíblica de esta afirmación. Es un breve repaso de los momentos principales de la historia de la redención viendo por qué Dios hace lo que hace.

En primer lugar, un comentario acerca de la terminología.

El término «gloria de Dios» en la Biblia generalmente hace referencia al esplendor visible o a la belleza moral de los múltiples atributos de Dios. Es un intento de reflejar con palabras algo que las palabras no pueden contener, cómo es Dios en su magnificencia y excelencia no reveladas.

Otro término que puede significar en gran parte lo mismo es «el nombre de Dios». cuando la Escritura habla de hacer algo «en el nombre de Dios» significa prácticamente lo mismo que hacerlo «para su gloria». El «nombre» de Dios no es sólo su etiqueta, sino una referencia a su carácter. El término «gloria» se limita a hacer más explícito que el carácter de Dios es en verdad magnífico y excelente. Esto está implícito en el término «nombre» cuando se refiere a Dios.

Lo que sigue es un repaso general de algunos de los momentos principales de la historia de la redención donde la Escritura deja claro el propósito de Dios. Nuestro fin es descubrir el plan unificador de Dios en todo lo que hace.

Antiguo Testamento

Creación

> *Entonces dijo Dios: Hagamos al hombre a nuestra imagen, conforme a nuestra semejanza; y señoree en los peces del mar, en las aves de los cielos, en las bestias, en toda la tierra, y en todo animal que se arrastra sobre la tierra. Y creó Dios al hombre a su imagen, a imagen de Dios lo creó; varón y hembra los creó* (Génesis 1:26-27).

La historia bíblica de la creación llega a su clímax con la creación del hombre (varón y hembra) a imagen de Dios. Debemos fijarnos en cuatro cosas en cuanto a este acto culminante: (1) El hombre es creado como la última de todas las obras de Dios y, por tanto, como su criatura superior. (2) Sólo del hombre se dice que lleva la imagen de Dios. (3) Sólo ahora que el hombre está en escena con la imagen de Dios describe el escritor la obra de la creación como algo *bueno en gran manera* (1:31). (4) Al hombre se le otorga autoridad y se le ordena señorear y llenar la tierra (1:28).

¿Cuál es aquí el propósito del hombre? Según el texto, la creación existe para él. Pero, puesto que Dios hizo al hombre a su imagen, la autoridad del hombre sobre el mundo y el llenar el mundo son manifestaciones —una imagen continua— de Dios. El propósito de Dios, por tanto, es que el hombre actúe de tal forma que refleje continuamente a Dios, quien tiene la autoridad última. Al hombre se le otorga la elevada posición de ser portador de esa imagen no para que se vuelva arrogante y autónomo (como trató de hacer en la caída), sino para que pueda reflejar la gloria de su Hacedor cuya imagen lleva. El propósito de Dios en la creación, por tanto, era llenar la tierra con su propia gloria. Esto queda claro, por ejemplo, en Números 14:21, donde el Señor dice: *Mi gloria llena toda la tierra,* así como en Isaías 43:7, donde el Señor se refiere a su pueblo como aquellos que ***para gloria mía*** *los he creado.*

> ***La torre de Babel***
>
> *Tenía entonces toda la tierra una sola lengua y unas mismas palabras. Y aconteció que cuando salieron de oriente, hallaron una llanura en la tierra de Sinar, y se establecieron allí. Y se dijeron unos a otros: Vamos, hagamos ladrillo y cozámoslo con fuego. Y les sirvió el ladrillo en lugar de piedra, y el basalto en lugar de mezcla. Y dijeron: Vamos, edifiquémonos una ciudad y una torre, cuya cúspide llegue al cielo; y hagámonos un nombre, por si fuéremos esparcidos sobre la faz de toda la tierra* (Génesis 11:1-4).

Lo principal de esta historia es mostrar cómo pensaba y aún piensa el hombre caído. Como contraste, también muestra el propósito de Dios para el hombre. La frase clave es: *hagámonos un nombre, por si fuéremos esparcidos sobre la faz de toda la tierra* (11:4). El instinto de conservación del hombre caído busca su plenitud no en la confianza en Dios, exaltando de ese modo **su** nombre, sino empleando su propio ingenio humano y haciéndose de ese modo un nombre **para él.**

Esto era contrario al propósito de Dios para el hombre, y por eso Dios frustró su esfuerzo (y lo ha estado frustrando en mayor o menor grado desde entonces). El propósito de Dios era que se le concediera el mérito de la grandeza del hombre y que el hombre dependiera de **él**. Esto será aún más evidente cuando veamos lo que hizo Dios después en la historia de la redención.

> ***El llamamiento de Abram***
>
> *Pero Yahvéh había dicho a Abram: Vete de tu tierra y de tu parentela, y de la casa de tu padre, a la tierra que te mostraré. Y haré de ti una nación grande, y te*

bendeciré, y engrandeceré tu nombre, y serás bendición (Génesis 12:1-2).

En este importante momento de cambio decisivo en la relación de Dios con los seres humanos, llama a Abram y comienza su relación con el pueblo de Israel. Existe un claro contraste entre lo que Dios dice aquí y lo que había sucedido en la torre de Babel. Dios dice que **él** engrandecerá el nombre de Abram, lo que contrasta claramente con Génesis 11:4, donde el hombre quería hacerse su propio nombre.

La diferencia clave es la siguiente: cuando el hombre se dedica a engrandecer su propio nombre, se arroga el mérito de sus logros y no le da la gloria a Dios. Pero cuando Dios se compromete a engrandecer a una persona, la única respuesta adecuada es la confianza y la gratitud por parte del hombre, que le devuelve toda la gloria a Dios, a quien pertenece. Abram demuestra que es muy diferente de los constructores de la torre de Babel, porque (como vemos en Génesis 15:6) Abram creyó a Dios.

En Romanos 4:20-21, el apóstol Pablo nos muestra el vínculo entre la fe de Abram y la gloria de Dios: *Tampoco dudó, por incredulidad, de la promesa de Dios, sino* ***que se fortaleció en fe, dando gloria a Dios****, plenamente convencido de que era también poderoso para hacer todo lo que había prometido.* Así, en contraste con los constructores de la torre de Babel, los hijos de Abram fueron escogidos por Dios para ser un pueblo que confiara en él y le diera la gloria. Esto es lo que Dios dice en Isaías 49:3: *Mi siervo eres, oh Israel,* ***porque en ti me gloriaré.***

El Éxodo

Después del período de los patriarcas (Abraham, Isaac y Jacob), que se relata en el resto del libro de Génesis, el pueblo de Israel pasó varios cientos de años extendiéndose en la tierra de Egipto, y allí se convirtieron en esclavos. Clamaron a Dios pidiendo misericordia. En respuesta, Dios se comprometió a liberarles por mano de Moisés y a llevarleos después a través del desierto a la tierra prometida de Canaán. El propósito de

Dios en esta liberación de Egipto se relata en varios lugares además de en Éxodo; por ejemplo, en Ezequiel y en los Salmos:

> *Así ha dicho Yahvéh el Señor: El día que escogí a Israel, y que alcé mi mano para jurar a la descendencia de la casa de Jacob, cuando me di a conocer a ellos en la tierra de Egipto, cuando alcé mi mano y les juré diciendo: Yo soy Yahvéh vuestro Dios; aquel día que les alcé mi mano, jurando así que los sacaría de la tierra de Egipto a la tierra que les había provisto, que fluye leche y miel, la cual es la más hermosa de todas las tierras; entonces les dije: Cada uno eche de sí las abominaciones de delante de sus ojos, y no os contaminéis con los ídolos de Egipto. Yo soy Yahvéh vuestro Dios. Mas ellos se rebelaron contra mí, y no quisieron obedecerme; no echó de sí cada uno las abominaciones de delante de sus ojos, ni dejaron los ídolos de Egipto; y dije que derramaría mi ira sobre ellos, para cumplir mi enojo en ellos en medio de la tierra de Egipto. Con todo,* ***a causa de mi nombre****, para que no se infamase ante los ojos de las naciones en medio de las cuales estaban, en cuyos ojos fui conocido, actué para sacarlos de la tierra de Egipto* (Ezequiel 20:5-9).
>
> *Pecamos nosotros, como nuestros padres; hicimos iniquidad, hicimos impiedad. Nuestros padres en Egipto no entendieron tus maravillas; no se acordaron de la muchedumbre de tus misericordias, sino que se rebelaron junto al mar, el Mar Rojo. Pero él los* ***salvó por amor de su nombre, para hacer notorio su poder*** (Salmo 106:6-8).

Está claro que la liberación de Egipto no se debe a la dignidad de los israelitas, sino a la del nombre de Dios. Actuó por amor de su nombre. Esto también lo deja claro en la historia del éxodo mismo que se relata en Éxodo 14:

> *Y yo endureceré el corazón de Faraón para que los siga;* ***y seré glorificado en Faraón*** *y en todo su ejército, y* ***sabrán los egipcios que yo soy Yahvéh*** *[...], y sabrán los egipcios que yo soy Yahvéh, cuando me glorifique en Faraón, en sus carros y en su gente de a caballo* (Éxodo 14:4,18).

El propósito de Dios es actuar de tal forma que las personas confiesen su gloria y reconozcan que él es el único Señor del universo. Por tanto, el gran acontecimiento del éxodo, que fue un paradigma de todos los actos salvadores de Dios, debería haber dejado claro a todas las generaciones que el propósito de Dios con Israel era glorificarse a sí mismo y crear un pueblo que confíe en él y se deleite en su gloria.

La entrega de la Ley

Cuando Israel llegó al monte Sinaí, Dios llamó a Moisés a la cima de la montaña y le entregó los Diez Mandamientos y las otras ordenanzas para la nueva vida comunitaria. A la cabeza de esta ley está Éxodo 20:3-5:

> *No tendrás dioses delante de mí. No te harás imagen, ni ninguna semejanza de lo que esté arriba en el cielo, ni abajo en la tierra, ni en las aguas debajo de la tierra. No te inclinarás a ellas, ni las honrarás; porque yo soy Yahvéh tu Dios, fuerte, celoso, que visito la maldad de los padres sobre los hijos hasta la tercera y cuarta generación de los que me aborrecen.*

Cuando Dios dice que no podemos tener otros dioses delante de él y que es un Dios celoso, quiere decir que su principal propósito al dar la Ley es que convengamos con él en que nuestro deber es honrarle sólo a él. Acababa de mostrar su gloria, su gracia y su poder en el Éxodo; ahora, sencillamente, ordena en la Ley una respuesta adecuada por parte de su pueblo: que le amemos y guardemos sus mandamientos.

Amar a Dios no significa hacer frente a sus necesidades,

sino más bien deleitarse en él y ser cautivados por su poder y gracia gloriosos, y valorarle por encima de todas las demás cosas de la tierra. Todo el resto de los mandamientos son la clase de cosas que haremos desde el fondo de nuestro corazón si nuestros corazones se deleitan verdaderamente en él y descansan en la gloria de la gracia de Dios.

El viaje por el desierto

Dios tenía buenas razones para destruir a su pueblo en el desierto a causa de sus repetidas quejas, su incredulidad y su idolatría. Pero, una vez más, el Señor retiene su mano y los trata con gracia por amor a su nombre:

> *Mas los hijos se rebelaron contra mí; no anduvieron en mis estatutos, ni guardaron mis decretos para ponerlos por obra, por los cuales el hombre que los cumpliere vivirá; profanaron mis días de reposo. Dije entonces que derramaría mi ira sobre ellos, para cumplir mi enojo en ellos en el desierto. Mas retraje mi* ***mano a causa de mi nombre****, para que no se infamase a la vista de las naciones ante cuyos ojos los había sacado* (Ezequiel 20:21-22. Cf- vv. 13-14).

Lo que motiva a Dios a preservar a su pueblo en el desierto es lo mismo que surge en la oración de Moisés por el pueblo que aparece en Deuteronomio 9:27-29 cuando Dios estaba a punto de destruir al pueblo:

> *Acuérdate de tus siervos Abraham, Isaac y Jacob; no mires a la dureza de este pueblo, ni a su impiedad ni a su pecado, no sea que digan los de la tierra de donde nos sacaste: Por cuanto no pudo Yahvéh introducirlos en la tierra que les había prometido, o porque los aborrecía, los sacó para matarlos en el desierto. Y ellos son tu pueblo y tu heredad, que sacaste con tu gran poder y con tu brazo extendido* (véase también Números 14:13-16, Éxodo 32:11-14).

Moisés apela a la promesa de Dios a los patriarcas y argumenta que Dios **con toda seguridad no quiere que se burlen de su nombre**, lo que ciertamente sucedería si Israel perecía en el desierto. Los egipcios dirían que Dios no había podido llevarlos a Canaán. Al permitir a Moisés que orara de esta manera, Dios deja claro que su decisión de frenar su ira contra Israel es **por amor a su nombre.**

La conquista de Canaán

El libro de Josué relata cómo Dios proporcionó al pueblo de Israel victoria sobre las naciones en la tierra de Canaán. Al final del libro encontramos una clave de por qué Dios hizo esto por su pueblo:

> *Y envié delante de vosotros tábanos, los cuales los arrojaron de delante de vosotros, esto es, a los dos reyes de los amorreos; no con tu espada, ni con tu arco. Y os di la tierra por la cual nada trabajasteis, y las ciudades que no edificasteis, en las cuales moráis; y de las viñas y olivares que no plantasteis, coméis.*
>
> *Ahora, **pues**, temed a Yahvéh, y servidle con integridad y en verdad; y quitad de entre vosotros los dioses a los cuales sirvieron vuestros padres al otro lado del río, y en Egipto; y servid a Yahvéh* (Josué 24:12-14).

Las palabras *ahora, **pues**, temed a Yahvéh* son una consecuencia de reconocer la gracia de Dios al darle a Israel la tierra. La lógica muestra que el propósito de Dios al darles la tierra de Canaán era que le temieran y le honraran sólo a él. En otras palabras, al darle a Israel la tierra de Canaán, el propósito de Dios fue crear un pueblo que reconociera su gloria y se deleitara en ella sobre todas las cosas. Este propósito se confirma en la oración de David que se recoge en 2 Samuel 7:23.

> *¿Y quién como tu pueblo, como Israel, nación singular en la tierra? Porque fue Dios para rescatarlo*

por pueblo suyo, y ***para ponerle nombre****, y para hacer grandezas a su favor, y obras terribles a tu tierra, por amor de tu pueblo que rescataste para ti de Egipto, de las naciones y de sus dioses?*

El comienzo de la monarquía

Después de un período de jueces (recogido en el libro de dicho nombre), Israel pidió un rey. Aun cuando el motivo de pedir un rey era malo (Israel quería ser como las demás naciones), no obstante Dios no destruyó a su pueblo. Su motivación en este acto de gracia y misericordia se nos muestra en 1 Samuel 12:19-23:

> *Entonces dijo todo el pueblo a Samuel: Ruega por tus siervos a Yahvéh tu Dios, para que no muramos; porque a todos nuestros pecados hemos añadido este mal de pedir rey para nosotros. Y Samuel respondió al pueblo: No temáis; vosotros habéis hecho todo este mal; pero con todo eso no os apartéis de en pos de Yahvéh, sino servidle con todo vuestro corazón. No os apartéis en pos de vanidades que no aprovechan ni libran, porque son vanidades. Pues Yahvéh no desamparará a su pueblo,* ***por su grande nombre****; porque Yahvéh ha querido haceros pueblo suyo. Así que, lejos sea de mí que peque yo contra Yahvéh cesando de rogar por vosotros; antes os instruiré en el camino bueno y recto.*

Aquí, la preservación del pueblo, a pesar de su pecado al comienzo de la monarquía, se debe al propósito de Dios de preservar y manifestar la honra de su nombre. Ésta es su meta suprema.

Otra forma en que Dios muestra misericordia durante la monarquía fue traer a ella a un hombre según su corazón, a un rey cuya meta fuera la misma que la de Dios. Podemos ver esto en cómo oró David. En el Salmo 25:11 dice: ***Por amor de tu nombre****, oh Yahvéh, perdonarás también mi pecado, que es* *grande.* Y en su salmo más famoso, David expresa que la motivación de Dios para dirigir a su pueblo es la gloria de su nombre: *Me guiará por sendas de justicia* ***por amor de su nombre.***

El templo de Dios

Los libros de 1 y 2 Reyes relatan la historia de Israel desde el hijo de David, Salomón, hasta la cautividad babilónica. Fue un período de alrededor de cuatrocientos años que concluyó en el 587 a.C. En 1 Reyes 8 leemos la oración de Salomón de consagración del edificio del templo, la cual incluye estas palabras:

> *Asimismo el extranjero, que no es de tu pueblo Israel, que viniere de lejanas tierras* ***a causa de tu nombre*** *(pues oirán de tu gran nombre, de tu mano fuerte y de tu brazo extendido), y viniere a orar a esta casa, tú oirás en los cielos, en el lugar de tu morada, y harás conforme a todo aquello por lo cual el extranjero hubiere clamado a ti* ***para que todos los pueblos de la tierra conozcan tu nombre y te teman****, como tu pueblo Israel, y entiendan* ***que tu nombre es invocado*** *sobre esta casa que yo edifiqué.*
>
> *Si tu pueblo saliere en batalla contra sus enemigos por el camino que tú les mandes, y oraren a Jehová con el rostro hacia la ciudad que tú elegiste, y hacia la casa que* ***yo edifiqué a tu nombre****, tú oirás en los cielos su oración y su súplica, y les harás justicia* (1 Reyes 8:41-45).

Esta oración muestra que el propósito de edificar el templo —de acuerdo con el propio propósito de Dios: *Mi nombre estará allí* (versículo 29)— era que el nombre de Dios fuera exaltado y que todas las naciones conocieran y temieran a Dios.

La liberación en tiempos de los Reyes

Después de la muerte de Salomón, el Reino de Israel se dividió en los Reinos del Norte y del Sur. Un ejemplo de la continua gracia de Dios durante este tiempo y su continuo propósito de ser glorificado y conservar la honra de su nombre se evidencia en la forma en que intervino cuando Ezequías era rey de Judá a finales de los años setecientos a.C.

Los asirios, dirigidos por Senaquerib, subieron contra el pueblo de Judá. Así que Ezequías oró al Señor de la liberación. El profeta Isaías trajo la respuesta de Dios, que aparece en 2 Reyes 19:34: *Porque yo ampararé esa ciudad para salvarla, **por amor a mí mismo**, y por amor a David mi siervo.* Vuelve a decir lo mismo en 2 Reyes 20:6: *Y añadiré a tus días quince años, y te libraré a ti y a esta ciudad de mano del rey de Asiria; y ampararé esta ciudad **por amor de mí mismo**, y por amor a David mi siervo.*

El exilio y la restauración prometida

Finalmente, alrededor del 587 a.C., Jerusalén cayó en manos de la invasora Babilonia (el Reino del Norte ya estaba en el exilio, a donde había sido conducido por los asirios en el 722 a.C.). El pueblo de Judá fue deportado a Babilonia. Parece como si Dios hubiera dado por concluida su relación con su pueblo Israel. Pero, si así hubiera sido, ¿qué hubiera pasado con su santo nombre, del que había sido tan celoso durante siglos? Pronto descubrimos que Dios no ha terminado con su pueblo, sino que volverá a tener misericordia. Y una vez más, como aclara Isaías, los propósitos de Dios son los mismos de siempre:

> ***Por amor de mi nombre** diferiré mi ira, y **para alabanza mía** la reprimiré para no destruirte. He aquí te he purificado, y no como a plata; te he escogido en horno de aflicción. Por mí, **por amor de mí mismo** lo haré, para que no sea amancillado mi nombre, y mi honra no la daré a otro* (Isaías 48:9-11).

De forma similar, Ezequiel, quien profetizó durante el exilio babilónico, nos habla de la restauración misericordiosa de Dios y de por qué la llevará a cabo.

Por tanto, di a la casa de Israel: Así ha dicho Yahvéh el Señor: No lo hago ***por causa de mi santo nombre****, el cual profanasteis vosotros entre las naciones adonde habéis llegado.* ***Y santificaré mi grande nombre*** *profanado entre las naciones, el cual profanasteis vosotros en medio de ellas; y sabrán las naciones que yo soy Yahvéh, dice Yahvéh el Señor, cuando sea santificado en vosotros delante de sus ojos [...] No lo hago por vosotros, dice Yahvéh el Señor, sabedlo bien; avergonzaos y cubríos de confusión por vuestras iniquidades, casa de Israel* (Ezequiel 36:22-23, 32).

La salvación nunca nos da base para presumir de nuestra dignidad ante Dios. Es una ocasión para rebajarnos a nosotros mismos y gozarnos en la gloriosa gracia de Dios actuando a nuestro favor, una gracia que nunca depende de nuestras características, sino que fluye de la preocupación sobrecogedora de Dios por que su pueblo magnifique su propia gloria.

Los profetas post-exílicos

Zacarías, Hageo y Malaquías profetizaron posteriormente acerca del retorno de Israel del exilio, dando lugar a los últimos escritos del período del Antiguo Testamento. Cada uno de ellos refleja la convicción de que la meta de Dios después del exilio sigue siendo su propia gloria.

Zacarías profetizó en cuanto a la reedificación de Jerusalén: *Para gloria estaré en medio de ella* (Zacarías 2:5).

Hageo habló de lo mismo: *reedificad la casa; y pondré en ella mi voluntad, y seré glorificado* (Hageo 1:8).

Malaquías criticó a los malos sacerdotes del nuevo templo: *no decidís de corazón dar gloria a mi nombre* (Malaquías 2:2).

Nuevo Testamento

Al pasar del Antiguo Testamento al Nuevo, nos trasladamos de la era de la promesa a la era de su cumplimiento. El

Mesías esperado había venido en Jesucristo. Pero el propósito supremo de Dios no cambió, sólo algunas de las circunstancias en cuanto a cómo lo estaba llevando a cabo.

La vida y el ministerio de Jesús

Hay dos textos del Evangelio de Juan que muestran que la vida y el ministerio de Jesús estaban destinados a glorificar a su Padre en el cielo. En Juan 17:4, Jesús oró al final de su vida diciendo: *Yo te he glorificado en la tierra; he acabado la obra que me diste que hiciese.* Y en Juan 7:18, en referencia a su propio ministerio, dijo Jesús: *El que habla por su propia cuenta, su propia gloria busca; pero el que busca la gloria del que le envió, éste es verdadero, y no hay en él injusticia.* Por tanto, podemos decir con seguridad que la pasión de Jesús y su mayor propósito en la tierra era glorificar a su Padre del cielo haciendo su voluntad (Juan 4:34).

La muerte de Jesús

En Juan 12:27-28, Jesús consideró la posibilidad de eludir la hora de su muerte; pero rechazó esa alternativa sabiendo que, precisamente a través de la muerte, terminaría su misión de glorificar al Padre.

> *Ahora está turbada mi alma; ¿y qué diré? ¿Padre, sálvame de esta hora? Mas para esto he llegado a esta hora. Padre, glorifica tu nombre. Entonces vino una voz del cielo: Lo he glorificado, y lo glorificaré otra vez.*

El propósito de la muerte de Jesús era glorificar al Padre. Que estuviera dispuesto como Hijo de Dios a sufrir la pérdida de tanta gloria propia para reparar los daños causados a la gloria de Dios por medio de nuestro pecado muestra lo infinitamente valiosa que es la gloria de Dios. Es cierto que la muerte de Cristo también muestra el amor de Dios hacia nosotros. Pero no somos el centro.

Dios expuso a su Hijo en la Cruz *para manifestar su justicia, a causa de haber pasado por alto, en su paciencia, los pecados pasados* (Romanos 3:25). En otras palabras, perdonando el pecado en el Antiguo Testamento y tolerando a muchos pecadores, Dios había dado la impresión de que su honra y su gloria no eran de valor infinito. Ahora, para vindicar la honra de su nombre y el valor de su gloria, exigió la muerte de su propio Hijo. Así que Cristo sufrió y murió por la gloria de su Padre. Esto demuestra la justicia de Dios, porque ésta es su fidelidad inquebrantable a la defensa del valor de su gloria.[1]

La vida cristiana

La obra de Cristo en beneficio de la gloria de Dios conduce inevitablemente a la conclusión de que el propósito de Dios para su nuevo pueblo redimido, la Iglesia, es que la meta de nuestra vida sea glorificar a Dios. Pablo lo hace explícito en 1 Corintios 10:31, donde dice: *Si, pues, coméis y bebéis, o hacéis otra cosa, hacedlo todo para la gloria de Dios.*

Pedro muestra que todo nuestro servicio como cristianos tiene como meta que Dios sea glorificado como Aquel que hace posible todas las cosas buenas: *Si alguno ministra, ministre conforme al poder que Dios da, para que en todo sea Dios glorificado por Jesucristo, a quien pertenecen la gloria y el imperio por los siglos de los siglos. Amén* (1 Pedro 4:11).

Y cuando Jesús estaba instruyendo a sus propios discípulos acerca de cuál debería ser su meta en su vida diaria, les dijo en Mateo 5:16: *Así alumbre vuestra luz delante de los hombres, para que vean vuestras buenas obras, y glorifiquen a vuestro Padre que está en los cielos.*

La segunda venida y la consumación

En 2 Tesalonicenses 1:9-10 se describe la segunda venida de Cristo como algo que produce esperanza y terror. Pablo dice de aquellos que no creen el evangelio:

> *Los cuales sufrirán pena de eterna perdición, excluidos de la presencia del Señor y de la gloria de su poder, cuando venga en aquel día* ***para ser***

> ***glorificado en sus santos*** *y ser admirado en todos los que creyeron (por cuanto vuestro testimonio ha sido creído entre vosotros).*

Jesucristo volverá no sólo para efectuar la salvación definitiva de su pueblo, sino para ser a través de esta salvación *glorificado en sus santos y ser admirado en todos los que creyeron.*

Un último comentario respecto al clímax de la historia en el libro de Apocalipsis: Juan refleja la nueva Jerusalén, la Iglesia glorificada, en 21:23: *La ciudad no tiene necesidad de sol ni de luna que brillen en ella; porque la gloria de Dios la ilumina, y el Cordero es su lumbrera.* Dios Padre y Dios Hijo son la luz en la que los cristianos vivirán su eternidad. Ésta es la consumación de la meta de Dios en toda la historia: revelar su gloria para que todos la vean y le alaben: *Padre, aquellos que me has dado, quiero que donde yo estoy, también ellos estén conmigo,* ***para que vean mi gloria*** *que me has dado; porque me has amado desde antes de la fundación del mundo* (Juan 17:24).

Conclusión

¿Qué podemos concluir de este repaso de la historia de la redención? Podemos concluir que el propósito principal de **Dios** es glorificar a Dios y gozarse en él eternamente. Está en el lugar supremo en el centro de sus propios sentimientos. Por esa misma razón es una fuente autosuficiente e interminable de gracia.

Notas del Apéndice 1

1. Para un mayor repaso de esta interpretación de la justicia de Dios, véase John Piper: ***The Justification of God*** (Grand Rapids: Baker Book House, 1983).

Apéndice 2

¿ES LA BIBLIA UNA GUÍA FIABLE HACIA UN GOZO ETERNO?

Se han escrito libros enteros acerca de por qué la Biblia es fidedigna. Pero en honor a nuestro propio sentido de integridad, debemos resumir en un breve espacio por qué ponemos nuestra esperanza en el mensaje de este libro. Espero que pueda trazar una ruta en este apéndice entre el dogmatismo que carece de base por un lado y la excesiva apología por otro.

Comencemos en el nivel más básico de fe religiosa. Creo en Dios. Puede que hubiera razones sociales y familiares para que llegará a encontrarme en este camino, igual que hay razones sociales y familiares para que tú estés en el camino en el que te encuentras. Pero, cuando trato de ser razonable y someto a prueba mi fe heredada en Dios, no puedo escapar de su realidad.

Supongamos que trato de volver atrás un millón o miles de millones de años para imaginarme la naturaleza de la realidad original. ¿Cómo era? Lo que veo es el maravilloso hecho de que hay un cincuenta por ciento de posibilidades de que la realidad original fuera una Persona más que un gas. Sólo piensa en ello. Puesto que cualquier cosa que fuera lo que **estuviera** allí originalmente siempre ha existido, en términos absolutos no existen causas que puedan haber dispuesto que aquella realidad original fuera un gas más que una persona. Toda persona razonable tiene que admitir que tanto puede ser lo uno como lo otro. Puede que existiera algún tipo de materia indefinida desde la eternidad, ¡o puede que fuera una Persona!

Admitir la razonable posibilidad de que la realidad última pudiera ser personal conlleva una forma de liberación para considerar la evidencia subsecuente con mayor franqueza. Mi propia conclusión ineludible acerca del orden del universo y de la existencia de la personalidad humana, del sentido universal de conciencia (juicio personal moral) y del sentimiento judicial universal (juicio de otros que nos fallan), es que la Realidad Última no es impersonal, sino que es en realidad una Persona. Sencillamente, encuentro increíble que el drama humano de los siglos, que es la búsqueda de significado, belleza y verdad, no tenga una raíz más profunda que los cambios moleculares.

Así que, cuando me pregunto dónde se puede encontrar la felicidad eterna, me veo inclinado a buscarla en relación con Dios, el Creador personal de todas las cosas. Nada me parece más razonable que el que la felicidad eterna nunca pueda ser alcanzada por una persona que ignore o se oponga a su Creador. Me causan un asombro constante las personas que dicen que creen en Dios pero que viven como si se encontrara la felicidad prestándole el dos por ciento de atención. Seguramente al fin de los tiempos se revelará que esto es absurdo.

Pero, cuando comenzamos a buscar nuestra felicidad personal en relación con Dios, nos enfrentamos a muchas afirmaciones y religiones diferentes. ¿Por qué debemos descansar nuestra esperanza en la afirmación de que la Biblia cristiana es la verdadera revelación de Dios? Mi respuesta básica es que Jesucristo, el centro y resumen de la Biblia, se ha ganado mi confianza por medio de su autenticidad, amor y poder. Veo esta autenticidad y amor en el relato de sus palabras y obras, y veo su poder especialmente en su resurrección de la muerte.

No es necesario que creas que la Biblia es infalible para descubrir que presenta a una Persona histórica de cualidades incomparables. Al contrario, la forma razonable de acercarse a la Biblia por primera vez es escuchar abierta y honestamente a sus diversos testigos de Cristo, y comprobar si estos testigos y esta persona se autentifican. Si es así, las cosas que ellos y Cristo dicen acerca de la Biblia misma adquieren una nueva autoridad, y puede que acabes aceptando toda la Biblia (como yo) como inspirada por Dios, la Palabra infalible. Pero no es necesario comenzar por ahí.

Tratemos de ilustrar a lo que me refiero cuando digo que el mensaje de Cristo y de los que dan testimonio de él se autentifican a sí mismos. Los relatos bíblicos presentan a Jesús como un hombre de amor incomparable hacia Dios y hacia el hombre. Se enfadó cuando los no religiosos deshonraron a Dios (Marcos 11:15-17) y cuando el hombre era destruido por la religión (Marcos 3:4-5). Nos enseñó a ser pobres en espíritu, humildes, con hambre de justicia, puros de corazón, misericordiosos y pacificadores (Mateo 5:3-9). Nos animó a honrar a Dios con el corazón (Mateo 15:8) y a abandonar toda hipocresía (Lucas 12:1). Y practicó lo que predicaba. Su vida se resumió diciendo que: *anduvo haciendo bienes y sanando a todos* (Hechos 10:38).

Dedicó tiempo a los niños pequeños y los bendijo (Marcos 10:13-16). Cruzó las barreras sociales para ayudar a las mujeres (Juan 4), a los extranjeros (Marcos 7:24-30), a los leprosos (Lucas 17:11-19), a las prostitutas (Lucas 7:36-50). Lavó los pies de sus discípulos como un esclavo y los enseñó a servir más que a ser servidos (Juan 13:1-20). Aun cuando estaba exhausto, su corazón se compadeció de las multitudes que le apremiaban (Marcos 6:31-34). Aun cuando sus propios discípulos le dieron la espalda y llegaron a negarle y abandonarle, deseaba estar con ellos (Lucas 22:15) y oró por ellos (Lucas 22:32). Dijo que su vida era un rescate para muchos (Marcos 10:45), y cuando fue ejecutado a los treinta y tres años, oró por el perdón de sus asesinos (Lucas 23:34).

No sólo se refleja a Jesús como lleno de amor a Dios y al hombre, también se le presenta plenamente digno de confianza y auténtico. No actuó por su propia autoridad para obtener el reconocimiento del mundo. Dirigió a los hombres hacia su Padre en los cielos. *El que habla por su propia cuenta, su propia gloria busca; pero el que busca la gloria del que le envió, éste es verdadero y no hay en él injusticia* (Juan 7:18). No tiene el espíritu de un ególatra o de un charlatán. Parece estar en completa paz consigo mismo y con Dios. Es auténtico.

Esto resulta evidente en la forma en que discierne los engaños de las personas (Mateo 22:18). Era tan puro y tan perceptivo que no podían hacerle tropezar o acorralarle en un debate (Mateo 22:15-22). Sorprendía lo poco sentimental que era en sus exigencias, aun hacia aquellos a los que tenía un afecto especial (Marcos 10:21). Nunca suavizó el mensaje de justicia para incrementar el número de sus seguidores o el favor de las personas. Hasta los que se oponían a él estaban asombrados de su indiferencia hacia el reconocimiento humano: *Maestro, sabemos que eres hombre veraz, y que no miras la apariencia de los hombres, sino que con verdad enseñas el camino de Dios* (Marcos 12:14). Nunca tuvo que retractarse de una afirmación ni pudo ser acusado de nada malo (Juan 8:46). Era manso y humilde de corazón (Mateo 11:29).

Pero lo que hacía que todo esto fuera tan asombroso era la modesta pero inequívoca **autoridad** que se percibía en todo lo que hacía y decía. Los principales de los fariseos hablaron por todos nosotros cuando dijeron: *¡Jamás hombre alguno ha hablado como este hombre!* (Juan 7:46). Había algo evidentemente diferente en él: *porque les enseñaba como quien tiene autoridad, no como los escribas* (Mateo 7:29).

Sus afirmaciones no eran la declaración pública de poder mundano que los judíos esperaban del Mesías. Pero no obstante eran inconfundibles. Aunque nadie lo entendía en aquel momento, no había ninguna duda de que él había dicho: *Destruid este templo, y en tres días lo levantaré* (Juan 2:19, Mateo 26:61). Pensaban que era una afirmación absurda la de que reedificaría sin ayuda de nadie un edificio que se había tardado en construir cuarenta y seis años. Pero estaba diciendo de una forma velada típicamente suya que resucitaría de la muerte, y por su propio poder.

En su último debate con los fariseos, Jesús los hizo callar con esta pregunta: *¿Qué pensáis del Cristo? ¿De quién es hijo? Le dijeron: De David* (Mateo 22:42). En su respuesta, Jesús estaba citando a David en el Salmo 110:1: *Yahvéh dijo a mi Señor: Siéntate a mi diestra, hasta que ponga a tus enemigos por estrado de tus pies*. Después, con una autoridad algo velada, Jesús preguntó: *Pues si David le llama Señor, ¿cómo es su hijo?* En otras palabras, para aquellos que tienen ojos para verlo, aquí está alguien que es el hijo de David y mucho más.

Los hombres de Nínive se levantarán en el juicio con esta generación y la condenarán; porque ellos se arrepintieron a la predicación de Jonás, y ***he aquí más que Jonás en este lugar****. La reina del Sur se levantará en el juicio con esta generación, y la condenará; porque ella vino de los fines de la tierra para oír la sabiduría de Salomón, y* ***he aquí más que Salomón en este lugar*** (Mateo 12:41-42). Esta clase de afirmación velada se ve a lo largo de todo lo que Jesús dijo e hizo.

Además, ordenaba a los espíritus malignos y ellos le obedecían (Marcos 1:27). Perdonó los pecados (Marcos 2:5). Exhortó a las personas para que lo dejaran todo y le siguieran para tener vida eterna y tesoros en el cielo (Marcos 10:17-22, Lucas 14:26-33). E hizo la sorprendente afirmación de que *a cualquiera, pues, que me confiese delante de los hombres, yo también le confesaré delante de mi Padre que está en los cielos. Y a cualquiera que me niegue delante de mi Padre, yo también le negaré delante de mi Padre que está en los cielos* (Mateo 10:32-33).

Quizás alguien dirá que estoy dando vueltas en mis argumentos. ¿No estoy dando por supuesta la fiabilidad del relato bíblico de Jesús, incluso al defenderlo? No exactamente. El retrato que he esbozado no se limita a un solo escritor, ni (como dirían los críticos eruditos) a un sector concreto de la tradición. Da igual lo lejos que llegues en un estudio crítico de los Evangelios, nunca encontrarás un Jesús histórico substancialmente diferente del que se describe aquí. En otras palabras, no tienes que **dar por supuesto** que los relatos son fiables. Puedes decir que no si quieres. Pero cuanto más rigor utilices al analizarlos con un procedimiento histórico imparcial, más te darás cuenta de que no existe razón alguna ni en el Jesús histórico ni en el Jesús de los Evangelios para pensar que este hombre sin igual fue creado por artificios humanos.

En otras palabras, no parto del supuesto de que los Evangelios son inspirados o infalibles. Estoy tratando de mostrar que hay una determinada imagen de Jesús que es común a todos los testigos, y se remonta tan atrás como puede ir la crítica histórica.

¿Cómo explicar esta armonía y esta antigüedad? ¿Acaso un genio creador desconocido tomó a un hombre corriente, Jesús, y se inventó sus actos poderosos, sus palabras de amor y su autoridad y autenticidad, después presentó a este Jesús inventado ante la iglesia con tal poder engañoso que muchas personas estuvieron dispuestas desde el principio a morir por este Cristo ficticio? Más aún, ¿podemos creer que todos los escritores del Evangelio se tragaron el invento cuando durante varias décadas siguieron viviendo muchos de los que habían conocido al verdadero Jesús? ¿Es eso más razonable o tiene más fundamento la plena afirmación de que un hombre genuino, Jesucristo, dijo e hizo verdaderamente la clase de cosas que los testigos bíblicos dijeron que había hecho?

Debes decidir por ti mismo. A mí, pensar en un inventor desconocido de este Jesús me resulta más increíble que la posibilidad de que Jesús sea real. Por tanto, para mí la cuestión es: ¿Cómo explicamos la existencia de un hombre que deja semejante legado?

Moralmente no puedo identificarle con las pobres almas engañadas que sufren ilusiones patológicas de grandeza. Ni puedo considerarle uno de los grandes estafadores de la historia que engañó a todos planeando y orquestando un movimiento misionero de extensión mundial fundado en una mentira. Más bien me veo obligado a reconocer su verdad. Tanto mi mente como mi corazón se encuentran arrastrados a ser leales a este hombre. Se ha ganado mi confianza.

Junto a esta evidencia debemos considerar la de la resurrección de Jesús de la muerte. Si no resucitó sino que siguió el camino de la carne, las consecuencias extraordinarias de su Palabra y vida se convierten en nada. Pero si venció a la muerte, sus afirmaciones y su carácter quedan vindicados. Y su enseñanza respecto a la Biblia se convierte en nuestra postura. Sin entrar en detalles, mencionaré seis cosas que fundamentan mi confianza en la resurrección de Jesús:

1. Dos testigos diferentes dan testimonio de dos formas distintas de la afirmación de Jesús durante su vida de que si sus enemigos destruían el templo él volvería a edificarlo de nuevo en tres días (Juan 2:19; Marcos 14:58; cf. Mateo 26:61). Hablaba de forma ilustrativa de la *señal de Jonás:* tres días en el corazón de la tierra (Mateo 12:39, 16:4). Por tanto, la credibilidad de Jesús señala a la realidad de la resurrección futura. E hizo alusión a ello de nuevo en Mateo 21:42: *La piedra que desecharon los edificadores, ha venido a ser cabeza del ángulo.*

2. La tumba quedó vacía el Día de Resurrección. Hay cuatro posibles formar de explicar esto:

Sus enemigos robaron el cuerpo. Si lo hubieran hecho (y nunca afirmaron algo así), con toda seguridad habrían presentado el cuerpo para frenar el éxito de la extensión de la fe cristiana en la misma ciudad donde tuvo lugar la resurrección. Pero no pudieron mostrarlo.

Sus amigos lo robaron. Éste fue un rumor que pronto se extendió (Mateo 28:11-15). ¿Es probable? ¿Pudieron vencer a los guardias frente al sepulcro? Y más importante aún, ¿habrían comenzado a predicar que Jesús había resucitado con tanta autoridad si sabían que no era así? ¿Habrían arriesgado sus vidas y aceptado sufrir por algo que sabían que era un fraude?

Jesús no estaba muerto, sino sólo inconsciente cuando lo colocaron en el sepulcro. Se despertó, quitó la piedra, venció a los soldados y se desvaneció de la historia tras unos cuantos encuentros con sus discípulos en los cuales les convenció de que había resucitado de la muerte. Ni siquiera los enemigos de Jesús utilizan este argumento. Era obvio que estaba muerto. Es imposible que un hombre que acababa de ser traspasado en su costado con una espada y pasado seis horas colgado de una cruz moviera la piedra desde dentro.

Dios resucitó a Jesús de la muerte. Esto es lo que él dijo que sucedería. Es lo que los discípulos dijeron que ocurrió.

Pero, mientras haya una remota posibilidad de explicar la resurrección de forma natural, la gente moderna dice que no debemos saltar a una explicación sobrenatural. ¿Es razonable? No lo creo. Por supuesto, no queremos creernos cualquier cosa. Pero tampoco queremos rechazar la verdad sólo porque nos resulta extraña. Debemos ser conscientes de que aceptarla depende muy directamente de nuestras preferencias (hacia lo que se desprende de la verdad de la resurrección o hacia lo que se desprende de la falsedad de la resurrección). Si el mensaje de Jesús te abre a la realidad de Dios y a la necesidad de perdón, por ejemplo, entonces el rechazo dogmático de lo sobrenatural pierde su poder sobre tu mente. ¿Puede ser que esa apertura libere de los prejuicios contra la resurrección?

3. Los discípulos fueron casi inmediatamente transformados de hombres sin esperanza y temerosos tras la crucifixión (Lucas 24:21; Juan 20:19) en hombres con confianza y con un testimonio valiente de la resurrección (Hechos 2:24, 3:15, 4:2). Su explicación fue que habían visto a Cristo resucitado y se les había dado autoridad para ser sus testigos (Hechos 2:32). La explicación más popular que compite con ésta es que su confianza se debía a que sufrían alucinaciones. En cuanto a esa idea surgen numerosos problemas:

Las alucinaciones son por lo general una cuestión personal, pero Pablo escribe en 1 Corintios 15:6 que Jesús *apareció a más de quinientos hermanos a la vez, de los cuales muchos viven aún.* Se les podía preguntar.

Además, los discípulos no se creían cualquier cosa, sino que eran escépticos sensatos tanto antes como después de la resurrección (Marcos 9:32; Lucas 24:11; Juan 20:8-9, 25).

Aún más, ¿es la profunda y noble enseñanza de aquellos que daban testimonio del Cristo resucitado de lo que suelen tratar las alucinaciones? ¿Qué nos parece la gran carta de Pablo a los romanos?

4. La pura existencia de una iglesia cristiana primitiva conquistadora de imperios apoya la verdad de la afirmación de la resurrección. La iglesia se extendió por el poder del testimonio de que Jesús había resucitado de la muerte y de que Dios había sido constituido Señor y Cristo (Hechos 2:36). El señorío de Cristo sobre todas las naciones se basa en esta victoria sobre la muerte. Éste es el mensaje que se extendió por todo el mundo. Su poder para traspasar culturas y crear un nuevo pueblo de Dios fue un fuerte testimonio de su verdad.

5. La conversión del apóstol Pablo apoya la verdad de la resurrección. Defiende ante una audiencia parcialmente antagonista en Gálatas 1:11-17 que su evangelio procede de Jesucristo resucitado. Su argumento es que antes de su experiencia en el camino de Damasco se oponía por completo a la fe cristiana. Pero ahora, para sorpresa de todos, está arriesgando su vida por el evangelio. Su explicación: Jesús resucitado se le apareció y le puso como cabeza de la misión a los gentiles (Hechos 26:15-18). ¿Podemos creer un testimonio así?

Esto conduce a mi último argumento a favor de la resurrección.

6. Los testigos del Nuevo Testamento no llevan el sello de embaucadores o engañadores. ¿Cómo confías en un testigo? ¿Cómo decides si se puede creer o no el testimonio de una persona? La decisión de dar crédito al testimonio de una persona no es igual que resolver una ecuación matemática. La certeza es de diferente clase, pero puede ser igual de firme (yo confío en el testimonio de mi esposa de que es fiel).

Cuando un testigo está muerto, podemos basar nuestro juicio de él sólo en el contenido de sus escritos y en los testimonios de otros acerca de él. ¿Cómo los recogen Pedro, Juan, Mateo y Pablo?

En mi opinión (y en este punto sólo somos sinceros si juzgamos nosotros mismos: Lucas 12:57), los escritos de estos hombres no parecen obras de hombres crédulos a los que era fácil engañar o que engañaban a los demás. Sus nuevas formas de entender la naturaleza humana son profundas. Su compromiso personal es serio y está cuidadosamente establecido. Sus enseñanzas son coherentes y no parecen inventos de hombres inestables. Su nivel moral y espiritual es elevado. Y la vida de estos hombres, como se deduce de sus escritos, está totalmente entregada a la verdad y a honrar a Dios.

Éstas, entonces, son algunas (¡no todas!) de las evidencias en que se basa mi confianza en Jesús como la verdadera revelación de Dios. Antes de que trate de explicar cómo esto me conduce a creer que toda la Biblia es la Palabra de Dios, permitidme una recomendación personal.

Siempre que un cristiano conversa con alguien que no es cristiano acerca de la verdad de la fe, cada petición de pruebas por parte del no cristiano para demostrar el cristianismo debería ir respondida con una petición igualmente seria de pruebas que demuestren la filosofía de vida del no cristiano. De otra manera damos la falsa impresión de que la cosmovisión cristiana es provisional e incierta, mientras que las cosmovisiones más seculares son estables y seguras y no tienen necesidad de justificarse desde el punto de vista filosófico o histórico. Pero no es así.

Muchas personas que exigen que los cristianos demostremos nuestras afirmaciones no se exigen lo mismo a sí mismos. Se da por supuesto que el escepticismo secular es razonable porque está extendido, no porque esté bien argumentado. Deberíamos insistir sencillamente en que la controversia ha de ser dirigida con igualdad. Si el cristiano tiene que proporcionar pruebas, igual los demás.

Ahora, si Jesús se ha ganado nuestra confianza por medio de su amor auténtico y su poder sobre la muerte, entonces su forma de ver las cosas será nuestro modelo. ¿Cómo veía él el Antiguo Testamento?

En primer lugar, ¿estaba el Antiguo Testamento que él aceptaba formado por los mismos libros que el Antiguo Testamento que aceptan los protestantes actuales? ¿O incluía otros (como los apócrifos del Antiguo Testamento[1])? En otras palabras, ¿era la Biblia de Jesús el Antiguo Testamento hebreo, limitado a los 39 libros del Antiguo Testamento protestante, o era su Biblia más parecida al Antiguo Testamento griego (La Septuaginta), que incluye 15 libros extra? Norman Anderson, en su libro inspirador *God's Word For God's World,* refleja tan bien mi respuesta a estas preguntas y la evidencia que ella encuentra que quiero limitarme a citarla:

> *Así que ahora debemos considerar el testimonio que a su vez Jesús dio de la Biblia; en primer lugar, por supuesto, del Antiguo Testamento, ya que era la única parte de las Escrituras que entonces existía. Que los libros que tenía en mente abarcaban toda la Biblia hebrea queda claro, en mi opinión, en dos referencias del Nuevo Testamento: Primero, en su alusión, en Lucas 24:44, a «la ley de Moisés, los profetas y los Salmos», puesto que esto era como referirse a las tres partes de la estructura de la Escrituras judías: la «Ley», los «Profetas» y los «Escritos» (entre los cuales los Salmos ocupan un lugar preponderante); y, en segundo lugar, de su alusión a «toda la sangre justa que se ha derramado sobre la tierra, desde la sangre de Abel el justo hasta la sangre de Zacarías hijo de Berequías», puesto que la sangre de Abel se menciona en Génesis (4:8), el primer libro de la Biblia hebrea, y la de Zacarías cerca del final de 2 Crónicas (24:21), el último libro de las Escrituras judías.*[2]

Entonces, si la Biblia de Jesús era el mismo Antiguo Testamento que utilizamos los protestantes hoy, la cuestión que nos planteamos ahora es: ¿qué opinión tenía de ella?

1. Al citar el Salmo 110:1, dijo que David habló por medio del Espíritu Santo: *El mismo David dijo por el Espíritu Santo…* (Marcos 12:36).
2. En su controversia con los fariseos respecto a su interpretación del Antiguo Testamento, contrastaba la

tradición de los ancianos con los mandamientos de Dios que se encuentran en las Escrituras: Bien invalidáis el mandamiento de Dios para guardar vuestra tradición (Marcos 7:9).

3. Cuando respondió a los fariseos en cuanto al problema del divorcio, se refirió a Génesis 2:24 como algo «dicho» por Dios, aunque éstas son palabras del narrador bíblico y no una cita directa de Dios: El que los hizo al principio, varón y hembra los hizo, y dijo: Por esto el hombre dejará padre y madre, y se unirá a su mujer (Mateo 19:4-5).
4. Hace una afirmación explícita concerniente a la infalibilidad en Juan 10:35: la Escritura no puede ser quebrantada.
5. Se hace una afirmación implícita de la inerrancia del Antiguo Testamento en Mateo 22:29. Jesús les dijo: Erráis, ignorando las Escrituras y el poder de Dios. Conocer las Escrituras nos libra de errar.
6. En repetidas ocasiones Jesús trata el Antiguo Testamento como con una autoridad que hay que respetar. No penséis que he venido para abrogar la ley o los profetas; no he venido para abrogar, sino para cumplir. Porque de cierto os digo que hasta que pasen el cielo y a tierra, ni una jota ni una tilde pasará de la ley, hasta que todo se haya cumplido (Mateo 5:17-18; véase Mateo 26:54, 56; Lucas 16:17).
7. Jesús reprendió a los dos discípulos que fueron con él por el camino de Emaús porque eran insensatos y tardos de corazón para creer todo lo que los profetas han dicho (Lucas 24:25).
8. Jesús mismo utilizó el Antiguo Testamento como un arma poderosa contra las tentaciones de Satanás: Jesús le dijo: Escrito está (Mateo 4:4, 7, 10).

La diversidad de este testimonio y su extensión dentro de todo el evangelio muestra que el Señor Jesús consideraba el Antiguo Testamento como una guía fiable, con autoridad y sin errores en nuestra búsqueda de felicidad eterna. Por tanto, los que nos sometemos a la autoridad de Cristo también estaremos dispuestos a someternos a la autoridad del libro que él tenía en tan alta estima.

Ahora, ¿qué hay del Nuevo Testamento? Es posible desarrollar un largo argumento histórico acerca de la inspiración e infalibilidad de los libros del Nuevo Testamento, pero esto extendería este apéndice hasta límites poco apropiados.[3] Así que presentaré algunas pistas que sirvan para fundamentar nuestra confianza en el Nuevo Testamento y en que tiene la misma autoridad y fiabilidad que el Antiguo.

Mi confianza en el Nuevo Testamento como Palabra de Dios descansa en una serie de observaciones:

1. Jesús escogió a doce apóstoles para que fueran sus representantes autorizados para poner los fundamentos de la iglesia. Al final de su vida les prometió: *El Espíritu Santo [...] os enseñará todas las cosas y os recordará todo lo que yo os he dicho* (Juan 14:26, 16:13).
2. El apóstol Pablo, cuya sorprendente conversión de una vida de asesino de cristianos a tratar de conseguir que hubiera más cristianos exige una explicación especial, dice que él y los demás apóstoles fueron comisionados por Cristo resucitado para predicar no con palabras enseñadas con sabiduría humana, sino con las que enseña el Espíritu (1 Corintios 2:13). En otras palabras, la predicción que hace Juan 14:26 acerca de Cristo se estaba cumpliendo en aquella inspiración.
3. Pedro confirma esto en 2 Pedro 3:16, poniendo los escritos de Pablo al mismo nivel que los escritos inspirados del Antiguo Testamento (2 Pedro 1:21).
4. Todos los escritos del Nuevo Testamento proceden de aquellos primeros días de prometida revelación especial y fueron escritos por los apóstoles y sus colaboradores cercanos.
5. El mensaje de estos libros tiene «apariencia de ser verdad»[4]. Eso clarifica mucho la realidad. El mensaje por una parte de la santidad de Dios y de nuestra culpa, y por otra de la muerte y resurrección de Cristo como nuestra

única esperanza, encaja en la realidad que vemos y en la esperanza que anhelamos y no vemos.

6. Por último, como dice el Catecismo: La Biblia da evidencias de ser la Palabra de Dios porque su doctrina es celestial, por la unidad de sus diversas secciones y su poder para convertir a los pecadores y edificar a los santos.[5]

Notas del Apéndice 2

1. Los Apócrifos son un grupo de libros antiguos escritos durante el tiempo transcurrido entre el Antiguo y el Nuevo Testamento. Se incluyen en las ediciones católicas romanas del Antiguo Testamento, pero los protestantes por lo general los rechazan considerando que no forman parte del canon inspirado y con autoridad de la Escritura. Para los textos, véase ***The Oxford Annotated Apocrypha of the Old Testament***, ed. Bruce Metzger (Nueva York: Osford University Press, 1965).

2. Norman Anderson: ***God's Word for God's World*** (Londres: Hodder and Stoughton, 1981), p. 112.

3. Para dicho estudio recomiendo a Daniel Fuller: ***Easter Faith and History*** (Grand Rapids: Eerdmans, 1965) y John W. Wenham: ***Christ and the Bible*** (Londres: Tyndale, 1972).

4. Después de traducir los Evangelios a un «inglés moderno vivo», J.B. Philips escribió lo siguiente en ***The Ring of Truth*** (Londres: Hodder and Stoughton, 1967; pp. 57-58): *Me sentí, y me siento, sin sombra de duda acerca de que el contacto cercano con el texto de los Evangelios edifica en el corazón y la mente un carácter de estatura y calidad imponentes. He leído, en griego y en latín, mucha mitología, pero aquí no encuentro el más mínimo sabor a mito. No hay histeria, no hay una cuidadosa búsqueda de efectos ni intentos de confabulación. Éstos no son cuentos con adornos ficticios: lo que se dice es arriesgado. Produce la sensación continua de que la moderación con la que se nos ha enseñado a pensar es más «británica» que oriental. Hay un candor y una sencillez casi infantiles, y el efecto total es tremendo. Nadie podría haber inventado un personaje como Jesús. Nadie podría haber puesto por escrito unos relatos tan sencillos y vulnerables como éstos a menos que detrás de ellos hubiera un Suceso real.*

5. ***The Baptist Catechism***, normalmente denominado *Keach's Catechism*, revisado recientemente y editado por Paul Jewett (Grand Rapids: Baker Book House, 1952), p. 16.

Apéndice 3

¿QUÉ SIGNIFICA AMAR A TU PRÓJIMO COMO A TI MISMO?[1]

En el capítulo 8 dije que el mandamiento de Jesús (Lucas 10:27) de amar a nuestro prójimo como a nosotros mismos, por lo general, hoy se malinterpreta en términos de autoestima. Este apéndice lo dedico a argumentar mi afirmación y a presentar una opinión diferente.

Según el espíritu de nuestra época, el principal pecado ya no es no honrar ni ser agradecidos a Dios, sino no amarnos a nosotros mismos. Lo malo es degradar el yo, no degradar a Dios. Y el clamor de liberación no es: *¡Miserable de mí! ¿Quién me librará de este cuerpo de muerte?*, sino «¡Qué maravilloso soy, ojalá pudiera ser aún más consciente de ello!»

Hoy, el primer y mayor mandamiento es: «Te amarás a ti mismo». La explicación para casi cualquier problema de relaciones personales se encuentra en la baja autoestima. Sermones, artículos y libros han introducido esta idea profundamente en la mente cristiana. Es rara la congregación, por ejemplo, que no tropieza con la «teología vermicular» del himno de Isaac Watts: «¡Ay de mí! Hice que mi Salvador se desangrara». Los himnarios de hecho cambian esa línea: «Sobre una cruz, mi buen Jesús su sangre derramó por este pobre pecador [**gusano,** en la versión inglesa], a quien así salvó». Dicen que somos muy valiosos como para ser denominados gusanos.

Durante muchos años, el culto al yo se ha extendido enormemente, y los profesionales del mismo aprovechan toda oportunidad para poner un espejo ante nosotros y decirnos que debe gustarnos lo que vemos.

Lo que me preocupa de todo esto no es sólo lo que considero contrario a la Biblia, como es pasar de centrarnos en Dios a centrarnos en el hombre como la meta de la redención (véase Ezequiel 36:22-32), sino también la escasez de oposición a esta idea. Quiero evitar que este libro se considere sólo otra voz en el coro de aquellos que plantean la autoestima como el remedio para todos nuestros males. Éste es un libro acerca del amor a Dios y del amor a la gracia, no del amor a uno mismo. Es un libro acerca de la búsqueda de gozo, no del yo.

Quizás el texto bíblico que más se utiliza al extender el mensaje de la autoestima sea: *ama a tu prójimo como a ti mismo* (Levítico 19:18; Lucas 10:27; Romanos 13:9; Gálatas 5:14; Santiago 2:8). Pero este uso casi siempre conlleva una mala interpretación.

Hasta en los días de Jesús, este mandamiento estaba siendo malinterpretado. ¿Es posible que haya cierta conexión entre el antiguo malentendido y el nuevo? El antiguo error tenía que ver con el término «prójimo», y fue expuesto por Jesús en la parábola del buen samaritano (Lucas 10:29-37). El error moderno tiene que ver con la expresión «como a ti mismo».

En Lucas 10:25, vemos a un intérprete de la ley que le preguntó a Jesús qué debía hacer para heredar la vida eterna. Según Lucas, la pregunta no era sincera. Aquel hombre no buscaba la vida eterna; estaba tratando de probar a Jesús. Con la excusa de una pregunta personal, le estaba haciendo a Jesús un examen académico con la esperanza de enredarle para que contradijera de forma herética el Antiguo Testamento.

> *Y he aquí un intérprete de la ley se levantó y dijo, para probarle: Maestro, ¿haciendo qué cosa heredaré la vida eterna?*

Con la intención de exponer la duplicidad del hombre, Jesús le devolvió la pregunta: *¿Qué está escrito en la ley? ¿Cómo lees?*

El hombre respondió: *Amarás al Señor tu Dios con todo*

tu corazón, y con toda tu alma, y con todas tus fuerzas, y con toda tu mente; y a tu prójimo como a ti mismo.

Jesús se limitó a manifestar que estaba de acuerdo: *Bien has respondido; haz esto y vivirás.*

Ahora el intérprete de la ley tenía un problema. Era evidente para todos que él ya conocía la respuesta a su pregunta. Su motivación para preguntar no era un deseo sincero de información, sino un deseo de atrapar a Jesús por sus palabras. La duplicidad del intérprete quedó a vista de todos. Todo el mundo pudo ver no era sincero, que era un hipócrita, culpable de la injusticia del engaño. ¿Qué podía hacer? ¿Salir corriendo como el apóstol Pedro y llorar amargamente por su pecado? ¿O mejor —al igual que otros diez millones de seres humanos antes y después de él— intentar salvar las apariencias?

> *Pero él, queriendo justificarse a sí mismo, dijo a Jesús [y aquí tenemos el antiguo error en cuanto al término «prójimo»]: ¿Y quién es mi prójimo?*

Y ante esta amenaza a su reputación y a su amor propio, surgió el pecado de la autojustificación. El intérprete de la ley estaba engañado al pensar que el problema no era su propio orgullo no dispuesto a arrepentirse y obedecer, sino la ambigüedad del término «prójimo». La pregunta acerca de quién era su prójimo sólo era un mecanismo para salvar las apariencias.

Detrás de su pregunta había tal malentendido acerca del mandamiento de Dios, que Jesús no la respondió.

A menudo, nuestra mala interpretación de la Palabra de Dios se debe no a un problema intelectual del que somos inocentes o a falta de información, sino más bien a un profundo rechazo a someternos a lo que Dios nos pide. Una persona que pretende manejar sus propios asuntos, mantener su orgullo y asegurarse la estima y la gloria por parte de los seres humanos que le rodean, retorcerá las palabras de Jesús para justificar su propia autoestima. La maldad del corazón humano precede y da origen a muchos de nuestros aparentes malentendidos intelectuales de la Escritura.

Otra forma de plantear la pregunta del intérprete de la ley sería: «Maestro, ¿a quién no tengo que amar? ¿Qué grupos de nuestra sociedad son excepciones a este mandamiento? Seguramente los Romanos, opresores del pueblo escogido de Dios; y sus despreciables lacayos, los publicanos; y aquellos mestizos samaritanos; seguro que todos aquellos no estaban incluidos en el término «prójimo». Dime al menos quién es mi prójimo, Maestro, para que, cuando examine a los candidatos para ofrecerles mi amor, esté seguro de escogerle sólo a él».

No tenía sentido que Jesús respondiera de forma completa —lo cual era verdaderamente imposible— a esa clase de pregunta. En vez de ello contó una parábola.

Un hombre, probablemente judío, estaba viajando de Jerusalén a Jericó cuando fue atacado por unos ladrones. Le desnudaron y le golpearon, dejándole medio muerto al lado del camino.

Primero pasó un sacerdote, después un levita. Cuando vieron al hombre, se apartaron al otro lado. Después vino un samaritano y, cuando vio al hombre herido, tuvo compasión de él. Se acercó y curó sus heridas, utilizando su propio aceite y vino. Después lo cargó sobre su cabalgadura, lo llevó a un mesón y le cuidó hasta el día siguiente. Le dio al mesonero su dinero para que cuidara del hombre y le dijo que a su regreso pasaría por allí a pagarle la diferencia si no era suficiente.

Después de contar esta parábola, Jesús le devolvió la pregunta al intérprete de la ley. *¿Quién, pues, de estos tres, te parece que fue el prójimo del que cayó en manos de los ladrones?* Y el hombre dijo: *El que usó de misericordia con él.* Y entonces Jesús le respondió: *Vé, y haz tú lo mismo.*

El objetivo de la parábola de Jesús era mostrar que, cuando el intérprete de la ley pidió una definición de «prójimo», en realidad estaba evadiendo la cuestión principal: la clase de persona que era. El problema de aquel hombre no era definir la palabra «prójimo»; su problema —y el problema de todos los seres humanos— era convertirse en una clase de persona que, por compasión, no pudiera pasar de largo. La verdadera compasión o el corazón misericordioso no puede quedarse sin hacer nada mientras la mente examina a un posible candidato que sufre para ver si encaja en la definición de prójimo.

Si el intérprete de la ley hubiera sido sumiso a la intención del mandamiento de Dios, habría visto lo irrelevante que era su pregunta acerca de quién era su prójimo. La intención de Dios era hacer nacer una persona misericordiosa, compasiva y llena de amor cuyo corazón le pidiera de forma irresistible que actuara cuando hubiera sufrimiento cerca de él, una persona que interrumpiera sus planes, que se arriesgara a pasar vergüenza, que utilizara su aceite y su vino y que diera parte de su dinero por el bien de cualquier extranjero que sufriera. Jesús le dijo: Conviértete en esa clase de persona y heredarás la vida eterna: *Bienaventurados los misericordiosos, porque ellos alcanzarán misericordia.*

Así es, por tanto, como se malinterpretaba el mandamiento de amar al prójimo como a uno mismo en los días de Jesús y cómo respondió éste.

Mientras que el antiguo error tenía que ver con la palabra «prójimo», el moderno tiene que ver con dos suposiciones acerca de lo que significa la expresión «como a ti mismo».

En primer lugar, se supone que esas palabras son un mandamiento más que una afirmación. Es decir, se da por sentado que Jesús llama a las personas a amarse a sí mismas para que puedan amar a los demás de igual manera. En segundo lugar, este amor a uno mismo que supuestamente pide Jesús se supone equivalente a la autoestima, la aceptación de uno mismo, una imagen positiva de uno mismo o cosas similares. Los que proponen esta interpretación unen ambas suposiciones de la manera siguiente: La primera obligación de la persona en obediencia a Jesús es desarrollar una elevada autoestima para que pueda cumplir la segunda parte del mandamiento: amar a los demás como a sí mismos.

¿Es esto lo que quiere decir Jesús? Creo que no. Estas dos suposiciones dependen la una de la otra, por lo que las examinaremos juntas para ver si el texto las confirma.

Desde el punto de vista gramatical, es imposible decir que las palabras «como a ti mismo» son una orden. Cuando se pone el verbo, el mandamiento es fácil de entender: amarás a tu prójimo como de hecho ya te amas a ti mismo. Jesús no está pidiendo que nos amemos a nosotros mismos. Da por supuesto que ya es así. Por lo que sabemos, Jesús nunca pensó que hubiera alguien que no se amara a sí mismo. En palabras de Pablo en Efesios 5:29: *Porque nadie aborreció jamás su propia carne, sino que la sustenta y la cuida.*

Si esto es así, el amor a uno mismo del que habla Jesús es muy diferente de la autoestima que tan a menudo se considera su significado. Para mostrar lo que quería decir Jesús cuando hablaba de amor a uno mismo podemos plantear la siguiente pregunta: ¿No es razonable aceptar que los dos usos de la palabra «amor» en el mandamiento «ama a tu prójimo como [te amas] a ti mismo» tendrán el mismo significado? Jesús deja claro lo que quiere decir con el verbo «amar» de la primera parte. Significa interrumpir tus planes y utilizar tu aceite, vino y dinero para conseguir lo que piensas que es mejor para tu vecino. Significa tener un corazón dispuesto a buscar el bien de la otra persona.

Si le damos al término «amor» el mismo significado en la segunda parte del mandamiento, obtenemos lo siguiente: «Buscarás el bien de tu prójimo, igual que de forma natural buscas tu propio bien. Alimenta y cuida a tu prójimo necesitado, igual que por naturaleza alimentas y cuidas de ti mismo».

Jesús también dijo en esencia lo mismo de otra forma: *Como queréis que hagan los hombres con vosotros, así también haced vosotros con ellos.* «Así haced también vosotros con ellos» corresponde a «ama a tu prójimo». «Como queréis que hagan los hombres con vosotros» corresponde a «como a ti mismo». El amor a uno mismo se define en la Regla de Oro por medio de nuestro deseo de que otros nos hagan bien.

En resumen, por tanto, «ama a tu prójimo como a ti mismo» no ordena, sino presupone el amor a uno mismo. Todos los seres humanos se aman a sí mismos. Más aún, el amor a uno mismo del que habla Jesús no tiene nada que ver con la idea corriente de autoestima. No significa tener una buena imagen de uno mismo o sentir una felicidad especial cuando uno piensa en uno mismo. Significa sencillamente buscar nuestro propio bien.

Y debemos fijarnos en que a lo que Jesús resalta no le afecta el hecho de que la mayoría de las personas tengan una idea distorsionada de lo que es bueno para ellas. Un hombre puede tratar de encontrar su bienestar en una botella de coñac, en una relación sexual ilícita o en una moto veloz. No obstante, todos los seres humanos desean y buscan lo que ellos **creen**, al menos en el momento de escoger, que les hará más felices.

Sólo cuando uno entiende el «amor a uno mismo» de esta manera, verá con claridad la tremenda fuerza del mandamiento «ama a tu prójimo como a ti mismo». Jesús le estaba diciendo al intérprete de la ley: «Sé consciente de lo mucho que te amas a ti mismo, de cómo tratas de conseguir el primer lugar en las sinagogas, de cómo buscas ser visto orando en las calles, de cómo te esfuerzas por mantener la pureza. Lo que te mando es que dediques el mismo ardor, el mismo ingenio y la misma perseverancia a buscar el bienestar de tu prójimo».

Con eso, Jesús acaba con todo estilo de vida egoísta. Todo nuestro egoísmo innato se convierte en el listón que hay que utilizar a la hora de entregarnos a los demás. ¿Buscamos satisfacer nuestro hambre? Entonces tenemos que alimentar a nuestro vecino hambriento con la misma urgencia. ¿Anhelamos ascender en la compañía? Pues debemos buscar formas de darle a otros las mismas oportunidades y fomentar su voluntad de subir. ¿Amamos obtener sobresalientes en los exámenes? Entonces debemos ayudar a otros estudiantes a que no se conforman con menos. ¿Odiamos que se rían y se burlen de nosotros? Pues que nunca se oiga de nuestros labios una palabra de burla.

Resumiendo, el antiguo malentendido en cuanto al mandamiento de amar al prójimo como a uno mismo era un intento del intérprete de la ley de restringir el significado de «prójimo» a un determinado grupo de personas y así plantear una pregunta que esperaba que encubriera el verdadero problema: que no era la persona que el mandamiento le llamaba a ser, alguien a quien cuyo corazón compasivo nunca le permitiera pasar de largo yéndose al otro lado del camino.

El malentendido moderno del mandamiento, que prevalece dentro del culto al yo, es la idea bastante común de que Jesús no presupone, sino ordena, el amor a uno mismo, y de que ese amor a uno mismo equivale a la autoestima, a verse de una forma positiva y cosas parecidas. Pero Jesús consideraba un hecho que las personas se aman a sí mismas. Y el significado de este amor a uno mismo (como se ve en el contexto, en la regla de oro y en Efesios 5:28-29) es que todas las personas desean y buscan lo que piensan que les hará más felices. Este rasgo humano universal se convierte en la vara de medir todo sacrificio personal para amar a los demás.

Tal como yo lo veo, el significado del mandamiento de amar al prójimo como a nosotros mismos es el siguiente: Nuestro Señor pretende hacer nacer hombres y mujeres misericordiosos, compasivos y llenos de amor cuyos corazones les pidan de forma irresistible que actúen cuando hay sufrimiento cerca de ellos. Con ese fin, pide que una y otra vez se pregunten: ¿Deseo y busco el bien temporal y eterno de mi prójimo con el mismo ardor, el mismo ingenio y la misma perseverancia con que busco mi propio bien? Claro, en el presente libro, la cuestión que se plantea es: ¿Está mi anhelo innato e insaciable de felicidad buscando su cumplimiento por medio de beber profundamente de la fuente de la misericordia de Dios y después dejando que se derrame en amor hacia la vida de mi prójimo?

Me parece que sólo existe una ligera diferencia entre la autojustificación que da lugar al error del intérprete de la ley y la profunda sed de autoestima que alimenta el error más moderno. Te dejo a ti la reflexión acerca de lo íntimamente que se relacionan ambos errores.

Notas del Apéndice 3

Este apéndice es una adaptación de un artículo que apareció por primera vez en ***Christianity Today*** (12 de agosto de 1977), pp. 6-9.

Apéndice 4

¿POR QUÉ EL NOMBRE DE HEDONISMO CRISTIANO?

Soy consciente de que al denominar esta filosofía de la vida «hedonismo cristiano» corro el riesgo de pasar por alto el consejo del Obispo Ryle contra *el uso de frases y términos groseros de nuevo acuño en la enseñanza de la santificación.*[1] No obstante, mantengo esta expresión por al menos seis razones:

1. Mi viejo diccionario colegiado de *Webster* (de 1961), que ha estado a mi alcance desde que estaba en sexto grado, define «hedonismo» como *vivir para el placer.* Eso es exactamente lo que quiero decir al utilizarlo. Si el propósito principal del hombre es disfrutar de Dios eternamente, la vida humana **debería** ser «vivir para el placer».

2. El artículo sobre el «hedonismo» en ***La Enciclopedia de Filosofía*** muestra que el término no hace referencia a una sola filosofía concreta. Se trata de un término general que abarca una amplia gama de enseñanzas que elevan el placer a un puesto muy alto. Mi uso del término cae dentro de este uso general.

Me gusta la siguiente definición como punto de partida para el uso que hago de la palabra: **Hedonismo** es *una teoría según la cual una persona está motivada a tratar de producir un estado* *de cosas en preferencia a otro si y sólo si piensa que será más agradable, o menos desagradable, para sí misma.*[2] Yo añadiría: «eternamente».

3. Hay otras personas más inteligentes que yo y anteriores a mí que se han visto conducidas de forma similar a utilizar el término «hedonismo» en referencia a la forma cristiana de vivir.

Por ejemplo, C.S. Lewis aconseja a su amigo «Malcolm» abstenerse de la idolatría en su disfrute de la naturaleza. Sí, debe disfrutar de *la luz del sol en el bosque.* Pero estos placeres espontáneos son *pedazos de luz divina* y hay que dejar que la mente *vuele hacia el origen de los rayos del sol.* Entonces Lewis comenta:

> *Fijaos en que no estoy haciendo diferencias entre los placeres sensuales y estéticos. ¿Por qué debería hacerlas? Es casi imposible trazar una línea de separación. ¿Y para qué serviría conseguir trazarla? Si esto es* ***hedonismo****, también es una disciplina un tanto ardua.*[3]

¡Descubriremos que es verdaderamente una disciplina ardua!

En ***The Simple Life,*** Vernard Eller se deleita en algunas de las grandes parábolas de Soren Kierkegaard. Una de sus favoritas es la parábola del coche iluminado y la noche estrellada. Podríamos denominarla también la crisis del hedonismo cristiano. Es la siguiente:

> *Cuando el hombre próspero en una noche oscura pero estrellada conduce cómodamente su coche y tiene las luces encendidas, sí, entonces está seguro, no teme las dificultades, lleva sus luces con él y no le rodea la oscuridad cerrada. Pero precisamente porque tiene los faros encendidos y por la fuerte luz le rodea, precisamente por eso, no puede ver las estrellas. Porque sus luces oscurecen las estrellas que el pobre peatón que conduce sin luz puede ver gloriosamente en la oscura pero estrellada noche. Así viven los engañados por la*

> *existencia temporal: o bien están ocupados con las necesidades de la vida y demasiado atareados como para permitirse levantar la vista; o bien están rodeados de su prosperidad y lo bien que les va, de manera que podríamos decir que tienen los faros encendidos y a su alrededor todo parece satisfactorio, agradable y cómodo, pero les falta la maravillosa vista, el panorama, la vista de las estrellas.*[4]

Eller comenta: *Es evidente que al hablar de «la vista de las estrellas» está haciendo referencia a la conciencia y el disfrute de Dios.*[5] El rico y ocupado que se rodea de las luces de la comodidad temporal, o el atareado que se rodea de molestos cuidados, se apartan de lo que Kierkegaard denomina: *el gozo absoluto.*

> *¡Qué gozo indescriptible!, gozo del Dios Todopoderoso [...] Porque éste es el gozo absoluto, adorar el poder total con el que el Dios Todopoderoso lleva todas las preocupaciones y la tristeza tan fácilmente como si no fuera nada.*[6]

Eller aplica todo esto a la que denomina «vida sencilla» y dice:

> *Lo que motiva la sencillez no es disfrutar de la sencillez en sí; éste y otros beneficios terrenales que vienen con él son parte de «todas estas cosas» de Mateo 6:33. Lo único que motiva la sencillez cristiana es gozar de Dios mismo (y si eso es* ***hedonismo****, saquémosle todo el provecho posible), es disfrutar de la vista de las estrellas.*[7]

¡Eso es ciertamente hedonismo! Y yo he hecho todo lo posible por sacarle el mayor provecho en este libro.

Creo que bastará con otro ejemplo. Clark Pinnock escribió una defensa sólida y popular de la fe cristiana titulada ***Reason Enough*** *[Razón suficiente]*. Su segundo capítulo lleva el título:

«Las bases experimentales de la fe». Termina con una sección titulada «¿hedonismo cristiano?» Resume así su argumento:

> *Veo el evangelio como algo que nos hace felices y colma nuestras necesidades, que nos proporciona placer y satisfacción. ¿Pero es cierto? […] Sí, yo creo que sí […] El camino cristiano no es hedonismo en el sentido ordinario del término, por supuesto. No convierte en un dios el placer sensual. Pero implica gozarse en Dios y en sus dones, un placer más profundo que todos los demás.*[8]

¡Exacto! El hedonismo cristiano no convierte en un dios el placer. Dice que ya has hecho un dios de aquello en lo que más te deleitas.

4. La cuarta razón por la que utilizo el término hedonismo cristiano es que llama la atención y tiene un efecto estimulante. Mi corazón ha quedado impresionado y toda mi vida ha sido estimulada por la enseñanza del hedonismo cristiano. No se trata de una filosofía sencilla y cómoda. Es extremadamente amenazadora para los cristianos nominales.

Se basa en la contundente verdad de lo que Cristo dijo: *Pero por cuanto eres tibio, y no frío ni caliente, te vomitaré de mi boca* (Apocalipsis 3:16). Esto es impresionante. ¿No debemos entonces encontrar palabras que nos impresionen para darnos cuenta de que está en juego la eternidad cuando desobedecemos el mandamiento de deleitarnos en el Señor (Salmo 37:4)?

La mayoría de nosotros somos prácticamente insensibles a las consecuencias radicales del lenguaje que nos es familiar. ¿Qué lenguaje debemos utilizar para despertar a los creyentes sin gozo a las palabras de Deuteronomio 28:47-48?

> *Por cuanto no serviste a Yahvéh tu Dios con alegría y con gozo […] servirás, por tanto, a tus enemigos que enviare Yahvéh contra ti […] y él pondrá yugo de hierro sobre tu cuello, hasta destruirte.*

¿Cómo podemos abrir sus oídos al clamor de Jeremy Taylor: *Dios amenaza con cosas terribles si no somos felices*?[9]

Con el paso de los años he descubierto que existe una correlación entre la disposición de las personas a pasar por alto lo ofensivo del término hedonismo cristiano y su disposición a ceder a la ofensiva verdad bíblica que está en su trasfondo. El efecto principal del término no es que resulta una piedra de tropiezo para la verdad, sino que despierta a las personas al hecho de que la verdad misma es piedra de tropiezo, y a menudo muy diferente de la que se esperaban.

5. A la objeción de que el término «hedonismo» conlleva connotaciones demasiado mundanas para los redimidos, respondo con el precedente de la Escritura. Si Jesús puede describir su Venida como la venida de un «ladrón» (Mateo 24:33,44); si puede ensalzar a un «mayordomo infiel» como modelo de prudencia (Lucas 16:8); y si el salmista inspirado puede decir que el Señor le despertó de un sueño *como un valiente que grita excitado del vino* (Salmo 78:65), entonces es poca cosa que yo diga que la pasión de glorificar a Dios disfrutando de él eternamente es en realidad hedonismo cristiano.

6. Por último, añadir el adjetivo «cristiano» a la palabra «hedonismo» es una señal fuerte y clara de que no se trata de un hedonismo corriente. Para mí, la palabra cristiano conlleva esta consecuencia: Toda afirmación de verdad bajo la bandera del hedonismo cristiano debe estar sólidamente arraigada en las Escrituras cristianas: la Biblia. Y la Biblia enseña que el fin principal del hombre es glorificar a Dios por medio de disfrutar de él eternamente.

Notas del Apéndice 4

1. Ryle: ***Holiness*** (Grand Rapids: Baker Book House, 1979, original de 1883), p. XXIX.

2. ***The Encyclopedia of Philosophy***, 1967 ed., s.v. «Hedonism», vol. 3, p. 433.

3. Lewis: ***Letters to Malcolm: Chiefly on Prayer*** (Nueva York: Harcourt Brace Jovanovich, 1963), p. 90.

4. Eller: ***The Simple Life*** (Gran Rapids: Eerdmans, 1973), p. 12.

5. ***The Simple Life***, p. 12.

6. ***The Simple Life***, p. 109.

7. ***The Simple Life***, pp. 121-22

8. Pinnock: *Reason Enough* (Downers Grove: InterVarsity Press, 1980), p. 54.

9. Citado en C.S.Lewis: ***George MacDonald: An Anthology*** (Londres: Geoffrey Bles: The Centenary Press: 1946), p. 19.

Made in the USA
Middletown, DE
15 May 2019